틱
낫
한

불
교

틱낫한 불교

틱낫한 지음 ― 권선아 옮김

불광출판사

차례

4

3부 다른 기본적인 불교 가르침들

4부 경전

기쁨을 일구고 사랑을 수행합니다

"마음에는 평화 얼굴에는 미소"는 틱낫한 명상을 대표하는 말입니다. 우리들의 마음이 안정되고 평화로워야 남들을 이해하고 사랑하여 지금 여기에 정토를 건설할 수 있습니다.

달라이 라마 성하는 "틱낫한 스님은 마음의 평화와 아름다움으로 우리를 인도한다."라고 말씀하십니다. 마음의 평화가 가정과 사회의 평화를 이끌어주는 기본입니다. 마음의 평화 없이는 아무것도 제대로 할 수 없습니다.

저는 2003년 봄, 출판사의 초청으로 한국을 방문한 틱낫한 스님을 권선아 선생과 함께 가까이에서 모실 수 있는 아주 특별한 인연으로 만났습니다. 스님은 당시 조계종 행자교육원에서 수행자로 첫발을 내딛는 행자들을 위하여 법문을 해주셨고, 해운대 달맞이 숲길을 걸으며 기쁨을 개발하고 사랑을 수행하는 걷기 명상을 가르쳐주셨습니다.

스님은 숨을 들이쉬며 '지금 여기가', 숨을 내쉬며 '극락 정토다'라며 발걸음, 호흡, 미소, 마음챙김이 하나가 되도록 걷기 명상을 설명해주셨습니다. 그때 함께 했던 걷기 명상은 그 후, 지금까지도 저의 수행을 이끌고 있습니다.

거룩한 선지식을 친견하는 인연은 인생에서 가장 거룩한 인연입니다. 틱낫한 스님의 친견은 개념과 관념의 창고에 갇혀 있던 불교를 살아 숨 쉬는 깨달음의 불교 이해와 사랑으로, 지금 여기의 정토를 실현하는 수행으로 이끌어줍니다.

스님은 이 책에서 "우리에게 마음챙김이 있다면, 우리는 자신이 두려움, 미움 그리고 폭력의 독소를 '섭취'하고 있는지, 아니면 이해와 자비, 그리고 다른 이들을 도우리라는 다짐을 복돋우는 음식을 먹고 있는지를 알 것입니다. 마음챙김의 수행과 함께, 우리는 이것을 듣거나 저것을 볼 때, 혹은 이것을 만질 때 가볍고 평화롭다고 느낀다는 것을 알 것입니다."라고 하셨습니다.

틱낫한 스님의 명상법은 마음챙김(스므리띠, 정념)을 수행하여 고요한 집중(사마타, 선정)을 이루게 하고, 고요한 집중은 바른 통찰력(프라즈냐, 반야)을 일깨워서 혼란과 고통이 넘쳐나는 세상에서도 그 혼란과 고통을 이해와 사랑, 평화와 행복으로 변화시켜줍니다.

플럼 빌리지 공동체와 헤어질 때 틱낫한 스님은 저에게, "스님은 우리들 마음속에 있고 우리는 스님 마음속에 있으니 우리는 헤어지는 것이 아닙니다."라고 하셨습니다. 그때 저는 스님의 사랑이 언제나 저를 지켜주심을 확신하게 되었습니다.

진흙이 없다면 연꽃이 피어날 수 없는 것처럼 혼란과 고통이 없다면 진정한 행복도 얻을 수 없습니다. 이 책에서 스님은 "고통 없이는 성장할 수 없습니다. 고통이 없다면 마땅히 누려야 할 평화와 기쁨을 얻을 수 없습니다. 부디 고통으로부터 달아나지 마십시오. 붓다에게 가서 고통을 보여주십시오. 붓다는 자애와 자비 그리고 마음챙김으로 여러분을 바라보고 고통을 끌어안고 그것을 깊이 들여다볼 수 있는 길을 보여줄 것입니다. 여러분은 지혜와 자비로 마음속에 성취를 그리고 세상의 상처를 치유할 수 있을 것입니다. 붓다는 고통을 고귀한 진리라고 했습니다. 왜냐하면 고통은 우리에게 해탈에 이르는 길을 보여줄 수 있는 힘을 갖고 있기 때문입니다. 자신의 고통을 끌어안으십시오. 그리고 그 고통을 통해 평화와 행복에 이르는 길을 만나십시오."라고 가르칩니다.

"고통으로부터 달아나지 마십시오."는 참으로 위대한 가르침입니다. 고통을 바로 보면 행복이 보입니다. "우리는 우리가 내는 화 그 이상의 존재이며 우리가 겪고 있는 고통 그 이상의 존재입니다. 사랑하고 이해하고 자비롭게 대할 수 있는 능력이 실로 우리 속에 늘 자리 잡고 있다는 사실을 알아차리지 않으면 안 됩니다."라고 하십니다.

소갈 린포체는 "틱낫한 스님의 글쓰기는 붓다의 목소리와 다름 아니다."라고 하십니다. 저에게 틱낫한 스님은 살아 계신 부처님이며 위대한 스승입니다. 스님은 저에게 이번 생에 가야 할 수행의 길을 분명히 보여주셨으니 그 길은 기쁨과 사랑 그리고 평화와 행복의 길입니다.

스님의 저서 『틱낫한 불교』는 권선아 선생의 정성스런 번역으로 우리에게 행복을 선물합니다. 불교의 기본 교리인 네 가지 고귀한 진리[四聖諦]와 고귀한 여덟 가지 길[八正道], 그 밖의 여러 불교 교리들을 쉽고 흥미 있게 설명하며 수행의 길로 인도합니다.

기존의 불교 교리서들이 관념에 갇히고 개념화되어 마치 화석처럼 단단히 굳은 교리를 위한 교리 설명서라면, 『틱낫한 불교』는 살아 숨 쉬는 가르침으로 독자들을 지금 여기의 정토로 안내합니다. "지금 여기가 극락정토입니다. 만약 아니라면 세상 어디에도 정토는 없습니다."라는 말씀은 지금 여기에서 마음챙김의 수행을 하게 합니다. 부처님의 말씀을 우리의 언어, 우리의 수행으로 이해시켜주시기에 가르침대로 수행하기만 하면 우리 모두가 평화와 자유 그리고 기쁨과 행복의 미소를 짓게 될 것입니다.

『틱낫한 불교』를 번역한 권선아 선생은 어린 시절부터 송광사 수련회에 언니들과 함께 동참하였고, 늘 가르침을 익히고 수행하는 선근이 깊은 불자입니다. 누구보다도 틱낫한 스님과 그분의 가르침을 바르게 이해하고 성실하게 명상하고 있습니다. 틱낫한 스님이 한국을 방문하실 때마다 통역하며 모셨습니다. 프랑스의 플럼 빌리지에서, 그리고 베트남에 귀향하셨을 때도 함께 모시며 수행했습니다.

『틱낫한 불교』는 독자들을 자유와 행복의 길로 안내하기에 부족함이 없을 것입니다. 저는 이 원고를 읽으며 거듭거듭 경이로움을 느낍니다. 혼란과 고통, 분노와 두려움에 사로잡힌 오늘을 살아가는 분들이 『틱낫한 불교』를 읽는다면 이해와 사랑 그리고 기쁨과 행복을 얻게 될 것이라 굳게 믿으며 강력하게 추천합니다. 감사합니다.

2019년 11월
늘기쁜마을 지현 합장

고통이 피워올린 자비의 꽃
세상 속으로, 삶 속으로

틱낫한 스님은 이 시대의 가장 영향력 있는 영적 스승 가운데 한 분으로 전 세계에 널리 알려져 있습니다. 한국에도 1995년, 2003년 그리고 2013년 세 차례 다녀가셨습니다. 저는 세 번 다 기획자 혹은 통역자로 아주 가까이에서 스님을 모시고 섬기는 소중한 인연을 맺었습니다. 2005년 스님께서 39년 만에 고국 땅을 다시 밟는 순간을 하노이 공항에서 지켜보았고, 그 후에도 프랑스와 베트남, 태국에서 여러 번 스님을 찾아뵙고 마음챙김의 공동체에서 함께 수행하는 큰 기쁨을 누렸습니다.

스님은 지금 여기에서 온전히 행복할 수 있는 '마음챙김의 삶의 예술'을 온 세상에 꽃피우셨고 마음챙김의 수행을 통해 우리 안에, 그리고 우리가 사는 세상에 진정으로 평화를 일굴 수 있는 길을 보여주셨습니다. 또한 진흙이 없으면 연꽃도 없다는 가르침을 통해 고통과 고통의 치유를 설파하셨습니다. 스님의 가르침은 세계 곳곳의 1,000개가 넘는 마음챙김의 수행 공동체에서뿐만 아니라 실리콘 밸리, 세계은행, 미국 의회, 유네스코를 비롯한 수많은 구체적인 삶의 현장에서도 함께 나누어졌습니다.

시인이자 선사인 틱낫한 스님은 붓다의 가르침을 쉽고 분명한 언어로, 깊고 강렬하게 드러냅니다. 스님은 붓다의 가르침과 수행이 실제적이고 구체적이기에 그것을 전하는 방식이나 언어 또한 실제적이고 구체적이어야 하고, 그 가르침을 받는 사람들에게 적합한 것이어야 한다고 강조합니다. 또한 오늘의 불교가 이 시대의 특정한 고통에 응답할 수 있도록, 그리고 붓다의 가르침이 고통으로부터 세상을 자유롭게 할 수 있는 강력하고 실천적인 길이 될 수 있도록 끊임없이 새롭게 변화시켜야 한다고 힘주어 말합니다.

스님은 고통에 직면하고 고통을 이해하는 길, 더 나아가 그 고통을 치유하고 변화시키는 길을 스스로 보여주셨습니다. 이러한 가르침들은 참여불교(Engaged Buddhism)라는 말을 처음 만들고 한결같이 실천하신 스님의 삶 속에 그대로 깃들어 있습니다. 틱낫한 스님이 말하는 참여불교는 세상의 평화를 향해 가는 불교만을 의미하는 것이 아닙니다. 진정한 참여불교는 우리가 현재의 순간에 온전히 머물 때, 일상의 모든 순간에 존재하는 불교입니다. 우리 안에서, 그리고 우리를 둘러싼 세상에서 지금 이 순간에 일어나고 있는 모든 일에 응답하는 것, 그것이 곧 참여불교입니다.

더 나아가 우리가 공부하는 불교가 실제 삶에서 어떻게 적용될 수 있을 것인가를 끊임없이 질문하셨던 스님의 가르침과 수행은 응용불교(Applied Buddhism)의 비전에도 오롯이 담겨 있습니다. 그러한 성찰과 모색은 2008년 독일에서 유럽응용불교협회(Europian Institute of Applied Buddhism)로, 2011년 홍콩에서 아시아응용불교협회(Asian Institute of Applied Buddhism)로 꽃을 피웠습니다.

시를 쓰고, 뜰을 가꾸고, 가르침과 수행의 순례를 펼치는 가운데 스님은 100권이 넘는 책을 쓰셨습니다. 『The Heart of the Buddha's Teaching(붓다 가르침의 핵심)』이라는 이 책의 원저 제목에 잘 드러나 있듯이, 이 책은 8만4천 가르침이라고 종종 일컬어지는 붓다달마[佛法]의 정수를 틱낫한 스님의 눈으로 바라보고 다시 해석하고 있는 드문 저술입니다.

이 책은 1999년에 처음 나온 원저에 스님께서 자료를 덧보태고 새로운 통찰을 결합시켜 2015년 새로 낸 개정 증보판을 번역한 것입니다. 스님은 이 책에서 고통의 본질, 그리고 고통이 어떻게 자비와 사랑, 기쁨을 일구는 원천이 되는지를 분명히 보여줍니다. 또한 붓다의 가르침이 삶과 동떨어져 있는 이론이나 추상이 아니며 누구나 쉽게 다가갈 수 있고 자신의 삶에 적용할 수 있는 구체적인 것임을 선명하게 밝힙니다.

스님은 지금 여기에서 숨을 쉬고 걷고 미소 지으며 모든 순간의 경험을 깊이 바라보도록 우리를 거듭 초대합니다. 치유와 변화에 대한 붓다의 가르침은 우리 모두를 위한 것이고, 누구나 일상의 삶에서 그것을 바로 수행할 수 있습니다. 스님께서 강조하셨듯이 우리 모두의 삶에는 영적 차원이 필요합니다. 특히 탐욕과 미움과 어리석음이 개인의 차원에 머물지 않고 사회적으로 구축되는 제도화된 고통의 시대에는 수행이 더욱 절실합니다.

우리가 붓다의 가르침을 공부하고 수행하는 까닭은 있는 그대로의 삶에 우리 자신을 더 오롯이 열기 위한 것입니다. 그리고 우리 삶에 깃들어 있는 고통을 따뜻이 보살피고 이해와 자비, 행복으로 변화시키기 위한 것입니다. 이 책은 네 가지 고귀한 진리(사성제), 여덟 가지 고귀한 길(팔정도), 세 가지 법의 도장(삼법인), 네 가지 한량없는 마음(사무량심), 여섯 가지 바라밀(육바라밀)과 같은 중요한 가르침을 두루 아우르고 있습니다. 붓다 사유를 구체적인 삶의 맥락 속에서 이해하고 일상의 모든 순간에 실천적으로 결합시키고자 하는 이들에게 분명한 길을 보여줄 것이라고 믿습니다.

스님의 말씀을 더 쉽고 분명한 언어로 고르고 가다듬는 기나긴 편집의 과정을 기쁨으로 함께해준 오랜 벗 상현숙 선생님, 그리고 이 소중한 가르침을 책으로 만들어주신 불광출판사에 고마운 마음을 전해드립니다.

2019년 11월
권선아 두 손 모음

1부

네 가지 고귀한 진리[四聖諦]

1장

~~~~~~

붓다의 마음으로 들어가기

붓다는 신이 아니었습니다. 그는 여러분이나 나와 같은 인간이었고 우리처럼 고통을 겪었습니다. 우리가 마음을 열고 붓다에게 간다면 붓다는 자비 가득 찬 눈으로 우리를 바라보며 이렇게 말할 것입니다.

"그대들의 마음속에 고통이 있기 때문에 그대들은 나의 마음으로 들어올 수 있다."

유마 거사는 말했습니다. "세상이 아프기 때문에 내가 아프다. 사람들이 고통스러워하기 때문에 내가 고통스럽다." 붓다도 역시 이 말을 했습니다. 여러분이 불행하기 때문에, 마음속에 고통이 있기 때문에 붓다에게 갈 수 없다고 생각하지 마십시오. 여러분의 마음속에 고통이 있다는 바로 그 이유 때문에 소통이 가능합니다. 여러분의 고통과 나의 고통은 우리가 붓다의 마음으로 들어가고 붓다가 우리의 마음으로 들어올 수 있는 기본적인 조건입니다.

45년 동안 붓다는 거듭해서 말했습니다. "나는 오직 고통과 고통의 변화에 대해서만 가르친다." 우리가 자신의 고통을 인식하고 인정할 때 붓다-이 붓다는 우리 안의 붓다를 의미합니다-는 그것을 보고, 왜 그것이 생겼는지를 알고, 그것을 평화와 기쁨, 해탈로 바꿀 수 있는 방법을 처방할 것입니다. 고통은 붓다가 자신을 해방시키기 위해 이용했던 수단이었고 그것은 우리가 자유로워질 수 있는 수단이기도 합니다.

고통의 바다는 거대하지만 뒤돌아본다면 육지를 볼 수 있습니다. 여러분 안에 있는 고통의 씨앗이 커다랄지도 모르지만 고통이 모두 사라져야만 행복해질 수 있다고 생각하지 마십시오. 정원의 나무 한 그루가 병들었다면 그 나무를 보살펴야 합니다. 하지만 다른 건강한 나무들을 잊어서는 안 됩니다. 마음속에 고통이 있을 때에도 여러분은 아름다운 일몰, 아이의 미소, 수많은 꽃과 나무들 같은 삶의 경이로움을 만끽할 수 있습니다. 괴로워하는 것이 다가 아닙니다. 부디 자신의 고통에 갇히지 않기를 바랍니다.

만일 배고팠던 경험이 있다면 음식이 있다는 것이 기적임을 알 것입니다. 추위의 고통을 겪어보았다면 따뜻함의 소중함을 알 것입니다. 고통을 알아야 지금 이 자리가 낙원임을 알 수 있습니다. 만일 고통에만 머문다면 낙원을 놓칠 것입니다. 고통을 간과하지 마십시오. 하지만 여러분 자신을 위해 그리고 많은 존재들의 이로움을 위해, 삶의 경이로움을 만끽하는 것을 잊지 마십시오.

나는 어렸을 때 다음의 시를 썼습니다. 그리고 깊은 상처 속에서 붓다의 마음을 만났습니다.

나의 어린 시절
채 익지 않은 자두.
당신의 이는 거기에 자국을 남겼네.

이의 자국은 여전히 생생하네.
나는 언제나 기억하네,
언제나 기억하네.

당신을 사랑하는 법을 배운 후,
내 영혼의 문은 사방의 바람에
넓게 열려 있었네.
현실은 변화를 요구하네.
자각의 열매는 이미 무르익었고
그 문은 결코 다시 닫힐 수 없네.

불은 이 한 세기를 집어삼키고
산과 숲은 그 흔적을 머금고 있네.
바람은 나의 귀 사이에서 울부짖고
그때 하늘 전체는 눈보라 속에서 격렬하게 흔들리네.

겨울의 상처는 여전하고
얼어붙은 잎사귀를 떨군 채
번민 속에 밤새
쉬지 못하고 뒤척이네.•1

---

1. "The Fruit of Awareness Is Ripe," in *Call Me By My True Names: The Collected Poems of Thich Nhat Hanh* (Berkeley: Parallax Press, 1993), p. 59.

나는 전쟁의 시간 속에서 자랐습니다. 어른 아이 할 것 없이 모두 다치거나 죽었고 가치가 무너졌으며 온 나라가 폐허가 되었습니다. 젊은 시절의 나는 많은 고통을 겪었습니다. 알아차림의 문이 한번 열리면 다시는 닫을 수 없습니다. 내 안에 있는 전쟁의 상처는 여전히 다 치유되지 않았습니다. 나는 어느날 밤 문득 잠에서 깨어 나의 조국, 나의 사람들, 그리고 지구 전체를 마음챙김의 호흡으로 끌어안곤 합니다.

고통 없이는 성장할 수 없습니다. 고통이 없다면 마땅히 누려야 할 평화와 기쁨을 얻을 수 없습니다. 부디 고통으로부터 달아나지 마십시오. 그것을 끌어안고 그것을 소중히 간직하십시오. 붓다에게 가서 그와 함께 앉아 여러분의 고통을 보여주십시오. 붓다는 자애와 자비 그리고 마음챙김으로 여러분을 바라보고, 고통을 끌어안고 그것을 깊이 들여다볼 수 있는 길을 보여줄 것입니다. 여러분은 지혜와 자비로 마음속의 상처를, 그리고 세상의 상처를 치유할 수 있을 것입니다. 붓다는 고통을 고귀한 진리라고 했습니다. 왜냐하면 고통은 우리에게 해탈에 이르는 길을 보여줄 수 있는 힘을 갖고 있기 때문입니다. 자신의 고통을 끌어안으십시오. 그리고 그 고통을 통해 평화에 이르는 길을 만나십시오.

2장

〰〰〰〰〰〰〰〰〰〰〰〰〰〰〰〰〰〰〰〰〰〰〰〰

첫 번째 법문

고타마 싯다르타가 자신과 다른 이들의 고통을 끝낼 길을 찾기 위해 가족을 떠났을 때 그는 스물아홉 살이었습니다. 그는 여러 스승들과 함께 명상을 공부했고 6년의 수행 끝에 보리수 아래 앉아 깨달음을 얻을 때까지는 결코 일어나지 않으리라고 서원했습니다. 그는 밤새 앉아 있었고 새벽 별이 밝을 무렵 깊은 발견을 한 뒤 이해와 사랑으로 가득 찬 붓다가 되었습니다. 붓다가 된 후 49일 동안 깨달음의 평화로움을 만끽하며 보냈습니다. 그 후 붓다는 이전에 함께 수행했던 다섯 명의 고행자에게 자신의 지혜를 나누어주기 위해 사르나트에 있는 녹야원으로 천천히 걸어갔습니다.

다섯 고행자는 그가 오는 것을 보자 마음이 불편했습니다. 그들은 싯다르타가 자신들을 버렸다고 생각했습니다. 하지만 붓다의 빛나는 모습 때문에 그들은 붓다를 환영하지 않을 수 없었습니다. 그들은 붓다의 발을 씻어주고 마실 물을 주었습니다. 붓다가 말했습니다. "벗들이여, 나는 그 어떤 것도 혼자서 따로 존재할 수 없으며 모든 것이 다른 모든 것과 서로 연결되어 존재해야 한다는 것을 깊이 보았다." 붓다는 더 말해주겠다고 했지만 수행자들은 그를 믿어야 할지 말아야 할지 알지 못했습니다. 그러자 붓다가 물었습니다. "내가 그대들에게 거짓말을 한 적이 있는가?" 그들은 그런 적이 없다는 것을 알고 있었고 붓다의 가르침을 받기로 했습니다.

그러자 붓다는 고통[苦], 고통의 생성[集], 깨달음의 가능성[滅], 그리고 깨달음에 이르는 고귀한 여덟 가지 길[八正道]이라는 네 가지 고귀한 진리[四聖諦]를 가르쳤습니다. 이 말을 듣자마자 다섯 고행자 가운데 하나인 콘단냐(Kondañña, 교진여)가 네 가지 고귀한 진리를 완전히 이해했습니다. 붓다가 이것을 보고 외쳤습니다. "콘단냐가 이해했구나. 콘단냐가 이해했구나!" 그리고 그 날로부터 콘단냐는 "이해하는 자"라고 불렸습니다.

이때 붓다는 다음과 같이 말했습니다.

"벗들이여, 인간과 신, 바라문과 사문, 마라•¹와 함께 나는 지켜본 자로서 말하노라. 그대들에게 말한 모든 것을 내가 직접 경험하지 않았다면 나는 고통으로부터 자유로운 깨달은 사람이라고 하지 않을 것이다. 왜냐하면 나는 직접 고통을 확인하고, 그것을 이해했으며, 고통의 원인을 밝히고, 그 원인을 제거했고, 깨달음을 확인하고, 깨달음을 얻었으며, 깨달음에 이르는 길을 확인하고, 그 길의 끝에 가서 완전한 해탈을 얻었기 때문이다. 나는 이제 그대들에게 내가 자유로운 사람임을 선언하노라."

그 순간 땅이 흔들리며 신과 인간, 그리고 우주 전체의 모든 살아 있는 존재들의 목소리가 "지구에 깨달은 자가 탄생했다. 이해와 사랑의 길인 법의 수레를 굴리기 시작했다."고 말했습니다. 이 가르침은 『가르침의 수레바퀴에 대한 경[轉法輪經, Dhamma Cakka Pavattana

Sutta]』*2에 기록되어 있습니다. 그 후로 2,600년이 흘렀습니다. 그리고 법의 수레는 계속해서 굴러가고 있습니다. 많은 이들의 행복을 위하여 그 수레가 계속 굴러가게 할 사명이 현재의 우리 세대에게 맡겨졌습니다.

『가르침의 수레바퀴에 대한 경』에는 세 가지 특징이 있습니다. 첫 번째는 중도(中道)의 가르침입니다. 붓다는 다섯 친구가 고행이 유일한 바른 수행이라는 생각에서 벗어나기를 바랐습니다. 붓다는 만일 건강을 해친다면 깨달음을 얻기 위한 에너지가 소진되어버린다는 것을 직접 체험하고 배웠습니다. 붓다는 감각적 즐거움에 대한 탐닉이라는 또 다른 극단도 피해야 한다고 말했습니다. 감각적 즐거움이란 성적인 욕망에 사로잡히는 것, 명예를 추구하는 것, 지나치게 먹는 것, 너무 많이 자는 것 혹은 소유를 좇는 것입니다.

두 번째 핵심은 네 가지 고귀한 진리에 대한 가르침입니다. 이 가르침은 붓다 당시에도 고귀한 가르침이었고, 우리 시대에도 고귀한 가르침이며, 향후 천년 동안에도 고귀한 가르침이 될 것입니다.

세 번째 핵심은 세상에의 참여입니다. 붓다의 가르침은 삶에서 도망치기 위한 것이 아니었습니다. 오히려 가능한 한 철저히 우리 자신, 그리고 세상과 관계를 맺도록 돕기 위한 것이었습니다. 고귀한 여

---

1. 4장의 각주 7번 참고.
2. *Samyutta Nikaya* V, 420. 이 경(經) 전체는 이 책의 4부에 있다. 『불설전법륜경(佛說轉法輪經)』과 『불설삼전법륜경(佛說三轉法輪經)』도 참조. "경(經, 범어로는 sutra, 빨리어로는 sutta)"이라는 말은 붓다 또는 붓다의 깨달은 제자들 가운데 한 사람이 준 가르침을 의미한다.

덟 가지 길에는 바른 말과 바른 생계가 들어 있습니다. 이 가르침은 서로 소통해야 하고 삶을 꾸려가야 하는 세상 사람들을 위한 것입니다.

『가르침의 수레바퀴에 대한 경』은 기쁨과 희망으로 가득 차 있습니다. 『가르침의 수레바퀴에 대한 경』은 고통을 고통으로 알고 그 고통을 마음챙김, 자비, 평화 그리고 해탈로 바꾸라는 가르침입니다.

3장

네 가지 고귀한 진리[四聖諦]

온전하고 완벽한 깨달음[正等覺, samyak sambodhi]을 얻은 후에 붓다는 자신의 통찰을 나눌 만한 표현을 찾아야 했습니다. 그는 이미 물을 갖고 있었지만 네 가지 고귀한 진리[四聖諦]나 고귀한 여덟 가지 길[八正道]과 같은 물을 담을 그릇이 필요했던 것입니다. 네 가지 고귀한 진리는 붓다의 가르침의 정수입니다. 붓다는 이 진리들을 열반(mahaparinirvana)에 이를 때까지 분명히 보여주었습니다.

중국인들은 네 가지 고귀한 진리를 "네 가지 훌륭한 진리[四諦]" 또는 "네 가지 성스러운 진리[四聖諦]"라고 합니다. 만약 우리가 우리의 고통을 끌어안고 그것을 깊이 들여다본다면 그것이 얼마나 성스러운 것인지 알 수 있지만 그렇게 하지 않는다면 고통은 성스러운 것일 수가 없습니다. 우리는 그저 고통의 바다에 빠지고 말 것입니다. "진리[諦]"라는 한자는 "말[言]"과 "왕[帝]"이라는 글자가 합쳐진 것입니다. 그 누구도 왕의 말에 반박할 수 없습니다. 이 네 가지 진리는 논쟁의 대상이 아닙니다. 그것들은 수행하고 깨달아야 할 어떤 것입니다.

첫 번째 고귀한 진리는 고통[苦, dukkha]입니다. 고(苦)라는 한자의

네 가지 고귀한 진리와 고귀한 여덟 가지 길

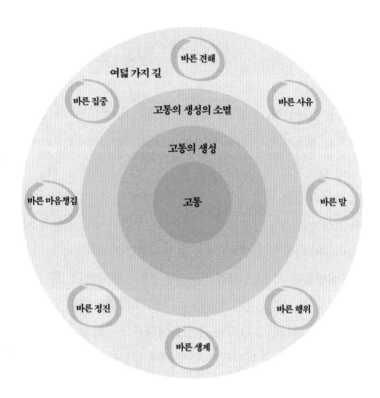

표1

본래 의미는 "쓰다"라는 뜻입니다. 행복은 달콤하고 고통은 쓰지요. 우리는 모두 어느 정도 고통을 겪습니다. 우리는 몸과 마음에 어떤 문제를 갖고 있습니다. 우리는 이 고통의 존재를 인식하고 인정해야 하며, 그것에 접촉해야 합니다. 그렇게 하기 위해서 우리에게는 스승과 공동체[僧伽, sangha], 즉 수행에서의 친구의 도움이 필요할 것입니다.

두 번째 고귀한 진리는 고통의 기원, 뿌리, 본성, 생성 혹은 발생[集, samudaya]입니다. 고통을 만나면 우리는 그것이 어떻게 존재하게 되었는지 보기 위해 그 고통을 깊이 들여다보아야 합니다. 우리는 우리가 취한 어떤 정신적, 물질적 음식이 우리에게 고통을 일으키고 있는지를 인식하고 밝혀야 합니다.

세 번째 고귀한 진리는 우리를 괴롭게 만드는 것들을 자제함으로써 고통의 생성을 소멸[滅, nirodha]하는 것입니다. 이것은 좋은 소식입니다! 붓다는 고통의 존재를 부정하지 않았지만, 기쁨과 행복의 존재 또한 부정하지 않았습니다. 만일 불교가, "모든 것이 고통이다. 그리고 우리는 그것에 대해 아무것도 할 수 없다."라는 가르침이라고 생각한다면 그것은 붓다의 가르침에 반대되는 것입니다. 붓다는 우리에게 고통의 존재를 인식하고 인정하는 법을 가르쳤지만 고통의 소멸 또한 가르쳤습니다. 만일 고통의 소멸의 가능성이 없다면 수행하는 것이 무슨 소용이 있을까요? 세 번째 고귀한 진리는 치유가 가능하다는 것입니다.

네 번째 고귀한 진리는 우리에게 고통을 일으는 것들을 멀리하는 길[道, marga]입니다. 이것은 우리가 가장 필요로 하는 길입니다. 붓다는 그것을 고귀한 여덟 가지 길이라고 불렀습니다. 한자로는 그것을

"팔정도(八正道, 여덟 가지 바른 수행의 길)"라고 합니다. 그것은 바른 견해, 바른 사유, 바른 말, 바른 행위, 바른 생계, 바른 정진, 바른 마음챙김, 바른 집중입니다.[1]

---

1. "바른"이라는 빨리어는 samma, 그리고 범어는 samyak이다. 그것은 "바른 방식으로", "바로", 또는 "똑바로"를 의미하는 부사로, 구부러지거나 비뚤어지지 않은 것이다. 예를 들어 바른 마음챙김은 바르고, 곧고, 이로운 마음챙김의 길이 있다는 것을 의미한다. 잘못된 마음챙김은 잘못되고, 비뚤어지고, 이롭지 않은 수행의 길이 있다는 것을 의미한다. 여덟 가지 길에 들어감으로써 우리는 이롭고, "바른" 수행의 길을 배운다. "바른"과 "잘못된"이라는 것은 도덕적 판단도 아니고 바깥에서 부여된 독단적인 표준도 아니다. 우리 자신의 자각을 통해서, 우리는 이로운("바른") 것과 이롭지 않은("잘못된") 것을 발견한다.

4장

붓다의 가르침 이해하기

법문을 듣거나 경전을 공부할 때 우리가 해야 할 유일한 일은 바로 계속 열려 있는 것입니다. 우리는 대개 새로운 것을 듣거나 읽을 때 그것을 우리의 생각과 비교합니다. 만일 내 생각과 같다면 받아들이고, 그것이 옳다고 말합니다. 만일 같지 않다면 그것이 옳지 않다고 말합니다. 두 경우 다 아무것도 배울 수 없습니다. 우리가 열린 마음과 열린 가슴으로 읽고 듣는다면, 법의 비는 우리 의식[1]의 토양에 스며들 것입니다.

부드러운 봄비는 내 영혼의 흙에 스며드네.
여러 해 동안 땅 속 깊이 들어 있던 씨앗 하나가 그저 미소 짓네.[2]

---

1. 불교 심리학에 따르면, 우리의 의식은 여덟 부분으로 나누어져 있다. 거기에는 의식(manovijñana) 그리고 의식의 창고(alayavijñana)가 포함된다. 의식의 창고는 모든 종류의 씨앗, 즉 고통, 슬픔, 두려움, 화의 씨앗, 그리고 행복과 희망의 씨앗이 발견되는 저장고로 묘사된다. 이 씨앗들에 싹이 날 때, 그것들은 우리의 의식에 나타난다. 그리고 그 씨앗들이 의식에 나타날 때, 그것들은 더 강해진다. 25장의 표 5 참고.
2. Thich Nhat Hanh, "Cuckoo Telephone," in *Call Me By My True Names*, p. 176.

읽거나 듣는 동안 너무 애쓰지 마세요. 땅처럼 존재하십시오. 비가 내릴 때 땅은 오직 그 비에 자신을 열기만 하면 됩니다. 법의 비가 들어와 자신의 의식 깊은 곳에 묻혀 있던 씨앗에 스며들게 하세요. 스승이 진리를 줄 수는 없습니다. 진리는 이미 여러분 안에 있습니다. 여러분은 오직 자신을 열기만 하면 됩니다. 몸과 마음과 가슴을 열면 가르침이 여러분의 이해와 깨달음의 씨앗에 스며들 것입니다. 만일 그 말들이 여러분에게 들어가게 한다면, 흙과 씨앗들이 나머지 일을 할 것입니다.

※

붓다의 가르침의 전승은 근본불교, 여러 학파들의 불교(부파불교), 그리고 대승불교의 세 흐름으로 나누어 볼 수 있습니다. 근본불교는 붓다가 평생 동안 펼쳤던 모든 가르침을 포함합니다. 붓다가 대열반에 들고 나서 140년이 흐른 후 공동체가 두 개의 분파로 나누어졌습니다. 대중부(大衆部, Mahsanghika, 문자 그대로 "다수"이며 변화를 원했던 사람들을 가리킨다)와 상좌부(上座部, Sthaviravada, 문자 그대로 "장로들의 부파"이며 대중부가 옹호한 변화에 반대한 사람들을 가리킨다)였습니다. 그로부터 100년 후 상좌부는 다시 설일체유부(說一切有部, Sarvastivada, "모든 것이 존재한다고 주장하는 부파")와 분별설부(分別說部, Vibhajyavada, "분별하는 부파")로 나누어졌습니다. 아쇼카의 지지를 받은 분별설부는 갠지스 계곡에서 확장되었고, 설일체유부 사람들은 카슈미르를 향해 북쪽으로 갔습니다.

붓다 당시와 입멸 후 400년 동안 가르침은 오직 구두로만 전해졌습니다. 그 후 스리랑카에 있던 분별설부의 한 유파인 적동엽부(赤銅

鍱部, Tamrashatiya, "구릿빛 승복을 입은 사람들")의 승려들이 붓다의 법문을 종려나무 잎에 적는 것은 어떨까 생각했습니다. 그리고 100년 뒤에야 법문을 종려나무 잎에 새겼습니다. 당시 경전 전체를 외운 승려는 단 한 사람이었고 그는 약간 오만했다고 합니다. 다른 승려들이 경을 받아 적으려면 그에게 경을 외워달라고 해야 했습니다. 이 이야기를 들으면 오만한 승려가 과연 붓다의 가르침을 전하는 최고의 수레였을까 하는 생각에 마음이 편치 않아집니다.

심지어 붓다 생존시에도 아릿따(Arittha) 스님과 같은 사람들이 있었습니다. 그는 붓다의 가르침을 잘못 이해했고 그것들을 그릇되게 전했습니다.•3 여러 세기 동안 경전을 암기해온 승려 가운데는 분명 경전의 심오한 뜻을 이해하지 못한 사람도 있었을 것이고 최소한 어느 부분을 잊어버리거나 바꾸어버린 일도 있었을 것입니다. 그 결과 붓다의 가르침 가운데 어느 부분은 기록되기도 전에 왜곡되었습니다. 예를 들면 붓다는 완전한 깨달음을 얻기 이전에 마음을 다스리기 위해 여러 시도를 했습니다. 하지만 그것들은 효과가 없었습니다. 한 법문에서 붓다는 다음과 같이 말했습니다.

나는 생각했다. 이를 악물고, 혀를 입천장에 대고 누르고, 마음을 정복하기 위해 마음을 활용하는 것은 어떨까? 그런 다

---

3. *Arittha Sutta*(『뱀의 예에 대한 경』), *Majjhima Nikaya* 22. Thich Nhat Hanh, *Thundering Silence: Sutra on Knowing the Better Way to Catch a Snake*(Berkeley: Parallax Press, 1993), pp. 47~49 참조.

음 씨름 선수가 자신보다 약한 사람의 머리나 어깨를 잡고, 그를 저지하고 굴복시키기 위하여 단 한 순간도 놓아주지 않고 계속해서 제압해야만 하는 것처럼, 나는 이를 악물고, 혀를 입천장에 대고 누르고, 마음을 정복하기 위해 마음을 활용했다. 그렇게 하자 나는 땀으로 범벅이 되었다. 나는 힘이 없었던 것도 아니고, 마음챙김을 유지하고 있었으며, 마음챙김에서 멀어지지 않았는데도 나의 몸과 마음은 평화롭지 않았다. 그리고 몸 안에서 일어난 고통스러운 느낌이 나의 마음을 압도하지는 못했지만 나는 고군분투하느라 녹초가 되었다.[4]

분명히 붓다는 이런 방식으로 수행해서는 안 된다고 말하는 것입니다. 하지만 나중에 이 구절은 정반대의 의미로 다른 경전에 들어갔습니다.

씨름 선수가 자기보다 약한 사람의 머리나 어깨를 잡고, 그 사람을 저지하고 굴복시키며, 그를 계속해서 제압하고 단 한 순간도 놓아주지 않는 것처럼, 욕망과 미움의 온갖 청정하지 못한 생각들을 멈추기 위해 명상하는 승려는, 이런 생각들이 계속해서 일어날 때, 이를 악물고, 혀를 입천장에 대고 누르고, 마음을 제압하고 항복시키기 위해 마음을 활용하는 데 최선을 다해야만 한다.[5]

붓다의 가르침이 잘못된 곳에 들어간 다른 경우들도 있습니다. 예를 들면 12연기(27장에서 다루게 될)에 대한 가르침은 태어남과 죽음의 순환을 설명하기 위해 그 가르침이 속해 있지 않은 많은 경에 삽입되었는데, 실제로 그 경들은 태어남과 죽음의 초월에 대한 것이었습니다. 그것들은 『가전연경(迦旃延經, Katyayanagotra Sutra)』(잡아함경 301) 혹은 『중도에 대한 가르침』에 잘못 삽입되었습니다.

우리는 몇 가지 경들을 읽고 어떤 것이 붓다의 진정한 가르침인지를 알기 위해 그것들을 비교해야만 합니다. 그것은 마치 목걸이를 만들기 위해 귀한 보석들을 줄로 꿰는 것과 같습니다. 우리가 각각의 경을 가르침의 전체적인 틀 속에서 비추어 본다면 어떤 하나의 가르침에만 집착하지는 않을 것입니다. 비교 연구하고 문헌의 의미를 깊이 들여다본다면 수행에 도움이 될 견고한 가르침이 무엇인지, 그리고 어떤 것이 잘못된 전승인지를 추측할 수 있습니다.

붓다의 가르침이 스리랑카에서 빨리어로 기록될 당시에는 열여덟 혹은 스무 개의 부파들이 있었고 각 부파는 붓다의 가르침에 대한 고유한 판본을 갖고 있었습니다. 이 부파들은 붓다의 가르침을 해체하지 않았고 가르침은 서로 유기적으로 연결되어 있었습니다. 이 판본들이 오늘날에도 많이 존재합니다. 빨리 경전에는 적동엽부의 판본이 포함되어 있고, 중국과 티베트의 경전에는 다른 부파들의 판본들

---

4. *Mahasaccaka Sutta, Majjhima Nikaya* 36.
5. *Vitakka Santhana Sutta, Majjima Nikaya* 20. 이 똑같은 구절이 마음챙김에 대한 붓다의 가르침의 설일체유부 본에 삽입되어 있다. 『염처경』(중아함경 26).

이 많이 포함되어 있는데, 그 가운데 설일체유부의 것이 두드러집니다. 설일체유부와 적동엽부의 판본은 거의 동시대에 기록되었습니다. 전자는 범어로 후자는 빨리어로 기록되었습니다. 다른 부파들은 인도의 다른 언어들과 프라크리트(Prakrit)로 기록되었습니다. 스리랑카에서 빨리어로 기록된 경전들은 남전(南傳)으로 알려져 있습니다(그리고 Mahaviharavasin 전통으로도 알려져 있습니다). 설일체유부의 문헌들은 북전(北傳)으로 알려져 있고 범어로 존재하는데, 전체가 아니라 다만 군데군데 조각으로 남아 있습니다. 다행히도 그것들은 한문과 티베트어로 번역되었고 그 가운데 많은 것들이 지금도 유용합니다. 우리는 붓다가 빨리어나 범어 혹은 프라크리트를 쓰지 않았다는 것을 기억해야 합니다. 붓다는 빨리어와 가까운 언어를 썼다고 추정되며 어떤 사람들은 그것이 아르다마가디(Ardhamagadhi)였다고 생각합니다. 그리고 붓다 자신의 언어로 기록된 가르침에 대한 기록은 전혀 없습니다.

빨리어 장경과 한문 장경에서 서로 상응하는 경전들을 비교해봄으로써, 우리는 불교가 부파로 나뉘기 이전에 어떤 가르침들이 있었는지를 알 수 있습니다. 양쪽의 경이 같다면 그 가르침은 부파 이전의 가르침이라고 볼 수 있습니다. 두 판본이 서로 다르다면 어느 하나가 옳지 않거나 혹은 둘 다 옳지 않다고 생각할 수 있습니다. 북전에서 더 잘 보존된 가르침이 있고 남전에서 잘 보존된 가르침이 있습니다. 두 가지 전승이 있기 때문에 가질 수 있는 장점입니다.

붓다의 가르침의 세 번째 흐름은 대승불교이며, 그것은 기원전 1세기 혹은 2세기에 탄생했습니다.*6 부파불교 당시에 사회와 완전히 동떨어진 삶을 살기 시작한 몇몇 승려들이 있었습니다. 재가자들은 오직 공양을 올리고 승려들을 뒷받침하는 데에만 관심이 있었습니다.

바로 그 점이 승려뿐만 아니라 재가 수행자에게도 불교를 대중화시켜야 할 이유가 되었습니다. 대승적인 사유는 이렇게 싹텄습니다. 그것은 불교적 사유의 깊은 근원을 계발하고 보리심(사랑의 마음)의 거대한 에너지를 되살리며 불교가 삶과 유리되지 않도록 본래대로 되돌려놓는 것을 목표로 하였습니다. 이것은 불교를 대승화하는 움직임이었습니다.

이 세 가지 흐름은 서로 보완 관계에 있었습니다. 근본불교가 붓다의 가르침을 그대로 모두 암송할 수 없었기 때문에 부파불교와 대승불교에서는 잊혀지거나 간과된 가르침이 제자리로 다시 가도록 해야 했습니다. 모든 전통과 마찬가지로, 불교가 계속 유지되고 성장하기 위해서는 한결같이 자신을 새롭게 해야만 합니다. 붓다는 언제나 자신의 깨달음을 표현할 새로운 길을 발견하였습니다. 붓다 당시 이래로, 불자들은 계속해서 새로운 법의 문을 열어왔고 사르나트의 녹야원에서 시작된 가르침을 나누어왔습니다.

하나의 경전이나 법문은 그것 자체로 통찰이 아니라는 것을 기억해야 합니다. 그것은 말이나 개념을 이용하여 통찰을 제시하는 하나의 수단입니다. 파리에 가기 위해 지도를 이용했다면 파리에 도착한 다음에는 지도를 내려놓고 파리를 즐겨야 합니다. 만일 파리에 가서도 항상 그 지도를 놓지 않는다면, 즉 붓다가 제시한 말과 개념에 사로

---

6. Thich Nhat Hanh, *Cultivating the Mind of Love: The Practice of Looking Deeply in the Mahayana Buddhist Tradition* (Berkeley: Parallax Press, 1996).

잡혀 있다면 여러분은 현실을 놓칠 것입니다. 붓다는 여러 번 말했습니다.

"나의 가르침은 달을 가리키는 손가락과 같다. 손가락을 달로 착각하지 말라."

대승불교 전통에서는 다음과 같이 말합니다.

"만일 경전들 속에 있는 모든 말과 구절의 의미를 설명한다면 그것은 과거, 현재, 미래 삼세의 부처님을 비방하는 것이다. 하지만 그 경전의 단 한마디 말이라도 무시한다면, 그것은 마라의 말을 하는 위험에 처하는 것이다."•7

경전은 수행을 위한 필수 지침입니다. 하지만 그것의 진정한 의미를 이해하고 실천에 옮기기 위해서는, 그것들을 주의 깊게 읽고 우리 자신의 지성, 그리고 스승과 공동체의 도움을 활용해야 합니다. 어떤 경전이나 영적인 책을 읽은 후에, 우리는 무거움이 아니라 더 가벼움을 느껴야 합니다. 불교의 가르침은 우리의 진정한 자아를 일깨우기 위한 것이지 단지 우리 지식의 창고에 덧보태기 위한 것이 아닙니다.

때때로 붓다는 질문을 받고도 답을 하지 않았습니다. 철학자 밧지고트라(Vatsigotra)가 물었습니다. "자아가 존재합니까?" 그러자 붓다는 아무런 말도 하지 않았습니다. 밧지고트라는 다시 물었습니다. "자아가 없다는 의미입니까?" 붓다는 여전히 대답하지 않았습니다. 마침내 밧지고트라가 떠났습니다. 붓다의 제자 아난다는 혼란스러웠습니다. "부처님께서는 언제나 자아가 없다고 가르치셨습니다. 왜 밧지고트라에게 그렇게 말씀하지 않으셨습니까?" 붓다는 아난다에게 밧지

고트라가 장애를 없애는 길이 아닌 하나의 이론을 찾고 있었기 때문에 대답하지 않았다고 말했습니다.[8]

또 어떤 때 붓다는 제자들이 모여 붓다가 이런저런 말씀을 했는지 하지 않았는지에 대해서 토론하고 있는 것을 들었습니다. 붓다는 그들에게 이렇게 말했습니다. "45년 동안 나는 단 한마디도 하지 않았다." 그는 제자들이 말이나 개념에 갇히는 것을 원하지 않았습니다. 설령 그것이 붓다 자신의 것일지라도.

고고학자가 부서진 조각상을 발견하면 그는 그 시대의 예술을 연구하고 그 상을 복원하기 위해 복원 전문 조각가들을 초대합니다. 우리도 역시 똑같이 해야 합니다. 만일 우리가 붓다의 가르침 전체에 대한 이해를 갖고 있다면 어느 한 부분이 없어지거나 혹은 덧보태졌을 때 그것을 알아차리고 제자리로 돌려놓아야 합니다.

---

7. 마라는 수행에 대한 내면의 장애를 의인화한 것이며, 개개인의 내면에 있는 불성의 반대이다.

8. *Samyutta Nikaya* XIV, 10

5장

모든 것이 고통인가?

우리가 수행하는 방식에 주의를 기울이지 않는다면, 스승의 말을 자 칫 교리나 이데올로기로 만들 수 있습니다. 붓다가 첫 번째 고귀한 진 리가 고통이라고 말했기 때문에, 붓다의 많은 훌륭한 제자들은 지구 상에 있는 모든 것이 고통이라는 것을 증명하기 위해 많은 애를 썼습 니다. 고통을 세 가지로 분류한 것은 그와 같은 시도였습니다. 그것은 붓다의 가르침이 아닙니다.

첫 번째 고통은 "고통의 고통[苦苦, dukkha dukkhata]"입니다. 그것은 불쾌한 느낌과 관련이 있는 고통으로 치통의 괴로움, 화를 내는 것, 겨 울날 너무 추운 느낌과 같은 것입니다.

두 번째는 "여러 요소들로 이루어진 것들의 고통[行苦, samskara dukkhata]"입니다. 요소들이 함께 모여 이루어진 것은 결국 흩어지게 마련입니다. 그러므로 요소들로 이루어진 모든 것은 고통이라고 설명 됩니다. 설령 아직 퇴락하지 않은 산과 강, 태양과 같은 것들도 고통이 라고 여겨집니다. 왜냐하면 그것들은 퇴락할 것이고 결국 고통을 야 기할 것이기 때문입니다. 요소들이 합쳐져서 이루어진 모든 것이 고 통이라고 믿는다면 어떻게 기쁨을 발견할 수 있을까요?

세 번째 고통은 "변화와 관련된 고통[壞苦, viparinama dukkhata]"입니다. 오늘은 나의 간이 건강하지만, 나이를 먹으면 고통을 야기할 수 있습니다. 기쁨을 축하하는 것은 의미가 없습니다. 왜냐하면 머지않아 그것이 고통으로 변할 것이기 때문입니다. 고통은 모든 것을 뒤덮고 있는 검은 구름입니다. 기쁨은 환상입니다. 오직 고통만이 실재합니다.

2,000년 이상 불교 학자들은 붓다가 모든 지각의 대상, 즉 모든 물리적 현상(책상, 해, 달), 생리학적 현상, 그리고 청정하거나, 청정하지 않거나, 중립적인 모든 마음의 상태가 고통이라고 가르쳤다고 선언해 왔습니다. 붓다가 열반에 들고 나서 백 년 뒤, 수행자들은 이미 "이것은 고통이다. 삶은 고통이다. 모든 것이 고통이다."라는 공식을 반복하고 있었습니다. 그들은 첫 번째 고귀한 고통에 대한 통찰을 얻기 위해서 이 공식을 반복해야 한다고 생각했습니다. 어떤 논자들은 이것을 지속적으로 반복하지 않고는 네 가지 고귀한 진리를 깨달을 수 없다고 주장했습니다.[1]

오늘날 많은 사람들은 붓다의 이름을 부르거나 그와 유사한 수행을 기계적으로 하면서, 그것을 통해 통찰과 해탈을 얻을 것이라고 믿습니다. 그들은 형상과 말과 개념에 갇혀 있으며, 법을 받아들이고 수행하는 데 자신의 지성을 활용하지 않고 있는 것입니다. 자신의 지성을 활용하지 않고 수행하는 것, 바르게 수행할 수 있는 길을 보여줄 수 있는 스승이나 벗들의 도움 없이 수행하는 것은 위험할 수 있습니다.

---

1.   *Samyukta Agama*(잡아함경) 262.

"삶은 고통이다."와 같은 문구를 반복하는 것은 자신이 어떤 것에 집착하게 되려고 할 때 그것을 알아차리는 데 도움이 될 수 있습니다. 하지만 그것이 고통의 진정한 본성을 이해하도록 도울 수는 없으며, 붓다가 우리에게 보여준 그 길을 드러낼 수는 없습니다.

이 대화는 여러 경전에서 반복됩니다.

"비구들이여, 조건 지어진 것들은 영원한가, 영원하지 않은가?"

"그것들은 영원하지 않습니다, 세존이시여."

"만일 어떤 것들이 영원하지 않다면 그것들은 고통인가, 행복인가?"

"그것들은 고통입니다, 세존이시여."

"만일 어떤 것들이 고통이라면, 우리는 그것들이 자아라거나 자아에 속한 것이라고 말할 수 있는가?"

"아닙니다, 세존이시여."

우리가 이것을 읽을 때 우리는 붓다가 "모든 것은 고통이다."라고 하는, 일상의 삶에서 우리가 증명해야만 하는 하나의 이론을 제시하고 있는 것이라고 생각할 수도 있습니다. 하지만 같은 경전들의 다른 부분들에서, 붓다는 오직 우리가 고통이 존재할 때 고통을 인식하고, 고통이 없을 때 기쁨을 인식하기를 바란다고 말했습니다. 붓다의 가르침들이 기록될 무렵에는 틀림없이 모든 것을 고통으로 보는 것이 보편적이었을 것입니다. 그것은 위의 인용이 고통의 근원이나 고통의 소멸에 이르는 길에 대한 가르침보다 더 자주 등장하는 것에서 알 수 있습니다.

"무상하고, 그러므로 고통이며, 그러므로 무아"라는 주장은 논리적이지 않습니다. 물론 만일 어떤 것이 영원하다거나 혹은 자아를 갖고 있다고 믿는다면, 그것이 무상하고 분리된 자아가 없다는 것을 발견할 때 우리는 고통을 겪을 것입니다. 하지만 많은 문헌들에서 고통은 무상 그리고 무아와 함께 세 가지 법의 도장[三法印] 가운데 하나로 여겨집니다. 붓다의 모든 가르침은 세 가지 법의 도장의 표시를 갖고 있다고 일컬어집니다. 고통을 무상, 무아와 같은 반열에 두는 것은 실수입니다. 무상과 무아는 "보편적입니다." 그것들은 모든 것들의 "표시"입니다. 고통은 그렇지 않습니다.

책상은 무상하고, 그것이 나무, 비, 태양, 가구 만드는 사람 등과 같은 책상 아닌 요소들로부터 분리된 자아를 갖고 있지 않다는 것을 알기는 어렵지 않습니다. 하지만 그것이 고통입니까? 책상이 영원하다거나 혹은 책상만 따로 존재한다고 생각한다면 우리만 괴로울 것입니다. 우리가 특정한 책상에 집착할 때, 우리에게 고통을 일으키는 것은 책상이 아닙니다. 그것은 우리의 집착입니다. 우리는 화가 무상하고, 분리된 자아를 갖고 있지 않으며, 고통으로 가득 차 있다는 것에 동의할 수 있습니다. 하지만 책상이나 꽃이 고통으로 가득 차 있는 것이라고 말하는 것은 이상합니다. 붓다는 우리가 모양에 갇히지 않도록 돕기 위해 무상과 무아를 가르쳤습니다.

세 가지 고통에 대한 이론은 고통을 보편적인 것으로 만드는 것을 정당화하기 위한 시도입니다. 삶에는 어떤 기쁨이 남아 있을까요?

우리는 그것을 열반에서 찾습니다. 몇몇 경전들에서 붓다는 고통보다는 열반이, 즉 우리의 생각과 개념에서 완전히 자유로워지는 기쁨이 세 가지 법의 도장 가운데 하나라고 가르쳤습니다. 이것은 북전의 잡아함경에서 네 번 설해지고 있습니다.[2] 덧붙여 또 다른 경전을 인용하며, 나가르주나는 열반을 세 가지 법의 도장 가운데 하나로 열거하고 있습니다.[3] 나에게는, 모든 것을 고통으로 보는 것보다 개념에 의해 형성된 그 어떤 장애도 없는 상태를 상상하는 것이 훨씬 더 쉽습니다. 나는 연구자와 수행자들이 모든 것들이 무상과 무아 그리고 열반에 의해서 특징지어진다는 가르침을 받아들이기 시작했으면 합니다. 그리고 모든 것이 고통이라는 것을 증명하기 위해 너무 많은 노력을 하지 않기를 바랍니다.

붓다의 가르침에 대한 또 다른 흔한 오해는 모든 고통이 탐욕에 의해서 일어난다고 하는 것입니다. 『가르침의 수레바퀴에 대한 경』에서 붓다는 탐욕이 고통의 원인이라고 말했습니다. 하지만 붓다는 탐욕이 번뇌(kleshas)의 목록 가운데 첫 번째 것이기 때문에 이렇게 말한 것입니다. 만일 우리가 지성을 활용한다면, 탐욕이 고통의 원인일 수 있지만 다른 번뇌, 이를테면 화, 무명, 의심, 자만 그리고 잘못된 견해 또한 고통과 괴로움을 일으킬 수 있음을 알 수 있습니다. 무명은 잘못된 지각을 일으키고, 우리의 고통은 대개 무명 때문에 일어납니다. 경전을 짧게 만들고 그럼으로써 더 쉽게 암기하게 하려고, 목록의 첫 번째 항목이 종종 목록 전체를 대표하기도 했습니다. 예를 들어 "눈"은 여섯 가지 감각 기관[4]을 대표하기 위하여 쓰이고, "색"은 종종 다섯 무더기[五蘊, skandhas][5]를 대표하기 위해 쓰입니다. 우리가 고통의 원인을 밝히는 수행을 한다면 우리는 고통이 때로는 탐욕 때문이고 때로는 다른 요인들 때문이라는 것을 보게 될 것입니다.

"삶은 고통이다."라고 말하는 것은 너무 일반적입니다. 탐욕이 우리의 모든 고통의 원인이라고 말하는 것은 너무 단순합니다. 우리는 "이 고통의 토대는 이러이러한 번뇌이다."라고 말해야 합니다. 그리고 그것을 그 진정한 이름으로 불러야 합니다. 만일 복통이 있다면 우리는 그것을 복통이라고 불러야 합니다. 두통이라면 두통이라고 불러야 합니다. 우리가 달리 어떻게 우리 고통의 원인과 우리 자신을 치유할 길을 찾을 수 있겠습니까?

붓다가 고통에 관한 진리를 가르쳤다는 것은 사실입니다. 하지만 붓다는 또한 "있는 그대로의 사물 안에서 행복하게 머무는(drishta dharma sukha viharin)" 진리 또한 가르쳤습니다.[6] 수행을 잘 하기 위해서 우리는 모든 것이 고통임을 증명하려는 노력을 그만두어야 합니다. 사실 우리는 무엇인가를 증명하기 위한 모든 노력을 그만두어야 합니다. 만일 마음챙김으로 고통의 진리에 접촉한다면, 우리는 특정한 고통, 그것의 특정한 원인, 그리고 그 원인들을 없애고 고통을 멈추는 길을 인식하고 확인할 수 있을 것입니다.

2. *Samyukta Agama*(잡아함경) 262.
3. 『대지도론(大智度論, *Mahaprajñaparamita Shastra*)』. *Étienne Lamotte, Le Traité de La Grande Vertu de Sagesse*(Louvain, Belgium: Institut Orientaliste, 1949) 참조.
4. 여섯 감각 기관: 눈, 귀, 코, 혀, 몸, 그리고 마음.
5. 다섯 무더기는 한 사람을 구성하는 요소들이며, 형상, 느낌, 지각, 정신적 형성, 그리고 의식이다. 23장 참조.
6. *Samyutta Nikaya* V, 326 외 여러 곳.

6장

멈춤, 고요하게 함, 쉼, 치유

불교 명상에는 사마타[止, shamatha]와 위빠사나[觀, vipashyana]의 두 가지 측면이 있습니다. 우리는 위빠사나("깊이 보는 것")의 중요성을 강조하는 경향이 있습니다. 왜냐하면 위빠사나는 통찰을 가져오고 고통과 번뇌로부터 우리를 자유롭게 할 수 있기 때문입니다. 하지만 사마타("멈춤")의 수행은 근본적입니다. 멈출 수 없다면 우리는 통찰을 가질 수 없습니다.

선가(禪家)에는 어떤 남자와 말에 관한 이야기가 있습니다. 말은 전속력으로 질주하고 있고 말에 탄 남자는 어딘가 중요한 곳으로 가고 있는 것처럼 보입니다. 다른 남자가 길가에 서 있다가 "어디로 갑니까?"라고 소리쳤습니다. 그러자 말에 탄 남자는 "나는 모릅니다. 말에게 물어보세요!"라고 대답했습니다.

이것은 우리의 이야기이기도 합니다. 우리는 말 위에 타고 있고, 우리가 어디로 가고 있는지를 알지 못하고, 멈출 수도 없습니다. 말은 우리를 이끄는 습관적인 에너지입니다. 그리고 우리는 무력합니다. 우리는 언제나 달리고 있고, 그것은 습관이 되었습니다. 우리는 언제나, 심지어 잠을 자는 동안에도 고군분투합니다. 우리는 내면에서 전

44

쟁 중이고, 쉽게 다른 사람들과 전쟁을 시작할 수 있습니다.

우리는 멈추는 법, 그러니까 생각, 습관 에너지, 망각, 우리를 지배하는 강렬한 감정들을 멈추는 법을 배워야만 합니다. 어떤 감정이 폭풍처럼 휘몰아칠 때 우리는 평화로울 수 없습니다. 우리는 TV를 켰다가 금세 끕니다. 책을 집어들었다가 이내 내려놓습니다. 어떻게 이 교란의 상태를 멈출 수 있을까요? 우리는 두려움, 절망, 화 그리고 탐욕을 멈출 수 있습니다. 마음챙김의 호흡, 마음챙김의 걷기, 마음챙김의 미소, 그리고 이해하기 위해 깊이 보는 것을 수행함으로써 멈출 수 있습니다. 우리가 마음을 챙기고 현재의 순간에 깊이 접촉하면 언제나 이해, 수용, 사랑, 그리고 고통을 덜고 기쁨을 가져오려는 바람을 가질 수 있습니다.

하지만 습관 에너지는 가끔 우리의 의지보다 더 강합니다. 우리는 원하지 않는 말이나 행동을 하고 나중에 그것을 후회합니다. 우리는 우리 자신과 다른 이들을 고통스럽게 하고, 많은 피해를 가져옵니다. 우리는 다시는 그렇게 하지 않겠다고 다짐할지 모르지만 다시 그렇게 하고 맙니다. 왜일까요? 그것은 우리의 습관 에너지[習, vasana]가 우리를 떠밀기 때문입니다.

이 파괴의 과정을 멈추기 위해서 우리의 습관 에너지를 인식하고 그것과 함께 존재해야 하고 그러기 위해서는 마음챙김의 에너지가 필요합니다. 마음챙김과 함께 우리는 습관 에너지가 나타날 때마다 그것을 인식할 수 있는 능력을 갖게 됩니다. "안녕, 나의 습관 에너지야. 나는 네가 거기 있다는 것을 알아!" 우리가 습관 에너지에 단지 미소만 지어도 습관 에너지의 힘이 거의 없어집니다. 마음챙김은 우리가 습관 에너지를 인식하게 하고 그것이 우리를 압도하지 못하도록 막아 주는 에너지입니다.

망각은 그 반대입니다. 우리는 한 잔의 차를 마시지만 차를 마시고 있다는 것을 알지 못합니다. 우리는 사랑하는 사람과 함께 앉아 있지만, 그 사람이 거기 있다는 것을 알지 못합니다. 우리는 걷지만 진정으로 걷고 있는 것이 아닙니다. 우리는 다른 어딘가에 있고, 과거 혹은 미래를 생각하고 있습니다. 우리의 습관 에너지라는 말은 우리를 끌고 가고, 우리는 그 포로입니다. 우리는 그 말을 멈추고 자유를 되찾아야 합니다. 우리는 우리가 하는 모든 일에 마음챙김의 빛을 비추어야만 합니다. 그러면 망각의 어둠이 사라질 것입니다. 명상, 즉 사마타의 첫 번째 기능은 멈추는 것입니다.

사마타의 두 번째 기능은 고요하게 하는 것입니다. 우리는 감정이 격해졌을 때 행동하는 것이 위험할 수 있다는 것을 압니다. 하지만 우리에게는 억제할 수 있는 힘이나 분명함이 없습니다. 우리는 숨을 들이쉬고 내쉬고, 활동을 멈추고, 감정을 고요하게 하는 법을 배워야만 합니다. 참나무처럼 단단하고 차분해져서 폭풍우에 이리저리 휩쓸려가지 않는 것을 배워야 합니다. 붓다는 마음과 몸을 고요하게 하고 그것들을 깊이 들여다보도록 돕는 많은 방법들을 가르쳤습니다. 그것들은 다섯 가지 단계로 요약될 수 있습니다.

(1) 알아차림: 화가 난다면 이렇게 말합니다. "나는 내 안에 화가 있다는 것을 안다."

(2) 받아들임: 화가 나면 그것을 부정하지 않습니다. 우리는

존재하는 것을 받아들입니다.

(3) 끌어안음: 엄마가 우는 아기를 두 팔에 보듬듯이 화를 보듬습니다. 마음챙김은 우리의 감정을 끌어안습니다. 그리고 이것만으로도 화와 자기 자신을 고요하게 할 수 있습니다.

(4) 깊이 들여다봄: 충분히 고요해지면, 우리는 이 화를 가져온 것이 무엇인지, 우리 아기의 불편함을 초래한 것이 무엇인지를 이해하기 위해 깊이 들여다볼 수 있습니다.

(5) 통찰: 깊이 들여다보는 것은 화를 가져오고 우리 아기를 울게 만든 많은 원인과 조건들, 주된 것과 이차적인 것들을 이해하는 것입니다. 아기는 배가 고플지도 모릅니다. 어쩌면 아기의 기저귀 핀이 살을 찌르고 있을 수도 있습니다. 친구가 우리에게 언짢게 말할 때 우리의 화가 촉발됩니다. 그리고 우리는 불현듯 그 친구의 아버지가 위독하기 때문에 그가 오늘 최선의 상태가 아니라는 것을 기억합니다. 우리는 고통을 가져온 것이 무엇인지에 대한 어떤 통찰을 갖게 될 때까지 이와 같이 성찰합니다. 통찰과 함께 우리는 상황을 바꾸기 위해서 무엇을 할지, 무엇을 하지 말아야 할지를 압니다.

고요하게 한 후, 사마타의 세 번째 기능은 쉬는 것입니다. 어떤 사람이 강가에 서서 공중에 조약돌을 던지고 그 돌이 강 속으로 떨어진다고 생각해봅시다. 그 조약돌은 스스로 서서히 가라앉고 아무런 노력 없이 강바닥에 닿을 수 있게 됩니다. 조약돌이 바닥에 닿으면 그것은 계속해서 쉬며, 물이 스쳐 지나가게 합니다.

앉아서 명상할 때, 우리는 우리 자신이 그 조약돌처럼 쉬게 할 수 있습니다. 앉는 자세 속으로 우리 자신이 자연스럽게 가라앉게 하고, 아무런 노력 없이 쉬게 할 수 있습니다. 우리는 쉬는 법, 몸과 마음이 휴식하게 하는 법을 배워야만 합니다. 만일 우리가 몸과 마음에 상처를 주었다면 그것들이 스스로를 치유할 수 있도록 쉬어야만 합니다.

고요함은 우리가 쉴 수 있게 합니다. 그리고 쉼은 치유의 전제 조건입니다. 숲속의 동물들이 다치면 그들은 누울 곳을 찾습니다. 그리고 여러 날 동안 완전히 쉽니다. 먹을 것이나 다른 어떤 것에 대해서도 생각하지 않습니다. 그저 쉽니다. 그리고 그들이 필요로 하는 휴식을 얻습니다. 우리 인간들은 아프면 그저 걱정합니다! 그리고 의사와 약을 찾습니다. 하지만 우리는 멈추지 않습니다. 심지어 휴가를 위해 해변이나 산으로 갈 때조차도 우리는 쉬지 않습니다. 그리고 이전보다 더 피곤해져서 돌아옵니다.

우리는 쉬는 것을 배워야 합니다. 눕는 것은 휴식을 위한 유일한 자세가 아닙니다. 앉거나 걷는 명상을 하는 동안 우리는 매우 잘 쉴 수 있습니다. 명상은 힘든 일일 필요가 없습니다. 그저 자신의 몸과 마음이 숲속의 동물처럼 쉬게 허락하세요. 고군분투하지 마세요. 그 어떤 것도 얻을 필요가 없습니다. 나는 책을 쓰고 있습니다. 하지만 나는 고군분투하지 않습니다. 나는 쉬고 있기도 합니다. 기쁘고 여유로운 방식으로 읽으세요.

붓다는 "나의 법은 수행하지 않음의 수행이다."라고 말했습니다.*¹ 자신을 피곤하게 하지 않고, 몸과 감정, 그리고 의식에 쉴 수 있는 기회를 주는 방식으로 수행하세요. 몸과 마음이 쉬도록 내버려둔다면 그것들은 스스로를 치유할 수 있습니다.

멈춤, 고요하게 함, 그리고 쉼은 치유의 전제 조건들입니다. 만일 멈출 수 없다면 파괴의 과정은 그저 계속될 것입니다. 세상에는 치유가 필요합니다. 개인, 공동체 그리고 국가에 치유가 절실합니다.

---

1.   *Dvachatvarimshat Khanda Sutra*(『사십이장경』).

7장

〰〰〰〰〰〰〰〰〰〰〰〰〰〰〰〰〰〰〰

고통 만나기

빨리어 본 『가르침의 수레바퀴에 대한 경』에서 붓다는 다섯 비구에게
다음과 같이 말했습니다.

세 단계와 열두 측면에서 네 가지 고귀한 진리에 대한 통찰
과 이해가 있는 그대로 깨달아지지 않았다면, 나는 신, 마라,
범천, 은둔자, 바라문, 그리고 인간들이 함께하는 세계에서,
가장 높은 깨달음을 얻었다고 말할 수 없었을 것이다. 비구
들이여, 세 단계와 열두 측면에서 네 가지 고귀한 진리에 대
한 통찰과 이해가 있는 그대로 깨달아지자마자, 나는 신, 마
라, 범천, 은둔자, 바라문, 그리고 인간들이 함께하는 세계에
서, 가장 높은 깨달음을 얻었다고, 올바로 보고 이해한 것이
생겨났다고, 내 마음의 해탈은 흔들릴 수 없는 것이라고, 더
이상의 태어남은 없다고 말할 수 있었다.

한역본에서는 다음과 같이 말했습니다.

비구들이여, 네 가지 진리들 각각과 관련하여 법의 수레바퀴를 세 번씩 굴림으로써 지혜의 눈이 생긴다. 그래서 나는 옛날과 오늘날의 신과 정령, 사문과 바라문 앞에서 내가 모든 번뇌를 없애고 온전한 깨달음에 도달했다고 선언하노라.

붓다는 네 가지 고귀한 진리 각각에 대하여 세 단계로 나누어 설명하고 모두 열두 단계에 걸쳐 수행할 수 있게 하였습니다. 네 가지 고귀한 진리를 단지 지적으로가 아니라 경험적으로 이해하기 위해서 우리는 그것을 열두 단계로 수행해야 합니다.

첫 번째 단계는 "알아차림"이라고 일컬어집니다. 우리는 무언가가 잘못되었다는 것을 느낍니다. 하지만 그것이 무엇인지 분명히 말할 수가 없습니다. 우리는 달아나기 위한 노력을 합니다. 하지만 달아날 수 없습니다. 우리는 고통을 부정하려고 노력합니다. 하지만 고통은 지속됩니다. 붓다는 우리가 고통을 겪으면서 고통을 겪고 있다는 사실을 알지 못하는 것은, 상상할 수 없이 무거운 짐을 지어 나르는 노새가 견뎌내는 무게보다 훨씬 더 힘겨운 것이라고 말했습니다. 우리는 무엇보다 먼저, 고통을 겪고 있다는 것을 알아차려야 합니다. 그런 다음 그 고통의 토대가 신체적인 것인지, 생리적인 것인지, 혹은 심리적인 것인지를 밝혀야 합니다. 우리의 고통은 확인되어야 합니다.

고통을 알아차리고 확인하는 것은 질병을 진단하는 의사의 일과 같습니다. 의사는 "여기를 누르면 아픈가요?"라고 말합니다. 그리고 우리는 "네, 이것이 나의 고통입니다. 이것이 존재하게 되었습니다."라고 말합니다. 우리 가슴속의 상처들은 명상의 대상이 됩니다. 우리는 그것들을 의사에게 보여줍니다. 그리고 붓다에게 보여줍니다. 그것은 우리 자신에게 그것들을 보여준다는 것을 의미합니다. 우리의 고통은 우리 자신입니다. 우리는 그것을 친절과 비폭력으로 다루어야 합니다. 우리는 두려움, 미움, 고뇌 그리고 화를 끌어안아야 합니다. "사랑하는 나의 고통, 나는 네가 거기에 있다는 것을 알아. 나는 너를 위해 여기에 있어. 그리고 내가 너를 보살펴줄 거야." 우리는 고통으로부터 달아나는 것을 멈추어야 합니다. 모든 용기와 다정함으로 우리는 그것을 알아차리고, 인정하고, 확인합니다.

두 번째 단계는 "북돋아줌"이라고 불립니다. 고통을 알아차리고 확인한 후에, 우리는 그것의 진정한 본성, 즉 그 원인을 이해하기 위해 그것을 깊이 들여다보는 시간을 갖습니다. 증상을 관찰한 후에 의사는 "그것을 더 깊이 들여다보겠습니다. 이 병을 이해할 수 있습니다."라고 말합니다. 그가 검사를 하고 우리가 무엇을 먹어왔는지, 우리의 태도는 어떤지, 우리가 시간을 어떻게 보내는지 등을 묻는 데는 일주일이 걸릴 수도 있을 것입니다. 하지만 그는 우리의 병을 이해하겠다고 단단히 마음을 먹었습니다.

우울, 병, 힘든 관계, 혹은 불안과 같은 고통은 이해되어야 합니다. 그리고 우리는 의사처럼 그것을 이해하리라고 마음먹습니다. 우리는 앉기와 걷기 명상을 수행하고 친구들에게, 그리고 만일 있다면 스승에게, 안내와 지지를 청합니다. 그러면 우리는 고통의 원인을 찾을 수 있음을 알게 되고, 그 고통의 근원에 가 닿기 위한 모든 노력을 합니다. 이 단계에서, 우리의 수행은 여전히 "퇴보(ashrava)"를 겪을 수 있습니다.

열두 단계의 수행

네 가지 고귀한 진리	열두 단계
고통	알아차림: 이것은 고통이다.
	북돋아줌: 고통을 이해해야 한다.
	깨달음: 고통을 이해하였다.
고통의 일어남	알아차림: 고통에 이르게 한 고귀하지 못한 길이 있다.
	북돋아줌: 그 고귀하지 못한 길을 이해해야 한다.
	깨달음: 그 고귀하지 못한 길을 이해하였다.
고통의 소멸(행복)	알아차림: 고통의 소멸은 가능하다.
	북돋아줌: 고통의 소멸을 향해 가야 한다.
	깨달음: 고통의 소멸에 이르렀다.
고통은 어떻게 소멸되는가	알아차림: 고통의 소멸에 이르게 하는 고귀한 길이 있다.
	북돋아줌: 이 고귀한 길을 수행해야 한다.
	깨달음: 이 고귀한 길을 수행하고 있다.

표 2

세 번째 단계는 "깨달음"이며 "이 고통은 이해되었다."라는 것으로서 표현될 수 있습니다. 우리는 첫 번째와 두 번째 단계에서 노력이 시작되었다는 것을 깨닫습니다. 의사는 병의 이름과 온갖 특성들을 우리에게 말합니다. 첫 번째 고귀한 진리를 공부하고 성찰하고 수행한 후에 우리는 고통으로부터 달아나는 것을 멈추었다는 것을 깨닫습니다. 이제 우리는 고통을 특정한 이름으로 부를 수 있고 모든 특징들을 확인할 수 있습니다. 이것만으로도 우리에게 "퇴보 없는(anashrava)" 행복과 기쁨이 생겨납니다.

성공적으로 병을 진단한 후에도, 한동안 우리는 여전히, 계속해서 스스로에게 고통을 일으킵니다. 우리는 말과 생각과 행위를 통해 불에 기름을 붓습니다. 그리고 흔히 그것을 깨닫지도 못합니다. 두 번째 고귀한 진리의 첫 번째 단계는 내가 여전히 계속해서 고통을 일으키고 있다는 것을 "알아차리는 것"입니다. 붓다는 "어떤 것이 존재하게 될 때 우리는 그것의 존재를 인정하고 그 본성을 깊이 들여다보아야 한다. 깊이 들여다보면 그것이 존재하도록 돕고 그것에 계속 자양을 준 음식이 어떤 것인지를 발견할 것이다."라고 말했습니다.*¹ 그런 다음 붓다는 행복 혹은 고통에 이르게 할 수 있는 네 가지 음식을 상세히 설명했습니다. 그것은 먹을 수 있는 음식, 감각적인 느낌, 의도, 그리고 의식입니다.

첫 번째 음식은 먹을 수 있는 음식입니다. 우리가 먹거나 마시는 것은 정신적인 고통이나 신체적인 고통을 일으킬 수 있습니다. 우리는 무엇이 건강하고 무엇이 해로운지를 구분할 수 있어야 합니다. 장을 보고, 요리를 하고, 먹을 때 우리는 바른 견해를 수행해야 합니다.

붓다는 이 예를 들었습니다. 한 젊은 부부와 그들의 두 살 먹은 아이가 사막을 건너려 하고 있고, 그들에게는 음식이 다 떨어졌습니다. 깊은 고민 끝에, 부모는 자신들이 살아남기 위해서는 아들을 죽이고 그 살을 먹어야 한다는 것을 깨달았습니다. 그들은 아이의 살을 매일 얼마만큼 먹고 나머지는 마르도록 어깨 위에 지고 간다면 남은 여행 기간 동안 그것이 충분할 것이라고 계산했습니다. 하지만 자신들이 먹은 아기의 모든 살점 때문에 그 젊은 부부는 울고 또 울었습니다. 이 이야기를 한 후에 붓다가 물었습니다. "벗들이여, 그대들은 젊은 남자와 여자가 아들의 살을 먹는 것을 즐겼다고 생각하는가?" "아닙니다, 세존이시여. 그들이 아들의 살을 먹는 것을 즐기는 것은 불가능했을 것입니다." 붓다가 말했습니다. "하지만 많은 사람들은 자신들의 부모, 자식, 그리고 손자들의 살을 먹는다. 그리고 그것을 알지 못한다."•2

우리 고통의 많은 부분은 마음챙김과 함께 먹지 않는 것에서 옵니다. 우리는 몸과 마음의 건강과 행복을 지키는 방식으로 먹는 법을 배워야 합니다. 우리가 담배를 피우거나 술을 마시고, 혹은 독소를 소비할 때 우리는 우리의 폐와 간, 그리고 심장을 먹고 있는 것입니다. 만일 우리에게 아이들이 있고, 우리가 이런 것들을 취한다면, 우리는 아이들의 살을 먹고 있는 것입니다. 아이들에게는 건강하고 강한 우리가 필요합니다.

1.   *Samyutta Nikaya* Ⅱ, 47. 4부의 『바른 견해에 대한 경』 참조.
2.   『자육경(子肉經)』(잡아함경 373). 그리고 *Samyutta Nikaya* Ⅱ, 97.

우리는 우리가 어떻게 먹거리를 기르는지를 깊이 들여다보아야 합니다. 그렇게 하면 공동체의 행복을 보존하고 우리 자신과 다른 종들의 고통을 최소화하는 방식으로 먹을 수 있습니다. 그리고 지구가 계속해서 우리 모두를 위한 생명의 근원일 수 있게 할 수 있습니다. 만일 우리가 먹는 동안, 살아 있는 존재나 환경을 파괴한다면, 그것은 우리 아들딸의 살을 먹고 있는 것입니다. 우리는 함께 깊이 들여다보아야 합니다. 그리고 어떻게 먹을 것인지, 무엇을 먹을 것인지, 그리고 무엇을 먹지 않을 것인지를 토론해야 합니다. 이것은 진정한 법의 토론이 될 것입니다.

두 번째 음식은 감각 인상입니다. 여섯 가지 감각 기관, 즉 눈, 귀, 코, 혀, 몸 그리고 마음은 감각 대상들과 지속적인 접촉(sparsha)을 하고 있습니다. 그리고 이 접촉은 우리의 의식을 위한 음식이 됩니다. 도시를 가로질러 운전할 때, 우리 눈은 많은 광고판을 봅니다. 그리고 그 이미지들은 우리 의식으로 들어갑니다. 우리가 잡지를 집어들 때, 기사와 광고들은 우리의 의식을 위한 음식입니다. 소유, 섹스 그리고 음식을 향한 탐욕을 자극하는 광고들은 유독한 것일 수 있습니다. 만일 신문을 읽거나 뉴스를 듣고, 혹은 대화를 하고 난 후에 불안하거나 피곤하다고 느낀다면, 우리는 우리가 독소들과 접촉하고 있었다는 것을 압니다.

영화는 눈과 귀, 그리고 마음을 위한 음식입니다. TV를 볼 때는 그 프로그램이 우리의 음식입니다. 하루에 다섯 시간을 TV 보는 데 쓰는 아이들은 그들 안에 있는 탐욕, 두려움, 화, 그리고 폭력의 부정적인 씨앗들에 물을 주는 이미지를 받아들이는 것입니다. 우리는 몸과 의식의 행복을 앗아가는 수많은 유독한 모양, 색깔, 소리, 냄새, 맛, 접촉의 대상, 그리고 생각들에 노출되어 있습니다. 여러분이 절망, 두려움, 혹은 우울을 느낄 때 그것은 어쩌면 감각 인상을 통해 너무 많은 독소들을 섭취했기 때문일 수도 있습니다. 폭력적이고 건전하지 못한 영화, TV 프로그램, 책, 잡지, 그리고 게임으로부터 아이들만 보호해야 하는 것이 아닙니다. 어른도 또한 이러한 매체에 의해 파괴될 수 있습니다.

마음챙김이 있다면, 우리는 자신이 두려움, 미움 그리고 폭력의 독소를 "섭취"하고 있는지, 아니면 이해와 자비, 그리고 다른 이들을 도우리라는 다짐을 북돋우는 음식을 먹고 있는지를 알 것입니다. 마음챙김의 수행과 함께, 우리는 이것을 듣거나 저것을 볼 때, 혹은 이것을 만질 때 가볍고 평화롭다고 느낀다는 것을 알 것입니다. 그리고 반면에 저것을 보거나 이것을 들을 때, 혹은 저것을 만질 때 불안하거나 슬프고, 혹은 우울하다고 느낀다는 것을 알 것입니다. 그러면 우리는 무엇에 접촉하고, 무엇을 피해야 할지를 알 것입니다. 피부는 우리를 박테리아로부터 보호합니다. 항체는 우리를 내부의 침입자로부터 보호합니다. 우리는 독이 될 수 있는 청정하지 못한 감각 대상들로부터 스스로를 보호하기 위해서, 그에 상응하는 우리 의식의 측면들을 이용해야 합니다.

붓다는 이런 강렬한 비유를 들었습니다. "피부가 더 이상 거기 남아 있지 않을 만큼 끔찍한 피부병에 걸린 소가 있다. 옛 담장이나 오래된 나무 가까이에 그 소를 데려가면 나무 껍질에 있는 모든 살아 있는 것들이 다 나와서 그 소의 몸에 달라붙어 핥아먹는다. 그 소를 물로 데려가도 똑같은 일이 생긴다. 심지어 그 소가 그저 공기에 노출되어 있을 때조차도 작은 벌레들이 나와서 핥아먹는다." 그리고 붓다는 말합니다. "이것은 또한 우리의 상황이다."

우리는 온갖 종류의 침입, 즉 이미지, 소리, 냄새, 접촉, 생각에 노출되어 있고, 이 가운데 많은 것은 우리 안에 있는 탐욕, 폭력, 두려움, 그리고 절망에 먹이를 줍니다. 붓다는 우리에게 자신을 보호하기 위해 모든 감각의 문 앞에 마음챙김이라는 보초를 세우라고 조언했습니다. 자신이 섭취하려고 하는 각각의 음식을 알기 위해 붓다의 눈으로 보십시오. 만일 유독하다는 것을 알게 되면, 그것을 보거나 듣거나 맛보거나 혹은 만지지 마십시오. 다섯 가지 마음챙김의 수행•3은 많은 도움을 줄 수 있습니다. 우리는 개인, 가족, 도시 그리고 하나의 나라로서 자기 보호와 생존의 전략을 토론하기 위해 함께 모여야 합니다. 우리가 처해 있는 위험한 상황으로부터 빠져나오기 위해서 집단적으로 마음챙김의 수행을 해야 합니다.

세 번째 음식은 의지 작용, 의도 또는 의지, 즉 우리가 원하는 것이 무엇이든 그것을 얻고 싶어 하는 우리 안의 욕망입니다. 의지 작용은 모든 행위의 토대입니다. 우리가 행복하기 위한 길이 큰 회사의 대표가 되는 것이라고 생각한다면, 모든 행동과 말은 그 목표를 성취하는 쪽을 향할 것입니다. 잠을 잘 때조차도, 우리의 의식은 계속해서 그것을 위해 일할 것입니다. 혹은 우리가 자기 자신과 가족의 모든 고통이 과거에 우리에게 잘못했던 누군가에 의해서 생겨난 것이라고 믿는다고 가정해봅시다. 우리는 오직 그 사람을 해롭게 해야만 우리가 행복할 수 있을 것이라고 믿습니다. 우리 삶의 이유는 오로지 복수를 위한 욕망입니다. 그리고 우리가 말하는 모든 것, 계획하는 모든 것은 그 사람을 벌주기 위한 것입니다. 밤마다 우리는 복수의 꿈을 꿉니다. 그리고 이것이 화와 미움으로부터 우리를 해방시켜줄 것이라고 생각합니다.

모든 사람이 행복하기를 원합니다. 그리고 우리 안에는 자신을 행복하게 만들 것이라고 생각하는 것을 향하여 스스로를 북돋우는 강한 에너지가 있습니다. 하지만 우리는 이것 때문에 많은 고통을 겪을지도 모릅니다. 우리에게는 지위, 복수, 부, 명예, 혹은 소유가 대개의 경우, 행복에 장애라는 것을 보는 통찰이 필요합니다. 푸른 하늘, 나무들, 아름다운 아이들처럼 우리 곁에 언제나 있는 삶의 경이로움을 누릴 수 있도록, 우리는 그 장애들로부터 자유로워지리라는 바람을 일굴 필요가 있습니다. 석 달 혹은 여섯 달 동안 마음챙김의 앉기, 마음챙김의 걷기, 그리고 마음챙김의 바라보기를 하면 현실에 대한 깊은 비전이 우리 안에 일어납니다. 그리고 거기에 머물며, 현재의 순간 속에서 삶을 누리는 능력은 충동에서 우리를 해방시키고, 우리에게 진정한 행복을 가져다줍니다.

붓다와 여러 스님들이 마음챙김과 함께 점심 공양을 마쳤을 때, 매우 흥분한 한 농부가 지나가며 물었습니다. "스님들, 제 소를 보셨나요? 저는 그렇게 많은 불행을 견딜 수 있다고 생각하지 않습니다."

---

3. Thich Nhat Hanh, *For a Future To Be Possible: Commentaries on the Five Mindfulness Trainings*, 개정판(Berkeley: Parallax Press, 1998). 이 책의 12장과 13장도 참조.

붓다가 그에게 물었습니다. "무슨 일이 있었습니까?" 그러자 농부는 대답했습니다. "스님들, 오늘 아침 제 소 열두 마리가 모두 달아났습니다. 그리고 올해 제가 수확한 참깨를 벌레들이 다 먹어버렸습니다!" 붓다는 말했습니다. "우리는 당신의 소를 보지 않았습니다. 아마도 다른 쪽으로 갔을 것입니다." 농부가 그 쪽으로 떠나고 난 후 붓다는 공동체를 향하여 이렇게 말했습니다. "벗들이여, 그대들은 세상에서 가장 행복한 사람들이라는 것을 아는가? 그대들에게는 잃어버릴 소도, 참깨도 없다네." 우리는 언제나 더 많이 모으려고 노력합니다. 그리고 이 "소들"이 우리 존재에 필수적이라고 생각합니다. 사실 그것들은 행복을 가로막는 장애일 수도 있습니다. 소를 놓아주고 자유로운 사람이 되십시오. 진정으로 행복해질 수 있도록 자신의 소를 놓아주세요.

붓다는 또 다른 훌륭한 비유를 들었습니다. "힘이 센 두 남자가 세 번째 남자를 불구덩이에 던지기 위해 끌어당기고 있다. 그는 저항할 수 없었고, 마침내 두 남자는 그를 이글거리는 잉걸불에 던진다." 붓다는 이 강한 남자들이 우리의 의지 작용이라고 말했습니다. 우리는 고통을 겪기를 원하지 않습니다. 하지만 우리 안에 깊이 들어 있는 습관 에너지는 우리를 고통의 불 속으로 끌고 갑니다. 붓다는 의지 작용이 우리를 해탈, 평화 그리고 자비의 방향으로 밀고 가는지, 혹은 고통과 불행의 방향으로 밀고 가는지 알기 위해서 그 본성을 깊이 들여다보라고 조언했습니다. 우리는 우리가 소비하고 있는 의도라는 종류의 음식을 볼 수 있어야 합니다.

의식이라는 음식은 네 가지 음식 가운데 네 번째입니다. 의식에는 집단적인 것과 개인적인 것 두 종류가 있습니다. 의식이라는 음식은 우리가 의식을 소비한다는 것을 의미합니다. 의식의 음식에는 서로 다른 종류의 것들이 있습니다. 어떤 것들은 건강하고 영양가가 있고 어떤 것들은 유독합니다. 집단적인 의식 가운데는 화와 절망 같은 유독한 음식들이 많이 있습니다. 만일 우리가 그런 음식을 스스로에게 허락한다면 우리는 독에 물들게 될 것입니다. 그러므로 우리는 미움과 절망이 많은 공동체나 그 가까이에서 시간을 보내서는 안 됩니다. 우리는 함께 존재할, 미움이나 절망으로 가득 차 있지 않은 집단의 식을 발견해야 합니다. 그곳은 사람들이 하루 종일 오직 자비와 다른 이들을 돕는 것에 대해서만 생각하는 곳입니다.

개인적인 의식도 독소를 갖고 있습니다. 우리 안에 지옥, 아귀 그리고 동물의 세계가 있습니다. 만일 우리가 그것들이 나타나기를 원한다면 그것들은 바로 나타날 수 있습니다. 우리는 그저 단추를 누르기만 하면 됩니다. 그러면 판도라의 상자가 열릴 것입니다. 만일 우리가 거기에 앉아 과거의 경험과 관련된 부정적인 생각이 떠오르게 한다면 우리는 의식의 유독한 물질을 먹고 있는 것입니다. 우리들 가운데 많은 이들은 거기 앉아서 생각합니다. 그리고 더 많이 생각하면 할수록 더 화가 나고, 속상하고, 절망 속에 있게 될 것입니다.

하지만 우리의 의식 속에는 신, 아수라, 지옥, 아귀, 그리고 동물의 씨앗 외에 성문 제자, 스스로 깨달은 부처, 보살, 그리고 온전히 깨달은 부처의 씨앗들도 있습니다. 우리는 의식 속에 열 개의 채널을 가진 텔레비전만큼이나 많은 채널을 갖고 있습니다. 우리는 왜 부처나 보살의 채널을 누르지 않을까요? 혼자 앉아서, 우리는 아귀나 동물의 채널을 누르고 그들이 만들어내는 음식을 먹습니다. 그것은 마치 반추동물이 되새김질을 하는 것과 같습니다. 과거에 우리는 미움을 경험했고, 학대를 받았고, 거칠게 다루어졌습니다. 이 모든 것들이 의식 속에 묻혀 있었고, 우리는 그것들을 변화시킬 수 없었습니다. 우리는 마치 소들이 삼켰던 풀을 꺼내 되씹는 것처럼, 고통과 절망을 반추합니다. 그리고 학대받았던 것에 대해서 생각할 때마다 다시 학대를 받습니다. 하지만 실제로 그것은 지금 일어나고 있는 일이 아닙니다. 그것은 모두 끝났습니다. 설령 어린 시절에 많은 행복한 순간, 달콤한 순간들이 있었을지라도 고통을 반추하면 매일 학대받을 수 있습니다. 우리는 미움, 고통 그리고 절망을 반추합니다. 그리고 그것은 건강한 음식이 아닙니다.

마음챙김의 호흡과 걸음은 생각에서 벗어나게 하고, 현재의 순간의 경이로운 것들과 접촉하도록 돕습니다. 그것은 우리에게 자양을 주고 살아 있음의 기쁨을 다시 가져다줍니다. 생각을 멈추고 현재의 순간에 머무는 법을 알면 우리는 걸으면서 행복하고, 앉으면서 행복하고, 먹으면서 행복합니다.

붓다는 이것을 설명하기 위해 또 하나의 좋은 비유를 들었습니다. "위험한 살인자가 잡혀서 왕 앞으로 끌려갔다. 왕은 그를 칼로 찔러서 사형에 처하도록 선고했다. '그를 마당으로 데려가서 삼백 개의 날카로운 칼로 찔러라.' 정오에 한 보초가 '왕이시여, 그는 아직 살아 있습니다.'라고 보고했다. 왕은 '삼백 번 더 찔러라.'라고 했다. 저녁에 보초가 다시 '왕이시여, 그가 아직도 죽지 않았습니다.'라고 보고했다. 그러자 왕은 세 번째 명령을 내렸다. '왕국에 있는 가장 날카로운 삼백 개의 칼로 그를 찔러라.'" 그리고 나서 붓다가 말했습니다. "이것은 흔히 우리가 의식을 다루는 방법이다." 우리가 과거를 반추할 때면 언제나, 그것은 마치 날카로운 칼로 우리 자신을 찌르는 것과 같습니다. 우리는 고통을 겪고, 그 고통은 우리를 둘러싼 사람들에게 넘쳐흐릅니다.

첫 번째 고귀한 진리의 첫 번째 단계를 수행할 때 우리는 고통을 고통으로 알아차립니다. 만일 우리가 힘든 관계 속에 있다면 "이것은 힘든 관계다."라고 인식합니다. 우리의 수행은 고통과 함께하고 그것을 잘 보살피는 것입니다. 두 번째 고귀한 진리의 첫 번째 단계를 수행할 때, 우리는 어떤 종류의 음식을 고통에 공급해왔는지 보기 위해 고통의 본성을 깊이 들여다봅니다. 우리는 지난 몇 년 간, 지난 몇 달 간 어떻게 살아왔을까요? 그리고 그것은 우리의 고통에 어떻게 영향을 미쳐왔을까요? 우리는 우리가 섭취하는 음식을 알아차리고 확인해야 합니다. 그리고 "내가 이와 같이 생각하고, 저와 같이 말할 때, 이와 같이 듣고, 저와 같이 행동할 때, 나의 고통이 커진다."라는 것을 관찰합니다. 우리가 두 번째 고귀한 진리를 수행하기 시작할 때까지, 우리는 자신의 불행에 대해 다른 이들을 탓하는 경향이 있습니다.

깊이 들여다보려면 용기가 필요합니다. 원한다면 종이와 연필을 이용할 수 있습니다. 앉아서 명상하는 동안, 자신의 고통의 증상을 분명히 볼 수 있다면 그것을 적으세요. 그리고 스스로에게 물으십시오. "나는 이 고통에 먹이를 주고 지속시켜온 어떤 종류의 음식을 섭취해 왔는가?" 자신이 섭취해온 음식의 종류를 깨닫기 시작하면 여러분은 어쩌면 울지도 모릅니다. 진정으로 존재하기 위해, 아기를 보듬고 있는 어머니와 같이 자신의 고통을 끌어안기 위해, 하루 종일 마음챙김의 에너지를 이용하십시오. 마음챙김이 거기 있는 한, 어려움과 함께 머물 수 있습니다. 수행은 자신의 마음챙김, 집중 그리고 지혜만 이용한다는 것을 의미하지 않습니다. 여러분은 그 길에 있는 친구들과 스승의 마음챙김, 집중 그리고 지혜로부터도 이로움을 얻을 수 있어야 합니다. 우리가 관념에 갇혀 있기 때문에, 아이들도 볼 수 있는 것을 정작 어른인 우리 자신은 볼 수 없는 경우들이 있습니다. 여러분이 적은 것을 친구에게 가져가서 그 친구의 관찰과 통찰을 청하세요.

여러분이 친구와 함께 앉고, 열린 마음으로 말하고, 자신의 고통의 뿌리를 발견하리라고 마음먹었다면, 언젠가는 그것들을 분명히 볼 수 있을 것입니다. 하지만 자신의 고통을 스스로에게 가두어둔다면, 그것은 매일 점점 더 커질 것입니다. 단지 자신의 고통의 원인을 보는 것만으로도 고통이 덜어집니다. 붓다의 훌륭한 제자 가운데 하나였던 사리불은 "어떤 것이 일어날 때, 만일 현실 한가운데에서 그것을 깊이 들여다본다면, 그리고 그것에 자양을 준 원인과 먹이를 본다면 우리는 이미 해탈의 길에 있는 것이다."라고 말했습니다. 우리가 고통을 확인하고 그것의 원인을 볼 수 있다면 더 많은 평화와 기쁨을 갖게 될 것이고, 이미 해탈의 길에 있는 것입니다.

두 번째 고귀한 진리의 두 번째 단계 "북돋아줌"에서 우리는 고통을 일으키는 음식을 섭취하는 것을 멈출 수 있다면 진정한 행복이 가능하다는 것을 분명히 봅니다. 만일 우리가 먹고, 자고, 혹은 일하는 방식 때문에 몸이 고통을 겪고 있음을 안다면, 더 건강한 방식으로 먹고, 자고, 혹은 일하겠다고 다짐할 수 있습니다. 우리는 자신이 고통의 원인을 끝내도록 격려합니다. 우리는 어떤 것들을 같은 방식으로 되풀이하지 않으리라는 강한 의도가 있을 때만 수행의 단계에서 앞으로 나아갈 수 있습니다.

마음챙김은 멈추도록 돕는 에너지입니다. 우리는 지금 섭취하는 종류의 음식을 살펴보고, 어떤 것을 계속 취할지, 어떤 것을 더 이상 취하지 않을지를 결정합니다. 친구, 가족과 더불어, 그리고 공동체로서 함께 앉아서 바라봅니다. 몸과 마음을 보호하고, 가족과 사회, 그리고 환경을 보호하는 방식으로 섭취하기 위한 마음챙김은 우리가 토론해야 할 중요한 주제들입니다. 고통에 주의를 기울일 때, 우리는 행복의 가능성을 볼 수 있습니다. 그리고 고통의 본성과 그 고통에서 벗어나는 길을 함께 봅니다.

우리가 고통에 직면할 수 있도록 돕는 많은 수행들이 있습니다. 거기에는 마음챙김의 걷기, 마음챙김의 호흡, 마음챙김의 앉기, 마음챙김의 먹기, 마음챙김의 바라보기, 그리고 마음챙김의 듣기가 포함됩니다. 마음챙김의 한 걸음은 우리 존재의 안과 밖에 있는 아름다움과 기쁨을 깊이 깨닫게 할 수 있습니다. 13세기 베트남의 위대한 명상 스승이었던 트란 타이 통(Tran Thai Tong)은 "모든 걸음걸음에서 현실의 근원을 만난다."라고 말했습니다. 여러분이 마음챙김의 걷기와 깊은 듣기를 하루 종일 수행한다면, 그것은 네 가지 고귀한 진리를 실천하는 것입니다. 고통의 원인이 보일 때 치유가 가능합니다. 우리는 우리를 고통스럽게 하는 것을 더 이상 취하지 않겠다고 다짐합니다. 그리고 건강하고 청정한 것들을 취하겠다는 다짐도 함께 합니다.

두 번째 고귀한 진리의 바퀴의 세 번째 단계인 "깨달음"에서, 우리는 단지 다짐하기만 하는 것이 아니라 실제로 고통을 일으키는 음식의 섭취를 멈춥니다. 어떤 사람들은 고통을 끝내기 위해서는 모든 것, 즉 몸, 느낌, 지각, 정신적 형성 그리고 의식을 다 끝내야만 한다고 생각합니다. 하지만 그것은 옳지 않습니다. 두 번째 고귀한 진리의 세 번째 단계는 "배고프면 먹고 고단하면 잔다."라는 것으로 표현될 수 있습니다. 어떤 사람이 이 단계를 깨닫는다면 그에게는 어떤 가벼움과 자유가 있을 것입니다. 그 사람이 하고 싶어 하는 것은 마음챙김의 수행과 온전히 일치하는 것입니다. 그리고 자신이나 다른 사람에게 해를 끼치는 그 어떤 것도 하지 않습니다.

공자는 "삼십에 나는 내 발로 설 수 있었다. 사십에 나는 더 이상 의심이 없었다. 오십에 나는 땅과 하늘의 명을 알았다. 육십에 나는 도를 거스름이 없이 내가 하고 싶은 일을 할 수 있었다."라고 말했습니다. 선 전통에 있는 십우도의 마지막 그림은 "손을 내밀고 시장 속으로 들어가는 것[入廛垂手]"이라고 일컬어집니다. 여러분은 원하는 대로 자유로이 오고 갈 수 있습니다. 이것은 행위가 없는 행위입니다. 고통은 더 이상 일어나지 않습니다. 이 상태는 모방할 수 있는 어떤 것이 아닙니다. 여러분은 자기 안에서 이 깨달음의 상태에 이르러야 합니다.

19세기 말 베트남의 큰 스승 낫 딘(Nhat Dinh)은 그가 산중의 오두막에 살면서 나이든 어머니를 모실 수 있도록 큰 절의 주지 자리에서 물러나게 해달라고 왕에게 청했습니다. 많은 관료들이 그 스승에게 공양을 바치며 다른 절을 지으라고 간청했지만, 그는 큰 평화와 기쁨 속에서 단순하게 사는 것을 더 좋아했습니다. 어느 날 그의 어머니가 아파서 생선을 먹어야 했습니다. 그는 시장에 가서 상인에게 생선 한 마리를 구해 그것을 들고 산중으로 돌아갔습니다. 지나가던 사람들은 "스님이 생선을 가지고 뭘 하고 있는가?"라고 수군거렸습니다. 큰 스승 낫 딘과 같은 깨달음을 가진 사람은 계율을 거스르지 않으면서 원하는 대로 행동할 수 있었습니다. 두 번째 고귀한 진리의 세 번째 단계는, 우리가 그저 우리 자신이어야만 한다는 것입니다. 모양은 중요하지 않습니다. 하지만 조심하십시오. 거기에는 먼저 진정한 통찰과 진정한 자유로움이 있어야만 합니다.

8장

<hr>

참존재 깨닫기

이가 아프면 우리는 이가 아프지 않은 것이 행복임을 압니다. 하지만 나중에 이가 아프지 않게 되면 우리는 이가 아프지 않다는 것을 소중히 여기지 않습니다. 마음챙김 수행은 거기 이미 있는 행복을 깊이 이해하는 것을 배우게 합니다. 마음챙김 가운데서 우리는 행복을 소중히 여기고, 그것이 오래 지속되게 할 수 있습니다. 나는 언제나 심리치료자들에게 묻습니다. "여러분은 왜 내담자들에게 고통에 대해서만 얘기하나요? 왜 그들이 행복의 씨앗에도 접촉하도록 돕지 않습니까?" 심리치료자들은 내담자가 세 번째 고귀한 진리, 즉 고통의 소멸과 접촉할 수 있도록 도와야 합니다. 나는 그들에게 내담자와 함께 걷기 명상과 차 명상을 수행하도록 격려합니다. 그것은 그들 안에 있는 기쁨의 씨앗에 물을 주기 위해서입니다.

부디 스스로에게 물으십시오. "내 안의 기쁨에 자양을 주는 것은 무엇인가? 다른 이들 안에 있는 기쁨에 자양을 주는 것은 무엇인가? 나는 나 자신과 다른 이들 안에 있는 기쁨에 충분히 자양을 주고 있는가?" 이것들은 세 번째 고귀한 진리에 대한 질문입니다. 이미 갖고 있는 귀한 보물을 누릴 줄 안다면 고통의 소멸, 즉 깨달음은 가능합니다.

우리에게는 볼 수 있는 눈이 있고, 숨 쉴 수 있는 폐가 있고, 걸을 수 있는 두 다리가 있습니다. 그리고 미소 지을 수 있는 두 입술이 있습니다. 고통을 겪을 때, 자신의 상황을 깊이 들여다보세요. 그리고 거기 이미 있고, 이미 얻을 수 있는 행복의 조건들을 발견하세요.

세 번째 고귀한 진리의 첫 번째 단계를 시작할 때, 우리는 이미 어떤 행복을 갖고 있습니다. 하지만 그것을 정확히 알지 못합니다. 우리는 자유롭습니다. 하지만 우리가 자유롭다는 것을 알지 못합니다. 젊을 때, 우리는 강하고 건강하지만, 그것에 감사하지 않습니다. 누군가가 우리에게 말해주려고 해도, 우리가 가진 것을 깨닫지 못합니다. 걷기가 힘들어지면 비로소 건강한 두 다리를 가진 것이 얼마나 경이로운 것인지를 깨닫습니다. 세 번째 고귀한 진리의 첫 번째 단계는 고통의 부재와 평화의 존재 가능성에 대한 "알아차림"입니다. 만일 지금 이 순간에 평화와 기쁨을 찾지 못한다면 최소한 과거에 경험했던 어떤 평화와 기쁨을 기억할 수 있고, 혹은 다른 사람들의 평화와 기쁨을 지켜볼 수 있습니다. 우리는 행복이 가능하다는 것을 봅니다.

두 번째 단계는 평화와 기쁨을 찾도록 우리 자신을 "북돋아주는" 것입니다. 만일 뜰을 가꾸려고 한다면, 허리를 숙이고 흙을 만져야만 합니다. 뜰을 가꾸는 것은 실천이지 생각이 아닙니다. 네 가지 고귀한 진리를 수행하기 위해서, 우리는 평화와 기쁨을 가져오는 것에 깊이 접촉해야 합니다. 그렇게 하면 땅 위를 걷는 것이 기적이고, 설거지를 하는 것이 기적이며, 벗들과 함께 수행하는 것이 기적임을 깨닫습니다. 가장 위대한 기적은 살아 있다는 것입니다. 우리는 우리의 고통에 그것을 겪을 만한 가치가 없다는 것을 깨달음으로써 고통을 멈출 수 있습니다. 얼마나 많은 사람들이 분노와 절망 때문에 스스로 목숨을 끊습니까? 그 순간, 그들은 가 닿을 수 있는 커다란 행복을 보지 못합니다. 마음챙김은 그와 같은 제한된 관점을 끝냅니다. 붓다는 자신의 고통을 직접적으로 마주했고, 해탈의 길을 발견했습니다. 즐거운 것들을 끌어안기 위해 즐겁지 않은 것들로부터 달아나지 마십시오. 두 손을 땅 속에 두세요. 어려움을 마주 보고 새로운 행복이 자라나게 하세요.

어떤 제자가 나에게 말했습니다. "파티에 가보면 사람들이 다들 스스로를 즐기는 것 같습니다. 하지만 그 이면을 보면 거기 아주 많은 불안과 고통이 있습니다." 처음에, 여러분의 기쁨은 제한적입니다. 특히 그저 고통을 감추고 있는 기쁨은 더욱 그렇습니다. 여러분의 고통을 끌어안고, 그것에 미소 지으십시오. 그리고 바로 그 안에 있는 행복의 원천을 발견하세요. 붓다와 보살도 역시 고통을 겪습니다. 그들과 우리의 차이라면 그들은 자신의 고통을 어떻게 기쁨과 자비로 변화시킬지를 안다는 것입니다. 훌륭한 유기농 채소를 기르는 사람들처럼, 그들은 꽃을 더 좋아하거나 쓰레기를 차별하지 않습니다. 그들은 쓰레기를 어떻게 꽃으로 변화시킬지를 압니다. 고통을 버리지 마세요. 고통을 만나십시오. 그것에 직접 접촉하십시오. 그러면 기쁨이 더욱 깊어질 것입니다. 우리는 고통과 기쁨이 둘 다 무상하다는 것을 압니다. 기쁨을 일구는 법을 배우세요.

이와 같이 수행하십시오. 그러면 세 번째 고귀한 진리의 세 번째 단계, 고통과 행복이 둘이 아니라는 "깨달음"에 이르게 됩니다. 이 단계에 이르게 되면 우리의 기쁨은 더 이상 깨지기 쉬운 것이 아닙니다.

그것은 진정한 기쁨입니다.

    네 번째 고귀한 진리는 고통에서 벗어나는 길입니다. 의사는 먼저 우리 고통의 본성을 깊이 들여다봅니다. 그런 다음 고통을 없애는 것이 가능하다는 것을 확인합니다. 그리고 고통에서 벗어나는 길을 처방합니다. 네 번째 고귀한 진리의 바퀴의 첫 번째 단계를 수행하는 것은 고귀한 여덟 가지 길, 즉 바른 견해, 바른 사유, 바른 말, 바른 행위, 바른 생계, 바른 정진, 바른 마음챙김, 바른 집중이 우리를 고통에서 벗어나도록 이끌 수 있다는 것을 "알아차리는" 것입니다. 하지만 우리는 아직 그것을 어떻게 수행할지 알지 못합니다.

    두 번째 단계에서 우리는 우리 자신이 이 길을 수행하도록 "북돋아줍니다." 이것은 배움과 성찰, 그리고 수행에 의해 실현됩니다. 무엇인가를 배울 때, 그것이 읽거나 듣는 것에 의한 것이든, 혹은 토론에 의한 것이든, 우리는 배운 것을 실천할 수 있는 길을 발견할 수 있도록 열려 있어야 합니다. 배우는 것에 이어 성찰과 수행이 뒤따르지 않는다면, 그것은 진정한 배움이 아닙니다. 이 단계에서 우리는 그 길이 삶의 실제적인 어려움과 전적으로 관계가 있다는 것을 봅니다. 실제적 고통에 관심을 갖지 않는 수행은 우리가 필요로 하는 길이 아닙니다. 많은 사람들은 삶의 어려운 시기에 깨달음을 얻었습니다. 그때 그들은 무책임하게 사는 것이 자신들의 고통을 일으켜왔다는 것을 봅니다. 그리고 삶의 방식을 바꿈으로써 고통을 끝낼 수 있다는 것을 봅니다. 변화는 점진적인 것입니다. 하지만 고통의 원인을 분명히 본다면 행동을 변화시키고 고통을 끝내기 위한 노력을 할 수 있습니다. 우리의 심장이 잘 작동하지 않는다는 것, 그리고 술과 담배, 콜레스테롤이 이런 상황을 초래했다는 것을 안다면 이런 것들을 취하는 것을 멈추려고 노력할 것입니다. 그 길의 두 번째 단계에서는 매일 자유가 커집니다. 그 길은 우리가 배워온 것을 실천할 때 진정한 것이 됩니다.

붓다는 우리에게 고통에 먹이를 주어온 음식들을 확인하라고 했습니다. 그리고 그저 그것들을 취하는 것을 멈추라고 했습니다. 우리는 최선을 다 합니다. 그리고 벗들에게 도와달라고 부탁합니다. 우리는 어려움이 저절로 사라지기를 기대할 수 없습니다. 어떤 것들은 해야만 하고 어떤 것들은 하지 말아야 합니다. 우리가 고통에 먹이를 주는 것을 멈추려고 결심하는 그 순간, 하나의 길이 우리 앞에 나타납니다. 그것은 깨달음에 이르는 고귀한 여덟 가지 길입니다. 붓다는 의사입니다. 그렇기 때문에 붓다는 우리의 고통을 자신에게 가져오라고 했습니다. 우리도 또한 의사입니다. 우리는 어려움을 변화시키리라고, 깨달음이 가능하다는 것을 확인하리라고 결심해야 합니다. 붓다는 행복에 이르는 고귀한 여덟 가지 길을 확인했고, 우리에게 그 길을 따르도록 권했습니다. 네 번째 고귀한 진리의 바퀴의 세 번째 단계는 우리가 이 길을 수행하고 있다는 "깨달음"입니다. 명상 스승으로부터 "한 손으로 치는 박수의 소리는 무엇인가?", 혹은 "달마는 왜 서쪽에서 왔는가?"와 같은 화두를 받으면, 스스로에게 이것이 우울, 두려움, 혹은 분노와 같은 나의 실제 고통과 무슨 관계가 있는지를 물어야 합니다. 그것이 이런 실제적인 문제와 아무런 관계가 없다면, 그것은 아마도 우리가 필요로 하는 길이 아닐 것입니다. 그것은 어쩌면 그저 도망치는 것일지도 모릅니다. 고통이 변화될 수 있는 방식으로 화두를 수행하십시오.

"이것은 고통이다. 이 고통은 분명하게 보여야 한다. 이 고통의 뿌리는 분명히 이해되어야 한다. 나는 이 고통을 보아왔다. 나는 그것이 어떻게 나타나는지를 보아왔다. 나는 그 고통의 내용과 뿌리를 보아왔다." 이것들은 수행이며 단순한 선언이 아닙니다. "사물을 있는 그대로 이해하는 것[如實智, yatha bhuta jñana]"은 우리의 삶과 수행으로부터 나옵니다.

가밤빠띠(Gavampati)라는 스님은 도반 스님들이 "고통을 보는 자는 고통의 생성, 고통의 소멸, 그리고 그 길을 본다."라고 말하자 이렇게 덧붙였습니다. "내 자신의 귀로 나는 붓다가 '비구들이여, 고통을 보는 자는 누구나 고통의 생성, 고통의 소멸, 그리고 고통의 소멸에 이르는 길을 본다. 고통의 생성을 보는 자는 누구나 고통, 고통의 소멸 그리고 그 길을 본다. 고통의 소멸을 보는 자는 누구나 고통, 고통의 생성 그리고 그 길을 본다. 고통의 소멸에 이르는 길을 보는 자는 누구나 고통, 고통의 생성 그리고 고통의 소멸을 본다.'라고 말하는 것을 들었습니다."•1 서로 연결되어 존재한다는 것은 붓다의 모든 가르침의 중요한 특성입니다. 하나에 접촉할 때 우리는 모든 것에 접촉합니다.

서로 연결되어 있는 네 가지 고귀한 진리의 본성을 이해하는 것은 중요합니다. 네 가지 진리 가운데 그 어느 하나를 깊이 들여다볼 때, 우리는 나머지 셋을 봅니다. 고통의 진리를 깊이 들여다볼 때, 어

---

1.   *Gavampati Sutta, Samyutta Nikaya* V, 436.

떻게 그 고통이 존재하게 되었는지를 봅니다. 고통의 진리를 깊이 들여다볼 때, 그 고통을 어떻게 끝낼지, 그리고 어떻게 깨달음을 만날지봅니다. 고통의 진리를 깊이 들여다볼 때, 그 길이 유효함을 봅니다. 첫 번째 성스러운 진리를 깊이 들여다볼 때, 그 안에서 두 번째, 세 번째, 네 번째 진리들을 봅니다. 네 가지 고귀한 진리는 하나입니다.

그 길을 보기 위해 우리에게 고통이 필요합니다. 고통의 원인, 고통의 소멸, 그리고 고통의 소멸에 이르는 길은 모두 고통의 한가운데서 발견됩니다. 고통에 접촉하는 것을 두려워한다면 평화, 기쁨 그리고 해탈의 길을 깨달을 수 없을 것입니다. 달아나지 마십시오. 고통에 접촉하고 그것을 끌어안으십시오. 그것과 평화를 일구십시오. 붓다는 "자신의 고통이 어떻게 존재하게 되었는지를 아는 순간, 그대는 이미 그것으로부터 벗어나는 길 위에 있는 것이다."라고 말했습니다.•2 만일 어떤 것이 존재하게 되었는지 그리고 그것이 어떻게 존재하게 되었는지를 안다면 이미 해방의 길 위에 있는 것입니다.

네 가지 고귀한 진리를 다시 구성해보겠습니다. "소멸", 세 번째 고귀한 진리는 고통의 부재를 의미합니다. 그것은 깨달음의 현존입니다. "소멸"이라고 말하는 대신 간단히 "참존재"라고 말할 수 있습니다. 그렇게 한다면 네 번째 고귀한 진리를 "깨달음에 이르는 고귀한 여덟 가지 길"이라고 부를 수 있습니다. 그러면 두 번째 고귀한 진리를 단지 "고통의 원인"이라고 부르는 대신, 고통에 이르게 하는 고귀하지 않은 여덟 가지 길, 즉 잘못된 견해, 잘못된 사유, 잘못된 말, 잘못된 행위, 잘못된 생계, 잘못된 정진, 잘못된 마음챙김, 잘못된 집중이 있다고 말할 수 있습니다. 네 가지 고귀한 진리의 번호를 우리 시대에 맞게 다음과 같이 다시 붙일 수도 있습니다.

(1) 깨달음(전통적으로 3번이며 "고통의 소멸")

(2) 깨달음에 이르는 고귀한 여덟 가지 길(전통적으로 4번)

(3) 고통(전통적으로 1번) 그리고

(4) 고통에 이르는 고귀하지 못한 여덟 가지 길(전통적으로 2번,

　　"고통의 생성")

만일 우리가 고귀한 여덟 가지 길을 따라 산다면 행복을 일굴 수 있을 것입니다. 그리고 삶은 기쁨, 평안 그리고 경이로움으로 가득 찰 것입니다. 하지만 우리의 길이 고귀하지 않다면, 우리가 일상의 삶을 살아가는 방식에 탐욕, 미움, 무명 그리고 두려움이 있다면 고통은 자연스럽게 따라올 것입니다. 수행은 고통에 직면하는 것이고, 행복을 가져오기 위해 그 고통을 변화시키는 것입니다. 우리는 고귀한 여덟 가지 길을 공부해야 하고 그것을 일상의 삶에서 실천할 방법들을 배워야만 합니다.

2.　*Samyutta Nikaya* Ⅱ, 47.

2부

고귀한 여덟 가지 길[八正道]

고귀한 여덟 가지 길

붓다가 여든 살 때 열반에 들기 직전 수밧다(Subhadda)라는 이름의 젊은 남자가 붓다를 보러 왔습니다. 붓다의 제자 아난다는 스승이 누군가를 만나는 것이 너무 고단할 일일 것이라고 생각했습니다. 하지만 붓다는 수밧다의 청을 우연히 듣고 "아난다여, 그를 안으로 들어오게 하여라."라고 말했습니다. 생명의 불꽃이 사그라져갈 때조차도 붓다는 기꺼이 대화에 응하려고 하였습니다.

수밧다는 물었습니다. "세존이시여, 마가다와 코살라의 다른 종교 스승들은 온전히 깨달은 존재들입니까?" 붓다는 자신이 살 수 있는 날이 조금밖에 없고, 그와 같은 질문에 답하는 것은 소중한 시간의 낭비라는 것을 알고 있었습니다. 법에 관해 스승에게 물을 기회가 있다면 삶을 바꿀 수 있는 질문을 하십시오. 붓다는 "수밧다여, 그들이 온전히 깨달았는가는 중요하지 않다. 문제는 그대가 스스로를 해방시키기를 원하는가이다. 만일 스스로의 해방을 원한다면 고귀한 여덟 가지 길을 수행하라. 고귀한 여덟 가지 길을 수행하고 있는 곳에는 어디에나 기쁨, 평화, 그리고 통찰이 있을 것이다."라고 말했습니다.*1 붓다는 첫 번째 법문에서 고귀한 여덟 가지 길을 제시했고,

45년 동안 그 길을 계속해서 가르쳤습니다. 그리고 수밧다에게 한 마지막 법문에서 고귀한 여덟 가지 길, 즉 바른 견해, 바른 사유, 바른 말, 바른 행위, 바른 생계, 바른 정진, 바른 마음챙김, 바른 집중을 제시했습니다.[2]

고귀한 여덟 가지 길[八正道, "Arya ashtangika marga"]은 그 길의 여덟 가지 요소들이 서로 연결되어 있는 본성을 시사합니다. 그 각각의 요소는 다른 일곱 가지를 포함합니다. 부디 자신의 지성을 이용하여 일상의 삶에 고귀한 여덟 가지 길을 적용하십시오.

---

1.   *Mahaparinibbana Sutta, Digha Nikaya* 16.
2.   "바른"이라는 말의 사용에 대해서는 3장의 각주 1번 참조.

9장

바른 견해[正見]

고귀한 여덟 가지 길의 첫 번째 수행은 바른 견해[正見, samyag drishti]입니다. 바른 견해는 무엇보다도 네 가지 고귀한 진리, 즉 고통, 고통의 생성, 고통이 변화될 수 있다는 사실, 그리고 변화의 길에 대한 깊은 이해입니다. 붓다는 바른 견해가, 고통을 변화시킬 수 있었던 사람들이 있었다는 것에 대한 믿음과 자신감을 갖는 것이라고 말했습니다. 사리불은 우리가 섭취한 네 가지 음식 가운데 어떤 것이 존재의 원인이 되었는지를 아는 것이 바른 견해라고 덧붙였습니다.*1

사리불은 바른 견해가 청정하지 못한 뿌리[不善根, akushala mula]와 청정한 뿌리[善根, kushala mula]를 구분할 수 있는 능력이라고 설명했습니다. 우리들 각자 안에는, 청정하거나 청정하지 못한 뿌리 혹은 씨앗이 의식의 깊은 곳에 있습니다. 우리가 충직한 사람이라면, 그것은 우리 안에 충직함의 씨앗이 있기 때문입니다. 하지만 우리 안에 배신의 씨앗이 없다고는 생각하지 마십시오. 충직함의 씨앗에 물을 주는 환

---

1.   7장의 pp. 54~62 참조. 제4부의 『바른 견해에 대한 경』도 참조.

경에서 산다면 누구나 충직한 사람이 될 것입니다. 하지만 배신의 씨 앗에 물을 준다면 사랑하는 사람조차 배신할 수 있습니다. 여러분은 그에 대해 죄책감을 느끼겠지만 자기 안에 있는 배신의 씨앗이 강해 지면 배신할 수 있습니다.

마음챙김의 수행은 의식의 창고에 있는 모든 씨앗들을 확인하고, 가장 청정한 것들에 물을 주도록 돕습니다.[2] 어떤 사람이 다가올 때, 그의 모습 자체가 우리를 불편하게 만드는 경우가 있습니다. 하지만 또 다른 어떤 사람이 지나갈 때는 그 사람이 바로 좋아지기도 합니다. 그들 안에 있는 무엇인가가 우리 안에 있는 씨앗과 접촉합니다. 우리 가 어머니는 깊이 사랑하지만 아버지를 생각할 때는 늘 긴장을 느낀 다면, 어머니처럼 생긴 젊은 여성을 볼 때 그 사람을 알아보는 것은 자 연스럽습니다. 그리고 아버지의 기억을 떠올리게 하는 남성을 볼 때 는 불편함을 느낄 것입니다. 이와 같이 우리 안에 있는 씨앗들, 즉 어 머니를 향한 사랑의 씨앗과 아버지에 대한 상처의 씨앗을 "볼" 수 있 습니다. 의식의 창고에 있는 씨앗들을 알게 되면 자신의 행동이나 다 른 이들의 행동에 놀라지 않을 것입니다.

불성의 씨앗, 깨어나서 사물을 있는 그대로 이해할 수 있는 씨앗 도 우리 각자 안에 존재합니다. 두 손을 모아 합장하고 다른 사람에게 절을 하는 것은 그 사람 안에 있는 불성의 씨앗을 인정하는 것입니다. 아이에게 이와 같이 절을 하는 것은 그 아이가 자기 확신과 함께 아름 답게 자라도록 돕는 것입니다. 옥수수를 심으면 옥수수가 자랄 것입 니다. 밀을 심으면 밀이 자랄 것입니다. 청정한 방식으로 행동하면 행 복할 것입니다. 청정하지 못한 방식으로 행동하면 자신 안에 있는 탐욕, 화 그리고 폭력의 씨앗에 물을 주는 것입니다. 바른 견해는 어떤 씨앗이 청정한 것인지를 인식하고, 그 씨앗들에 물을 주도록 격려하는 것입니다. 이것은 "선택적인 접촉"이라는 것입니다. 우리는 이 수행과 다섯 가지 마음챙김의 수행, 특히 우리가 취하는 "음식들"에 관한 다섯 번째 수행을 깊이 이해할 수 있도록 함께 토론하고 생각을 나누어야 합니다.[3]

견해의 밑바탕에는 지각(samjña)이 있습니다. 한자로 지각에 해당하는 상(想)의 윗부분[相]은 "표시", "흔적", 혹은 "모습"을 의미하고, 아랫부분[心]은 "마음", 혹은 "정신"을 의미합니다. 지각에는 언제나 표시가 있습니다. 그리고 많은 경우에 그 표시는 환상에 불과한 것입니다. 붓다는 지각하는 것에 속지 말라고 조언했습니다. 그는 수부띠에게 "지각이 있는 곳에 속임수가 있다."라고 말했습니다.[4] 붓다는 우리 지각의 대부분이 잘못된 것이고, 우리 고통의 대부분은 잘못된 지각에서 온다는 것도 여러 번 가르쳤습니다.[5] 우리는 스스로에게 거듭해서 "나는 확신하는가?"라고 물어야만 합니다. 분명하게 볼 때까지, 잘못된 지각들은 우리가 바른 견해를 갖지 못하게 만들 것입니다.

지각한다는 것은 언제나 무엇인가를 지각한다는 것을 의미합니다. 우리는 지각의 대상이 주체 바깥에 있다고 믿습니다. 하지만 그것

---

2. 의식의 창고에 대한 설명은 4장의 각주 1번 참조.

3. Thich Nhat Hanh, *For a Future To Be Possible* 참조.

4. Thich Nhat Hanh, *The Diamond That Cuts through Illusion: Commentaries on the Prajñaparamita Sutra* (Berkeley: Parallax Press, 1992) 참조.

5. 예를 들어 *The Honeyball Sutra* (『蜜丸經』), *Majjhima Nikaya* 18 참조.

은 옳지 않습니다. 우리가 달을 지각할 때 달은 곧 우리입니다. 우리가 친구에게 미소 지을 때 그 친구 또한 우리입니다. 왜냐하면 그 친구는 우리 지각의 대상이기 때문입니다.

산을 지각할 때, 산은 우리 지각의 대상입니다. 달을 지각할 때는, 달이 우리 지각의 대상입니다. 여러분이 "나는 꽃 속에서 나의 의식을 볼 수 있습니다."라고 말할 때, 그것은 구름과 햇빛, 땅, 그리고 무기물을 그 안에서 볼 수 있다는 것을 의미합니다. 하지만 한 송이 꽃 안에서 어떻게 의식을 볼 수 있을까요? 그 꽃은 우리의 의식입니다. 그것은 우리 지각의 대상입니다. 그것은 우리의 지각입니다. 지각한다는 것은 무엇인가를 지각한다는 것을 의미합니다. 지각은 지각하는 사람과 지각되는 것이 존재하게 됨을 의미합니다. 우리가 바라보고 있는 그 꽃은 우리 의식의 일부입니다. 우리의 의식이 그 꽃 바깥에 있다는 생각을 버려야 합니다. 대상이 없는 주체를 갖는 것은 불가능합니다. 하나를 제거하고 다른 하나를 갖는 것은 불가능합니다.

우리의 지각, 우리가 보는 방식의 근원은 의식의 창고 안에 있습니다. 만일 열 사람이 하나의 구름을 본다면 거기에는 열 가지 다른 지각이 있을 것입니다. 그것이 강아지로 보일지, 망치로 보일지, 혹은 외투로 보일지는 슬픔, 기억, 화와 같은 우리의 마음에 달려 있습니다. 우리의 지각에는 주관성의 모든 실수가 함께 있습니다. 그리고 지각에 따라 우리는 칭찬하거나 탓하거나 비난하거나 혹은 불평합니다. 하지만 지각은 탐욕, 화, 무명, 잘못된 견해, 선입견 같은 번뇌로 만들어졌습니다. 우리가 행복한지 고통스러운지는 대개 지각에 달려 있습니다. 우리의 지각을 깊이 들여다보고 그 근원을 아는 것은 중요합니다.

우리에게는 행복에 대한 생각이 있습니다. 우리는 오직 특정한 조건들이 우리를 행복하게 만들 것이라고 믿습니다. 하지만 행복을 막는 것은 대개 행복에 대한 우리의 생각 자체입니다. 우리는 지각으로부터 자유로워지기 위해서 우리가 어떻게 지각하는지를 깊이 들여다보아야 합니다. 그때, 지각으로 존재했던 것은 통찰과 길에 대한 깨달음이 됩니다. 이것은 지각도 아니고 지각이 아닌 것도 아닙니다. 그것은 분명한 전망이며 사물을 있는 그대로 보는 것입니다.

우리의 행복과 주변 사람들의 행복은 우리가 얼마만큼의 바른 견해를 가졌는가에 달려 있습니다. 현실에 깊이 접촉하는 것, 즉 우리 안과 밖에서 무슨 일이 벌어지고 있는지를 아는 것은 잘못된 지각에 의해서 생긴 고통으로부터 우리를 자유롭게 하는 길입니다. 바른 견해는 이데올로기나 시스템이 아닙니다. 그것은 심지어 길도 아닙니다. 그것은 삶의 현실에 대해 우리가 가진 통찰이며, 이해와 평화 그리고 사랑으로 우리를 가득 채우는 살아 있는 통찰입니다.

때때로 아이들이 뭔가를 하고 있을 때, 우리는 그것이 장차 그들에게 고통을 가져올 것이라는 것을 압니다. 하지만 아이들에게 그것을 말해주면 아이들은 듣지 않을 것입니다. 우리가 할 수 있는 것은 그들 안에 있는 바른 견해의 씨앗을 북돋우는 것뿐입니다. 그리고 훗날, 그들은 어려운 순간에 우리가 이끌어준 것에서 도움을 받을 것입니다. 오렌지를 맛본 적이 없는 사람에게는 오렌지를 설명할 수 없습니다. 그것을 아무리 잘 묘사한다 해도, 누군가에게 직접적인 경험을 줄 수는 없습니다. 그는 스스로 그것을 맛보아야만 합니다. 한마디의 말을 하는 순간, 우리는 이미 갇힙니다. 바른 견해는 설명될 수 없습니다. 우리는 오직 바른 방향을 가리킬 수 있을 뿐입니다. 바른 견해는 스승에 의해 전해질 수도 없습니다. 스승은 우리가 내면의 뜰에 있는 바른 견해의 씨앗을 알아볼 수 있도록 도울 수 있습니다. 또한 수행에 대한 자신감을 갖도록, 그리고 그 씨앗을 우리 일상의 삶의 토양에 맡길 수 있도록 도와줄 수 있습니다. 하지만 뜰을 가꾸는 사람은 우리입니다. 우리는 우리 안에 있는 청정한 씨앗에 물을 주는 법을 배워야 합니다. 그럼으로써 그것들이 바른 견해의 꽃으로 활짝 피어날 수 있게 해야 합니다. 청정한 씨앗들에 물을 주는 도구는 마음챙김의 삶, 즉 마음챙김의 호흡, 마음챙김의 걷기, 하루의 매 순간들을 마음챙김 속에서 사는 것입니다.

1966년 필라델피아에서 열린 평화의 행진에서, 한 기자가 나에게 "당신은 북베트남에서 왔나요, 남베트남에서 왔나요?"라고 물었습니다. 내가 북에서 왔다고 하면 그는 내가 친공산주의자라고 생각했을 것이고, 남에서 왔다고 하면 내가 친미주의자라고 생각했을 것입니다. 그래서 "나는 가운데에서 왔습니다."라고 말했습니다. 나는 그가 자신의 개념을 내려놓고, 자신 앞에 놓여 있는 현실과 만나도록 도와주고 싶었습니다. 이것은 선(禪)의 언어입니다. 한 선승이 아름다운 기러기가 날아가는 것을 보았습니다. 선승은 옆에서 함께 걷던 다른 스님과 그 기쁨을 나누고 싶었습니다. 하지만 그 순간, 다른 스님은 신발에 들어간 돌을 꺼내려고 허리를 숙였습니다. 그가 위를 쳐다보았지만 기러기는 이미 날아가버린 뒤였습니다. 그가 물었습니다. "나에게 무엇을 보여주려고 했는가?" 선승은 침묵할 수밖에 없었습니다. 태허(太虛) 선사는 "나무가 그대 뒤에 있는 한 그대는 다만 그 그림자만 볼 수 있다. 현실에 닿고 싶다면 뒤돌아보아야 한다."라고 말했습니다. "이미지의 가르침"은 말과 생각을 이용합니다. "본질의 가르침"은 우리가 사는 방식으로 소통합니다.

만일 여러분이 하루 동안 플럼 빌리지에 온다면 플럼 빌리지에 대한 어떤 생각을 갖게 될 것입니다. 하지만 그 생각이 실제로 플럼 빌리지인 것은 아닙니다. "나는 플럼 빌리지에 가봤어."라고 말하겠지만 사실 여러분은 플럼 빌리지에 대한 생각 속에 가본 것입니다. 그 생각은 거기에 한번도 가보지 않은 누군가의 생각보다는 조금 더 나을지 모르지만, 그것은 여전히 오직 하나의 생각일 뿐입니다. 그것은 진정한 플럼 빌리지가 아닙니다. 자신의 지각과 생각에 갇혀 있을 때 우리는 현실을 잃어버립니다.

수행한다는 것은 생각을 뛰어넘는 것입니다. 그럼으로써 사물의 있는 그대로의 모습에 이를 수 있습니다. "생각이 없음[無念]"은 관념이 없음의 길입니다. 어떤 생각이 들어 있는 한, 거기에는 현실이 없고 진리가 없습니다. "생각이 없음"은 잘못된 생각이 없음, 잘못된 지각이 없음을 의미합니다. 그것은 마음챙김이 없음을 의미하지 않습니다. 마음챙김 때문에, 우리는 어느 것이 옳을 때 그것이 옳다는 것을 알고, 어느 것이 그를 때 그것이 그르다는 것을 압니다.

우리는 앉아서 명상 수행을 합니다. 그리고 마음의 눈으로 한 그릇의 토마토 수프를 봅니다. 그리고 이내 그것이 잘못된 수행이라고 생각합니다. 왜냐하면 우리가 호흡에 마음을 챙기고 있어야 했기 때문입니다. 하지만 우리가 마음챙김을 수행한다면, "나는 숨을 들이쉬고 있네. 그리고 나는 토마토 수프에 대해서 생각하고 있네."라고 말할 것입니다. 그것은 이미 바른 마음챙김입니다. 옳음과 그름은 객관적이지 않습니다. 그것은 주관적입니다.

상대적으로 말하자면 바른 견해와 잘못된 견해가 있습니다. 하지만 더 깊이 본다면, 우리는 모든 견해들이 잘못된 견해임을 봅니다. 그 어떤 견해도 결코 진리일 수 없습니다. 그것은 단지 하나의 지점에서 본 것일 뿐입니다. 그렇기 때문에 그것이 "관점"이라고 불리는 것입니다. 다른 지점으로 간다면 사물들을 다르게 볼 것이고, 첫 번째 견해가 전적으로 옳지는 않았다는 것을 깨닫게 될 것입니다. 불교는 견해들의 모음이 아닙니다. 그것은 잘못된 견해들을 없애도록 돕는 수행입니다. 우리의 견해의 질은 언제나 나아질 수 있습니다. 궁극적인 현실의 관점에서, 바른 견해는 어떤 견해도 없는 것입니다.

수행을 시작할 때, 우리의 견해는 가르침에 대한 막연한 생각일 뿐입니다. 하지만 개념적인 앎은 결코 충분하지 않습니다. 바른 견해의 씨앗, 불성의 씨앗이 우리 안에 있습니다. 하지만 그것들은 아주 많은 층의 무명, 그리고 큰 슬픔과 실망에 가려져 있습니다. 우리는 견해를 실천에 옮겨야 합니다. 배움과 성찰 그리고 수행의 과정에서, 견해는 진정한 경험을 바탕으로 점점 더 지혜로워집니다. 바른 마음챙김을 수행할 때, 우리는 자신을 포함한 모든 사람 안에 있는 불성의 씨앗을 봅니다. 이것이 바른 견해입니다. 때때로 그것은 모든 붓다의 어머니(지혜 바라밀, Prajña paramita)라고 묘사됩니다. 그것은 우리를 자유롭게 할 힘을 갖고 있는 사랑과 이해의 에너지입니다. 마음챙김의 삶을 수행할 때 바른 견해는 활짝 필 것입니다. 그리고 우리 안에 있는 다른

길의 여덟 가지 요소들의 연기

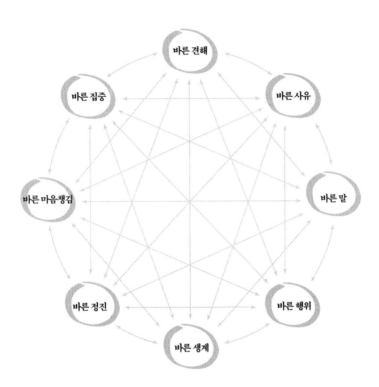

표3

모든 요소들도 함께 꽃필 것입니다.

고귀한 여덟 가지 길의 여덟 가지 수행은 서로에게 자양을 줍니다. 우리의 견해가 더 "바르게" 될 때, 우리 안의 여덟 가지 길의 다른 요소들도 바른 견해에 자양을 줍니다. 바른 마음챙김과 바른 집중은 바른 견해를 강하고 깊게 만듭니다. 바른 행위는 바른 견해에 바탕을 두고 있어야 합니다. 바른 생계는 바른 견해를 명확히 합니다. 바른 견해는 그 길의 모든 요소들의 원인이고 결과입니다.

10장

바른 사유[正思惟]

바른 견해가 견고하면 바른 사유[正思惟, samyak samkalpa]를 할 수 있습니다. 사유의 토대에서 우리는 바른 견해를 필요로 합니다. 그리고 바른 사유 안에서 수련하면 바른 견해가 향상될 것입니다. 사유는 우리 마음의 말입니다. 바른 사유를 하면 말이 분명하고 이로워집니다. 사유가 자주 행위로 이어지기 때문에, 바른 사유는 우리를 바른 행위의 길로 인도하는 데 필요합니다.

바른 사유는 사물이 존재하는 방식을 비춥니다. 잘못된 사유 때문에 우리는 "거꾸로 된 방식[顚倒, viparyasa]"으로 보게 됩니다. 하지만 바른 사유를 수행하는 것은 쉽지 않습니다. 몸이 무엇인가를 하는 동안 마음은 흔히 다른 것을 생각합니다. 마음과 몸은 통합되어 있지 않습니다. 이때 의식적인 호흡은 중요한 고리입니다. 호흡에 집중할 때, 우리는 몸과 마음을 하나로 가져오고 다시 온전해집니다.

데카르트가 "나는 생각한다, 그러므로 나는 존재한다."라고 한 것은, 사유한다는 사실로 우리의 존재를 증명할 수 있음을 의미한 것입니다. 그는 우리가 생각하고 있기 때문에, 진정으로 거기에 있고 존재하는 것이라고 결론지었습니다. 나는 그 반대의 결론을 내립니다. "나는 생각한다, 그러므로 나는 존재하지 않는다." 마음과 몸이 함께 있지 않는 한 우리는 길을 잃습니다. 그리고 우리가 여기에 있다고 진정으로 말할 수 없습니다. 만일 마음챙김으로 호흡하고, 우리 내면과 주변에 이미 있는 치유의 신선한 요소들에 접촉하는 수행을 한다면 평화와 견고함을 발견할 것입니다.

마음챙김의 호흡은 우리가 과거의 슬픔과 미래에 대한 불안에 사로잡혀 있는 것을 멈추도록 돕습니다. 그것은 현재 순간의 삶과 접촉하도록 돕습니다. 우리 사유의 대부분은 불필요한 것입니다. 그런 생각들은 한계가 있고 그 안에 깊은 이해를 담고 있지 않습니다. 가끔 우리는 머릿속에 카세트 플레이어가 있는 것처럼 느낍니다. 그것은 밤낮으로 언제나 돌아가고, 끌 수가 없습니다. 우리는 걱정하고 긴장합니다. 그리고 악몽을 꿉니다. 마음챙김을 수행할 때, 우리는 마음속에 있는 카세트 테이프를 알아차리기 시작합니다. 그리고 우리의 사유가 유용한 것인지 아닌지를 알아차릴 수 있습니다.

사유에는 두 부분이 있습니다. 최초의 생각[尋, vitarka]과 전개된 생각[伺, vichara]입니다. 최초의 생각은 "오늘 오후에 나는 문학 수업 에세이를 제출해야 한다."와 같은 어떤 것입니다. 이 생각의 전개는 우리가 그 과제를 제대로 하고 있는지, 그것을 제출하기 전에 한 번 더 읽어야 하는지, 만일 그것을 늦게 제출하면 선생님이 그것을 알아차릴 것인지 등을 궁금해 하는 것입니다. 위따까(vitarka)는 원래의 생각입니다. 위짜라(vichara)는 그 원래의 생각이 전개된 것입니다.

명상적 집중[禪定, dhyana]의 첫 번째 단계에는 두 가지 종류의 사유가 존재합니다. 명상적 집중의 두 번째 단계에는 둘 다 없습니다. 우리는 현실과 더 깊이 접촉하고, 말과 개념으로부터 자유롭습니다. 나는 작년에 여러 아이들과 함께 숲속을 걷다가, 한 아이가 오랫동안 생각에 잠겨 있는 것을 알아차렸습니다. 마침내 그 아이가 내게 물었습니다. "할아버지 스님, 저 나무의 껍질은 무슨 색깔이에요?" 나는 그 아이에게 "그것은 네가 보는 그 색깔이란다."라고 말했습니다. 나는 그 아이가 바로 자기 앞에 있는 경이로운 세계로 들어가기를 소망했습니다. 거기에 또 다른 개념을 덧보태고 싶지 않았습니다.

바른 사유와 관련된 네 가지 수행이 있습니다.

(1) "확신하는가?": 밧줄 하나가 길에 있는데 그것을 뱀이라고 지각한다면, 두려움에 바탕을 둔 생각이 뒤따를 것입니다. 지각이 잘못되면 될수록, 생각은 더욱더 그릇된 것이 될 것입니다. 큰 종이에 "확신하는가?"라고 적어서, 자주 볼 수 있는 곳에 걸어두십시오. 자신에게 이 질문을 거듭거듭 하십시오. 잘못된 지각은 옳지 않은 사유와 불필요한 고통을 일으킵니다.

(2) "나는 무엇을 하고 있는가?": 때때로 나는 제자에게 "지금 무엇을 하고 있는가?"라고 묻습니다. 그것은 그가 과거나 미래에 대한 생각을 내려놓고, 현재의 순간으로 돌아오도록 돕기 위한 것입니다. 나는 그가 바로 여기에, 바로 지금 존재하도록 돕기 위해서 질문을 합니다. 그가 대답하려면 그저 미소를 짓기만 하면 됩니다. 그것만으로도 그는 자신의 진정한 존재를 드러낼 것입니다.

자신에게 "나는 무엇을 하고 있는가?"라고 묻는 것은 어떤 것들을 빨리 끝내기를 바라는 습관을 극복하도록 도울 것입니다. 스스로에게 미소를 짓고 이렇게 말하십시오. 이 접시를 닦는 것은 내 삶에서 가장 중요한 일이다. 나는 무엇을 하고 있는가라고 물을 때 그 질문을 깊이 성찰하십시오. 생각이 여러분을 끌고 가고 있다면, 그것에 개입하기 위해 마음챙김이 필요합니다. 진정으로 거기 있을 때, 접시를 닦는 것은 깊고 즐거운 경험이 될 수 있습니다. 하지만 다른 것들에 대해 생각하면서 접시를 닦는다면, 여러분은 시간을 낭비하고 있는 것입니다. 그리고 아마도 접시도 제대로 닦고 있지 않을 것입니다. 진정으로 거기에 있지 않다면 설령 8만4천 개의 접시를 닦을지라도 그 일에는 아무런 공덕이 없을 것입니다.

무 황제는 중국에서 선불교를 일으킨 보리달마에게, 자신이 온 나라에 절을 지은 것으로 얻은 공덕이 얼마만큼 크냐고 물었습니다. 보리달마는 "그 어떤 공덕도 없습니다."라고 대답했습니다. 하지만 만일 마음챙김 가운데서 하나의 접시를 닦는다면, 만일 현재의 순간에 깊이 머물며, 다른 어디에 있는 것도 원하지 않고 명예나 인정에 마음을 두지도 않고, 작은 절 하나를 짓는다면 그 행위에서 오는 공덕은 끝이 없을 것입니다. 그리고 여러분은 매우 행복하다고 느낄 것입니다. 스스로에게 나는 무엇을 하고 있는가라고 자주 물으십시오. 그리고 생각이 우리를 딴 곳으로 데려가지 않은 상태에서 마음챙김과 함께 무언가를 하고 있을 때, 우리는 행복할 것이고 다른 많은 사람들의 자원이 될 것입니다.

(3) "안녕, 습관 에너지.": 우리는 습관에 매달리는 경향이 있습니다. 심지어 우리는 우리에게 고통을 일으키는 것들에도 매달립니다. 일 중독은 그 한 예입니다. 과거에 우리 조상들은 밥상 위에 먹을 것을 올려놓기 위해 쉬지 않고 거의 일만 해야 했을지도 모릅니다. 하지만 오늘날 우리가 일하는 방식은 다소 강박적입니다. 그것은 삶과 진정으로 접촉하는 것을 가로막습니다. 우리는 언제나 일에 대해서 생각하고 숨을 쉴 수 있는 시간조차 갖지 못합니다. 우리는 벚꽃을 바라보고, 마음챙김 가운데 차를 마실 순간들을 찾아야 합니다. 우리가 행동하는 방식은 우리가 사유하는 방식에 달려 있습니다. 그리고 우리가 사유하는 방식은 우리의 습관 에너지에 달려 있습니다. 이것을 인식할 때 우리는 그저 "안녕, 습관 에너지야."라고 말하기만 하면 됩니다. 그리고 우리가 생각하고 행동하는 습관적인 방식과 좋은 친구가 되기만 하면 됩니다. 우리가 이 깊이 새겨진 생각을 받아들이고 그것들에 죄책감을 느끼지 않을 수 있게 되면 그것들은 우리를 좌지우지할 힘을 잃어버릴 것입니다. 바른 사유는 바른 행위로 이어집니다.

(4) 보리심: "사랑의 마음"은 많은 존재들의 행복을 위해, 우

리 안에 있는 이해를 계발하리라는 깊은 바람입니다. 그것은 마음챙김의 삶의 수행을 위한 동기를 일으키는 힘입니다. 사유의 토대 안에 있는 보리심과 함께 행동하고 생각하는 모든 것은 다른 사람들이 자유로워지도록 도울 것입니다. 바른 사유는 또한 바른 정진을 낳습니다.

붓다는 우리에게 문제가 있는 생각들을 바꾸도록 돕는 길을 많이 제시했습니다. 붓다가 말한 그 하나의 길은, "말뚝을 바꿈"으로써 청정하지 못한 생각을 청정한 생각으로 대체하는 것입니다. 그것은 마치 목수가 새로운 말뚝을 박음으로써 썩은 말뚝을 대체하는 것과 같은 것입니다.•1

만일 계속 청정하지 못한 생각으로 공격받는다면, 우리는 그 말뚝을 바꾸고 청정한 생각들로 대체하는 법을 배워야 합니다. 붓다는 청정하지 못한 생각을, 목 둘레에 죽은 뱀을 걸고 있는 것에 비유하기도 했습니다. 붓다는, 청정하지 못한 생각이 일어나지 못하게 막는 가장 쉬운 길은 청정한 환경, 마음챙김의 삶을 수행하는 공동체 안에 사는 것이라고 했습니다. 도반들의 존재, 그리고 그들의 도움과 더불어 바른 사유를 지속하기는 쉽습니다. 좋은 환경 안에 머무르는 것은 예방약입니다.

바른 사유는 바른 견해와 조화를 이루는 사유입니다. 그것은 우리가 길을 찾도록 도울 수 있는 지도입니다. 하지만 목적지에 도착하면 우리는 지도를 내려놓고 현실에 온전히 들어가야만 합니다. "생각하지 않음을 생각한다."라는 것은 선에서 잘 알려진 말입니다. 바른 견해와 바른 사유를 수행할 때 우리는 현재의 순간에 깊이 머물 수 있습니다. 그곳에서 기쁨, 평화, 그리고 해탈의 씨앗에 접촉하고, 고통을 치유하고 변화시킬 수 있습니다. 그리고 다른 많은 이들을 위해 진정으로 존재할 수 있습니다.

---

1. *Vitakkasanthana Sutta*(『산란한 생각을 없애는 것에 대한 경』), *Majjhima Nijaya* 20.

11장

~~~~~~~~~~~~~~~~~~~~~~~~~~~~~~

바른 마음챙김[正念]

바른 마음챙김[正念, samyak smriti]은 붓다의 가르침의 핵심적인 위치에 있습니다. 전통적으로 바른 마음챙김은 여덟 가지 바른 수행의 길 가운데 일곱 번째입니다. 하지만 여기서는 그 중요성을 강조하기 위해 세 번째 길로 제시합니다. 바른 마음챙김이 존재할 때 네 가지 고귀한 진리와 여덟 가지 길의 다른 일곱 요소들도 존재합니다. 마음챙김이 있을 때 우리의 생각은 바른 생각이고, 우리의 말은 바른 말이며 나머지도 그러합니다. 바른 마음챙김은 우리를 현재의 순간으로 다시 데려오는 에너지입니다. 우리 안에 있는 마음챙김을 계발하는 것은 우리 안에 있는 붓다를 계발하는 것이며 기독교적으로 말하자면 성령을 계발하는 것입니다.

불교 심리학인 아비달마(abhidharma, "최고의 가르침")에 따르면 "주의[作意, attention, manaskara]"는 "보편적"입니다. 그것은 우리가 언제나 무엇인가에 주의를 기울인다는 것입니다. 우리의 주의는 "적절한 주의[如理作意, yoniso manaskara]"일 수 있습니다. 그것은 우리가 현재의 순간에 온전히 머물 때입니다. 혹은 "부적절한 주의[非如理作意, ayoniso manaskara]"일 수도 있는데, 그것은 지금 여기에 머무는 것이 아니라 우리를 딴 곳으로 데려가는 어떤 것에 주의를 기울이는 경우입니다. 뜰을 잘 가꾸는 사람은 거름으로 꽃을 기르는 방법을 압니다. 바른 마음챙김은 판단하거나 반응하지 않고 모든 것을 받아들입니다. 그것은 모든 것을 포함하는 자애로운 것입니다. 그 수행은 하루 종일 적절한 주의를 지속할 수 있는 길을 찾는 것입니다.

마음챙김의 범어 smriti는 "기억한다"는 것을 의미합니다. 마음챙김은 현재의 순간으로 돌아오는 것을 기억하는 것입니다. 중국인들이 "마음챙김"에 쓴 한자 염(念)은 두 부분으로 이루어져 있습니다. 윗부분은 "지금[今]"이고, 아랫부분은 "마음[心]" 혹은 "가슴"입니다. 마음챙김의 첫 번째 기적은 존재한다는 것이고, 파란 하늘, 꽃, 그리고 어린 아이의 미소와 깊이 접촉할 수 있다는 것입니다.

마음챙김의 두 번째 기적은 하늘, 꽃, 어린 아이와 같은 상대 또한 존재하게 만드는 것입니다. 베트남의 서사시 "키유의 이야기(Tale of Kieu)"에서 키유는 연인 킴 트롱(Kim Trong)의 집으로 돌아갑니다. 그리고 그가 책상에서 책 더미에 머리를 기댄 채 깊이 잠들어 있는 것을 발견합니다. 킴 트롱은 키유의 발자국 소리를 듣습니다. 하지만 완전히 깨지 않은 채 "당신은 진정으로 거기에 계신가요? 아니면 내가 꿈을 꾸고 있나요?"라고 묻습니다. 키유는 "이제, 우리에게 서로를 분명히 볼 기회가 있어요. 하지만 우리가 이 순간 깊이 살지 않는다면, 그것은 오직 꿈일 것입니다."라고 대답합니다. 여러분과 여러분이 사랑하는 사람이 여기 함께 있습니다. 여러분에게는 서로를 깊이 볼 수 있는 기회가 있습니다. 하지만 온전히 존재하지 않는다면 모든 것은 꿈과 같을 것입니다.

마음챙김의 세 번째 기적은 주의의 대상에 자양을 주는 것입니다. 여러분이 사랑하는 사람의 눈을 들여다보고 "당신은 누구신가요? 내 사랑이여."라고 마지막으로 물은 것은 언제였습니까? 피상적인 답변에 만족하지 마십시오. 다시 물으십시오. "나의 고통을 당신의 고통으로, 나의 행복을 당신의 행복으로, 나의 삶과 죽음을 당신의 삶과 죽음으로 받아들인 당신은 누구신가요? 나의 사랑, 당신은 왜 이슬, 나비, 새가 아닌가요?" 여러분의 전 존재와 함께 물으십시오. 사랑하는 사람에게 바른 주의를 기울이지 않는다면, 그것은 죽이는 것과 같은 것입니다. 사랑하는 사람과 차 안에 함께 있을 때, 생각 속에서 헤매고, 사랑하는 사람에 대해 이미 모든 것을 알고 있다고 미루어 생각한다면, 그 사람은 서서히 죽어갈 것입니다. 하지만 마음챙김을 통한 주의는 시들어가는 꽃에 물을 줄 것입니다. "나는 당신이 거기, 내 곁에 있다는 것을 알아요. 그리고 그것은 나를 아주 행복하게 만듭니다." 주의를 통해서 여러분은 수많은 새롭고 경이로운 것들, 즉 그 사람의 기쁨, 숨겨진 재능, 가장 깊은 바람들을 발견할 수 있을 것입니다. 만일 적절한 주의를 기울이지 않는다면, 어떻게 그 사람을 사랑한다고 말할 수 있습니까?

　　마음챙김의 네 번째 기적은 다른 이의 고통을 덜어주는 것입니다. "나는 당신이 고통을 겪고 있다는 것을 압니다. 그것이 바로 내가 당신을 위해 여기 있는 까닭입니다." 여러분은 이것을 말로, 혹은 그저 사랑하는 이를 바라보는 눈길로 말할 수 있습니다. 만일 진정으로 존재하지 않는다면, 딴생각을 하고 있다면, 고통을 덜어주는 기적은 이루어지지 않을 것입니다. 힘든 순간들에, 곁에 진정으로 존재할 수 있는 친구가 하나 있다면, 우리는 자신이 축복받은 존재라는 것을 압니다. 사랑한다는 것은 적절한 주의와 함께 상대방에게 자양을 주는 것입니다. 바른 마음챙김을 수행할 때, 우리는 자신과 상대방이 동시에 존재하게 만듭니다. "사랑하는 이여, 나는 당신이 거기 있다는 것을 압니다. 당신의 존재는 나에게 소중합니다." 함께 있는 동안 이것을 표현하지 않는다면, 사랑하는 이가 세상을 떠나거나 사고를 당했을 때 그저 울기만 할 것입니다. 왜냐하면 사고가 일어나기 전에, 여러분은 진정으로 함께 행복할 수 있는 법을 알지 못했기 때문입니다.

어떤 사람이 세상을 떠나려고 할 때, 그와 함께 차분히, 견고히 있다면, 그것만으로도 그가 이 세상을 편안하게 떠나도록 돕는 데 충분할 것입니다. 우리의 존재는 만트라와도 같습니다. 그것은 변화의 힘을 가진 성스러운 말입니다. 우리의 몸과 말과 마음이 완전히 하나일 때, 그 만트라는 한마디를 내뱉기도 전에 효과가 있을 것입니다. 마음챙김의 처음 네 가지 기적은 명상의 첫 번째 측면인 사마타-멈춤, 고요하게 함, 쉼, 그리고 치유-에 속합니다. 스스로를 고요하게 하고 산란하게 있는 것을 멈추면, 마음은 하나에 집중하게 되고 깊이 보기를 시작할 수 있는 준비가 될 것입니다.

다섯 번째 마음챙김의 기적은 깊이 들여다보는 것[觀, vipashana]입니다. 그것은 명상의 두 번째 측면이기도 합니다. 우리는 고요한 가운데 집중하고 있기 때문에, 깊이 보기 위해 진정으로 거기에 있습니다. 우리는 주의의 대상에 마음챙김의 빛을 비춥니다. 그리고 동시에 자신에게 마음챙김의 빛을 비춥니다. 우리는 주의의 대상을 관찰하고 귀중한 보물들로 가득 찬 의식의 창고도 바라봅니다.

여섯 번째 마음챙김의 기적은 이해입니다. 무엇인가를 이해할 때 우리는 영어로 "I see."라고 말합니다. 우리는 전에 보지 못했던 어떤 것을 봅니다. 마음챙김이 있을 때, 현재의 순간에 깊이 접촉할 때, 우리는 깊이 보고 들을 수 있습니다. 그리고 그 열매는 언제나 이해, 수용, 사랑 그리고 고통을 덜고 기쁨을 가져오려는 바람입니다. 이해는 바로 사랑의 토대입니다. 누군가를 이해하게 되면 그 사람을 사랑하지 않을 수 없습니다.

마음챙김의 일곱 번째 기적은 변화입니다. 바른 마음챙김을 수행하면 우리는 치유와 새로움을 가져오는 삶의 요소들에 접촉합니다. 그리고 우리의 고통과 세상의 고통을 변화시키기 시작합니다. 우리는 몸과 마음의 건강을 위하여, 흡연과 같은 습관을 극복하고 싶어 합니다. 우리가 수행을 막 시작할 때, 습관 에너지는 마음챙김보다 여전히 더 강합니다. 그러므로 우리는 하룻밤 사이에 담배를 끊는 것을 기대하지 않습니다. 우리는 그저 우리가 담배를 피울 때, 담배를 피우고 있다는 것을 알아야 합니다. 우리가 계속해서 수행하면, 흡연이 몸과 마음, 가족 그리고 공동체에 미치는 영향을 깊이 들여다보고 알기 시작하면, 우리는 담배를 끊으리라고 결심하게 됩니다. 그것은 쉽지 않습니다. 하지만 마음챙김의 수행은 욕망과 그것의 영향을 분명히 볼 수 있도록 도와줍니다. 그리고 마침내 우리는 담배를 끊는 길을 발견할 것입니다. 공동체는 중요합니다. 플럼 빌리지에 왔던 한 남자는 담배를 끊으려고 몇 년간 노력해왔지만 끊을 수가 없었습니다. 플럼 빌리지에서, 그는 첫째 날 담배를 끊었습니다. 그것은 집단의 에너지가 강했기 때문입니다. "여기서는 누구도 담배를 피우지 않는다. 나는 왜 담배를 피워야만 할까?" 여러분이 하나의 습관 에너지를 변화시키는 데는 몇 년이 걸릴 수도 있습니다. 하지만 그렇게 한다면 우리는 윤회의 수레바퀴를 멈출 수 있습니다. 윤회의 수레바퀴는 수많은 생애 동안 계속되어온 고통과 혼란의 강력한 순환입니다.

마음챙김의 일곱 번째 기적을 수행하는 것은 우리가 행복하고 건강한 삶을 살도록, 그리고 고통을 변화시키고 평화, 기쁨 그리고 자유를 가져오도록 도와줍니다.

※

『네 가지 마음챙김의 확립에 대한 경[四念處經, satipatthana sutta]』•1에서, 붓다는 마음챙김 수행을 위한 네 가지 대상, 즉 몸[身], 느낌[受], 마음[心] 그리고 마음의 대상들[法]을 제시했습니다. 많은 불교 국가들의 스님들은 『네 가지 마음챙김의 확립에 대한 경』을 외웁니다. 그리고 스님들이 이 생을 떠날 때 읽어주는 것이 바로 이 경전입니다. 최소한 일주일에 한 번 『들숨 날숨에 대한 마음챙김의 경[入出息念經]』•2, 『한 밤의 슬기로운 임의 경[一夜賢善經]』•3과 함께 『네 가지 마음챙김의 확

---

1. *Majjhima Nikaya* 10. 한역본은 중아함경 98이다. Thich Nhat Hanh, *Transformation and Healing: Sutra on the Four Establishments of Mindfulness*(Berkeley: Parallax Press, 1990) 참조.

2. *Anapanasati Sutta*, *Majjhima Nikaya* 118. Thich Nhat Hanh, *Breathe! You Are Alive: Sutra on the Full Awareness of Breathing*(Berkeley: Parallax Press, 1996) 참조. *Anapanasati Sutta*는 베트남에서 일찍이 3세기에 이용할 수 있었다. 베트남의 제 1대 선사인 탕 호이는 한역 아함경에 여전히 있는 이 경에 대한 서문을 썼다.

3. *Bhaddekaratta Sutta*, *Majjhima Nikaya* 131. Thich Nhat Hanh, *Our Appointment with Life: The Buddha's Teachings on Living in the Present*(Berkeley: Parallax Press, 1990) 참조.

립에 대한 경』을 읽는 것은 도움이 됩니다. 여러분은 이 세 경전을 침대 옆에 두기를 원하고, 여행을 갈 때는 그것들을 가져가고 싶어 할 수도 있습니다.

네 가지 마음챙김의 확립은 우리가 머무는 곳의 토대입니다. 그것들이 없다면 우리의 집은 버려진 것과 같습니다. 그 누구도 비질을 하고, 먼지를 털고, 말끔하게 정리하지 않습니다. 우리의 몸은 단정하지 못하게 되고, 느낌은 고통으로 가득 차게 됩니다. 그리고 마음은 번뇌 덩어리가 됩니다. 우리가 진정으로 집에 있을 때 우리의 몸과 마음 그리고 느낌은 우리 자신과 다른 사람들을 위한 귀의의 장소가 될 것입니다.

첫 번째 확립은 "몸에서 몸에 대한 마음챙김"입니다. 많은 사람들은 자신의 몸을 싫어합니다. 그들은 몸이 장애라고 생각합니다. 그리고 몸을 학대하고 싶어 합니다. 플럼 빌리지의 요가 선생님인 지나 스님은 언제나 "우리의 몸을 자각합니다. 숨을 들이쉬며, 나는 내가 여기 내 몸 안에 서 있다는 것을 압니다. 숨을 내쉬며, 나는 내 몸에 미소 짓습니다."라고 말하는 것으로 시작합니다. 이와 같이 수행하면서, 우리는 몸에 대해 아는 것을 새롭게 하고 몸과 평화를 일굽니다.『몸에 대한 마음챙김의 경[念身經, Kayagatasati Sutta]』에서, 붓다는 몸에서 무슨 일이 일어나는지를 알도록 돕는 방법들을 제시했습니다.[4] 몸을 관찰할 때조차도, 우리는 몸 안에서 이원적이지 않은 방식으로, 온전히 관찰합니다. 그것은 몸의 모든 자세와 움직임을 알아차리는 것으로 시작합니다. 앉을 때 우리는 우리가 앉아 있다는 것을 압니다. 설 때, 걸을 때, 혹은 누울 때 우리는 서 있다는 것, 걷고 있다는 것 혹은 누워 있다는 것을 압니다. 이와 같이 수행할 때 마음챙김이 거기에 있습니다. 이 수행은 "단순한 인식"이라고 불립니다.

붓다가 몸에서 몸에 대한 마음챙김을 수행하도록 가르친 두 번째 방법은 우리 몸의 모든 부분들을 머리끝에서 발끝까지 인식하는 것입니다. 만일 우리가 금발이라면, 그것을 인식하고 그것에 미소 짓습니다. 만일 은발이라면, 그것을 인식하고 미소 짓습니다. 우리는 이마가 편안한지 그리고 주름이 있는지를 관찰합니다. 마음챙김과 함께, 코, 입, 팔, 심장, 폐, 피 등에 접촉합니다. 붓다는 우리 몸의 서른두 부분들을 인식하는 수행을 다락으로 가는 농부에 비유했습니다. 농부는 콩, 곡물 그리고 씨앗들의 커다란 주머니를 가지고 온 다음에 엽니다. 그리고 그 안에 든 것들을 바닥에 내려놓고 쌀을 쌀로, 콩을 콩으로, 참깨를 참깨로 인식합니다. 이런 식으로 우리는 눈을 눈으로, 폐를 폐로 인식합니다. 우리는 이것을 앉아서 명상하는 동안 혹은 누워 있는 동안 수행할 수 있습니다. 마음챙김으로 이와 같이 우리 몸을 훑어 내리는 데는 반 시간쯤 걸릴 것입니다. 몸의 각 부분을 관찰할 때 우리는 그것에 미소 짓습니다. 이 명상의 사랑과 돌봄이 치유의 작업을 가능하게 할 수 있습니다.

붓다가 몸에서 몸에 대한 마음챙김을 수행하도록 제시한 세 번째 방법은 몸이 어떤 요소들로 이루어졌는지를 보는 것입니다. 그것은 땅, 물, 불 그리고 바람입니다. "숨을 들이쉬며, 나는 내 안에 땅의 요

---

4. *Majjhima Nikaya* 119.

소가 있음을 아네. 숨을 내쉬며, 나는 내 안에 있는 땅의 요소에 미소 짓네." "땅의 요소"는 단단한 것들을 가리킵니다. 우리 안과 밖에 있는 땅의 요소들을 볼 때, 우리는 우리와 나머지 우주 사이에 실제로 그 어떤 경계도 없음을 봅니다. 그 다음에는 우리 안과 밖에 있는 물의 요소를 인식합니다. "숨을 들이쉬며, 나는 내 몸에 있는 물의 요소를 자각하네." 우리는 몸의 70% 이상이 물이라는 사실을 성찰합니다. 그런 다음 우리는 불의 요소를 인식합니다. 그것은 우리 안과 밖에 있는 열기를 의미합니다. 생명이 가능하기 위해서는 반드시 열기가 있어야만 합니다. 이것을 수행함으로써, 우리는 우리 몸의 안과 밖에 있는 요소들이 똑같은 현실에 속한 것임을 거듭해서 봅니다. 그리고 더 이상 우리 몸에 갇히지 않습니다. 우리는 모든 곳에 있습니다.

우리 몸의 네 번째 요소는 바람입니다. 바람의 요소를 경험하는 가장 좋은 방법은 마음챙김의 호흡을 수행하는 것입니다. "숨을 들이쉬며, 나는 내가 숨을 들이쉬고 있다는 것을 아네. 숨을 내쉬며, 나는 내가 숨을 내쉬고 있다는 것을 아네." 이 문장들을 말한 후에, 숨을 들이쉴 때는 "들이쉬네."라고 말하고, 숨을 내쉴 때는 "내쉬네."라고 말함으로써 그것들을 간략하게 만들 수 있습니다. 우리는 호흡을 통제하려고 노력하지 않습니다. 들이쉬는 숨이 길든 짧든, 깊든 얕든, 그저 자연스럽게 숨을 쉬고, 거기에 마음챙김의 빛을 비춥니다. 이렇게 하면 실제로 호흡이 자연스럽게 더 느려지고 깊어진다는 것을 알아차릴 수 있습니다. "숨을 들이쉬며, 나의 들숨은 깊어졌네. 숨을 내쉬며, 나의 날숨은 느려졌네." 이제 우리는 "깊고/느리네"를 수행할 수 있습니다. 노력하지 않아도 됩니다. 그것은 저절로 깊어지고 느려집니다. 그리고 우리는 그것을 알아차립니다.

이후에 우리는 자신이 더 고요하고 편안해졌다는 것을 알아차릴 것입니다. "숨을 들이쉬며, 나는 고요함을 느끼네. 숨을 내쉬며, 나는 편안함을 느끼네. 나는 더 이상 애쓰지 않네. 고요하고/ 편안하네." 그리고 나서 "숨을 들이쉬며, 나는 미소 짓네. 숨을 내쉬며, 나는 모든 걱정과 불안을 내려놓네. 미소 짓고/내려놓네." 우리는 자신에게 미소 짓고, 모든 걱정을 내려놓을 수 있습니다. 우리의 얼굴에는 삼백 개가 넘는 근육이 있습니다. 우리가 어떻게 숨을 들이쉬고 미소 짓는지를 알 때, 이 근육들이 부드러워질 수 있습니다. 이것은 "입의 요가"입니다. 우리는 미소 짓고 모든 느낌과 감정들을 내려놓을 수 있습니다. 마지막 수행은 "숨을 들이쉬며, 나는 현재의 순간에 깊이 머무네. 숨을 내쉬며, 나는 이것이 경이로운 순간임을 아네. 현재의 순간/경이로운 순간." 현재의 순간에 머물며 온전히 살아 있고 온전히 깨어 있는 것보다 더 소중한 것은 없습니다.

들이쉬고, 내쉬네
깊고, 느리네
고요하고, 편안하네
미소 짓고, 내려놓네
현재의 순간, 경이로운 순간

만일 앉아서 하는 명상이나 걷기 명상을 하는 동안 이 시를 이용한다면, 그것은 매우 큰 자양과 치유가 될 수 있을 것입니다. 각각의 행을 원하는 만큼 수행하십시오.

호흡을 자각하도록 돕는 또 다른 수행은 숫자를 세는 것입니다. 숨을 들이쉴 때 "하나"라고 세고, 숨을 내쉴 때 다시 "하나"라고 셉니다. 그런 다음 열에 이를 때까지 "둘/둘", "셋/셋"이라고 셉니다. 그런 다음 반대로 돌아가서 다시 하나에 이를 때까지, "열/열", "아홉/아홉" 등과 같이 셉니다. 만일 그 가운데 길을 잃지 않는다면, 여러분은 자신이 훌륭한 집중을 갖고 있다는 것을 알 것입니다. 만일 길을 잃는다면, 다시 "하나"로 돌아가서 새로 시작하십시오. 긴장을 푸십시오. 그것은 그저 게임입니다. 숫자를 세는 데 성공하고 나서, 원한다면 숫자를 내려놓고 그저 "들숨", "날숨"이라고 말합니다. 의식적인 호흡은 기쁨입니다. 『들숨 날숨에 대한 마음챙김의 경[入出息念經]』을 처음 만났을 때 나는 지구상에서 가장 행복한 사람이라고 느꼈습니다. 이 수행은 그것을 2,600년 동안 수행해온 공동체에 의해 우리에게 전해졌습니다.•5

두 번째 확립은 "느낌에서 느낌에 대한 마음챙김"입니다. 아비달마의 저자들은 51가지의 정신적 형성을 열거했습니다. 느낌[受, vedana]은 그 가운데 하나입니다. 우리 안에는 느낌의 강이 있고, 그 안에서 모든 물방울은 다른 느낌들입니다. 느낌을 관찰하기 위해 우리는 그저 강둑에 앉습니다. 그리고 각각의 느낌이 밀려오고 사라질 때 그것들을 확인합니다. 느낌은 즐겁거나 즐겁지 않거나 혹은 중립적입니다.

우리에게 즐거운 느낌이 있으면 그것에 집착하려는 경향이 있을 것입니다. 그리고 즐겁지 않은 느낌이 있으면 그것을 쫓아버리려는 경향이 있을 것입니다. 하지만 그 두 경우에, 호흡으로 돌아가서 단순히 그 느낌을 관찰하고, 그것을 고요히 확인하는 것이 더 효과적입니다. "숨을 들이쉬며, 나는 즐거운 (혹은 즐겁지 않은) 느낌이 내 안에 있다는 것을 아네. 숨을 내쉬며, 나는 즐거운 (혹은 즐겁지 않은) 느낌이 내 안에 있다는 것을 아네." 느낌을 그것의 이름으로, 이를 테면 "기쁨", "행복", "화", 또는 "슬픔"이라고 부르는 것은 우리가 그것을 확인하고 깊이 보도록 돕습니다. 몇 초 안에 많은 느낌들이 일어날 수 있습니다.

의식적인 호흡의 자연스러운 결과로 호흡이 가볍고 고요하다면 마음과 몸은 서서히 가벼워지고 고요해지고 맑아질 것입니다. 느낌도 마찬가지입니다. 느낌은 우리에게서 분리되어 있거나 우리 밖의 어떤 것에 의해서 일어나는 것이 아닙니다. 우리의 느낌은 우리입니다. 그리고 그 순간에, 우리는 바로 그 느낌입니다. 우리는 그것들에 취하거나 두려움에 사로잡힐 필요가 없고, 그것들을 거부할 필요도 없습니다. 느낌에 집착하거나 거부하지 않는 수행은 명상의 중요한 한 부분입니다. 느낌을 돌봄과 애정 그리고 비폭력으로 마주한다면, 건강하고 자양을 주는 에너지로 그것들을 변화시킬 수 있습니다. 하나의 느낌이 일어날 때, 바른 마음챙김은 그것을 확인하고, 있는 그대로 거기 무엇이 있는지, 그리고 그것이 즐거운지, 즐겁지 않은지, 혹은 중립적인지를 확인합니다. 바른 마음챙김은 어머니와 같습니다. 아이가 온순할 때, 엄마는 아이를 사랑합니다. 그리고 아이가 울고 있

5. Thich Nhat Hanh, *Breathe! You are alive* 참조.

을 때도 여전히 아이를 사랑합니다. 우리의 몸과 마음에서 일어나는 모든 일은 동등하게 보살펴져야 합니다. 우리는 싸우지 않습니다. 서로를 더 잘 알 수 있도록, 우리의 느낌에 안녕이라고 인사합니다. 그러면 다음에 그 느낌이 일어날 때, 그것을 훨씬 더 고요하게 맞이할 수 있을 것입니다.

우리는 모든 느낌, 심지어는 화와 같이 힘든 느낌까지도 다 끌어안을 수 있습니다. 화는 우리 안에서 불타고 있는, 우리의 존재 전체를 연기로 가득 채우는 불입니다. 화가 날 때 우리는 자신을 가라앉혀야 합니다. "숨을 들이쉬며, 나의 화를 가라앉히네. 숨을 내쉬며, 나의 화를 보살피네." 엄마가 우는 아기를 두 팔에 보듬는 순간, 아기는 벌써 어떤 위안을 느낍니다. 바른 마음챙김으로 화를 끌어안을 때, 우리는 바로 덜 고통스러워집니다.

우리는 모두 힘든 감정을 갖고 있습니다. 하지만 만일 그것들이 우리를 지배하게 한다면, 우리는 고갈되고 말 것입니다. 감정은 우리가 그것들을 어떻게 돌보아야 할지를 알지 못하면 강해집니다. 느낌이 마음챙김보다 더 강하면 우리는 고통을 겪습니다. 하지만 우리가 매일 의식적인 호흡을 수행한다면, 마음챙김은 하나의 습관이 될 것입니다. 수행하기 위해서 느낌에 압도될 때까지 기다리지 마십시오. 그때는 어쩌면 너무 늦을 것입니다.

세 번째 확립은 "마음에서 마음[心, chitta]에 대한 마음챙김"입니다. 마음을 자각하는 것은 정신적 형성[心行, chitta samskara]을 자각하는 것입니다. "형성[行, samskara]"은 전문적인 불교 용어입니다. "형성"된 것은 그 어느 것이든, 또 다른 어떤 것으로 만들어진 것은 그 어느 것이든, 하나의 형성입니다. 한 송이의 꽃은 형성입니다. 우리의 화는 형성 가운데서도 정신적 형성입니다. 어떤 정신적 형성은 늘 일어나고 보편적입니다.[五遍行心所/접촉, 주의, 느낌, 지각, 의지/觸, 作意, 受, 想, 思]. 또 어떤 정신적 형성은 오직 특정한 환경 아래에서만 일어납니다.[五別境 心所/의욕, 결심, 마음챙김, 집중, 지혜/欲, 勝解, 念, 定, 慧]. 청정하거나 이로운 정신적 형성은 우리를 격려하고 고통을 변화시키도록 돕습니다. 그리고 청정하지 않거나 이롭지 않은 정신적 형성은 우리를 짓누르고 고통 속에 가둡니다.

어떤 때는 청정하고, 어떤 때는 청정하지 않은 정신적 형성도 있습니다. 그것은 졸림, 후회, 최초의 생각 그리고 전개되는 생각입니다. 우리의 몸과 마음이 휴식을 필요로 할 때, 잠은 청정한 것입니다. 하지만 언제나 잠을 잔다면 그것은 청정하지 않은 것일 수 있습니다. 우리가 누군가에게 상처를 주고 그것을 후회한다면 그 후회는 청정한 것입니다. 하지만 후회가 미래에 하는 그 어떤 일에 부정적인 영향을 미치는 죄책감 콤플렉스가 된다면 그 후회는 청정하지 못한 것입니다. 생각이 분명하게 보도록 우리를 도울 때, 그것은 이로운 것입니다. 하지만 마음이 사방으로 흩어져 있다면, 그 생각은 이롭지 못한 것입니다.

우리의 의식에는 많은 아름다운 측면들이 있습니다. 그것은 믿음, 겸손, 자기 존중, 탐욕 없음, 성냄 없음, 어리석음 없음, 정진, 평안함, 돌봄, 평정심 그리고 비폭력과 같은 것입니다. 청정하지 못한 정신적 형성은 그와 반대로 엉킨 실타래와 같은 것입니다. 그것을 풀려고 노력하면 우리는 움직일 수 없을 때까지 그것을 우리 주변에 감기만 할 뿐입니다. 이런 정신적 형성은 때때로 번뇌(kleshas)라고 불립니다. 왜냐하면 그것은 우리 자신과 다른 이들에게 고통을 가져오기 때문입니다. 그것들은 때때로 장애(obscuration)라고 불립니다. 왜냐하면 그것들이 우리를 혼란스럽게 하고 길을 잃게 만들기 때문입니다. 때때로 그것들은 새어나옴[有漏] 또는 퇴보(ashrava)라고 불립니다. 왜냐하면 그것들은 금이 간 꽃병과 같기 때문입니다. 청정하지 못한 정신적 형성 가운데 기본적인 것들은 탐욕[貪], 미움[瞋], 어리석음[癡], 자만[慢], 의심[疑], 그리고 잘못된 견해[惡見]입니다. 청정하지 못한 정신적 형성 가운데 이차적인 것들은 기본적인 것들에서 생겨나며 성냄[忿], 원한[恨], 위선[覆], 악의[惱], 질투[嫉], 인색함[慳], 속임[誑], 교활함[諂], 해를 끼치려는 바람[害], 양심 없음[無慚], 교만[憍], 들뜸[掉擧], 졸음[惛沉], 믿지 않음[不信], 게으름[懈怠], 태만[放逸], 수치심 없음[無愧], 마음챙김이 없음[失念], 산란(散亂), 그리고 바르지 못한 앎[不正知]입니다. 불교의 유식학파에 따르면 정신적 형성에는 모두 51가지가 있습니다. 거기에는 느낌이 포함됩니다. 느낌은 그 자체로 마음챙김의 두 번째 확립이기 때문에, 다른 50가지는 마음챙김의 세 번째 범주에 속합니다.

정신적 형성이 일어날 때 우리는 언제나 단순한 알아차림을 수행할 수 있습니다. 마음이 불편해질 때 우리는 단순히 "나는 마음이 불편합니다."라고 말합니다. 그러면 마음챙김이 이미 거기에 있습니다. 우리가 불편함을 불편함으로 알아차릴 때까지, 그것은 우리를 괴롭힐 것입니다. 그리고 우리는 무슨 일이 일어나고 있는지, 혹은 왜 그런지를 알지 못할 것입니다. 마음에 대한 마음챙김을 수행하는 것은 마음이 불편해지지 않는다는 것을 의미하지 않습니다. 그것은 우리에게 불편한 마음이 있을 때, 불편한 마음이 있음을 안다는 것을 의미합니다. 불편한 마음은 우리 안에 좋은 친구를 갖고 있습니다. 그것은 마음챙김입니다.

불편한 마음이 의식에 나타나기 이전에도, 그것은 이미 의식의 창고에 씨앗의 형태로 존재합니다. 모든 정신적 형성은 의식의 창고에 씨앗의 형태로 깃들어 있습니다. 누군가가 하는 그 무엇이 불편함의 씨앗에 물을 줄 수 있습니다. 그리고 그때 불편함이 의식에 나타납니다. 나타나는 모든 정신적 형성은 알아차려져야 합니다. 만일 그것이 청정하다면, 마음챙김은 그것을 북돋울 것입니다. 그것이 청정하지 않다면, 마음챙김은 그것이 의식의 창고로 돌아가서 잠든 채로 거기에 머물러 있도록 격려할 것입니다.

우리는 어쩌면 불편함이 자신의 것일 뿐이라고 생각할지 모릅니다. 하지만 깊이 들여다본다면, 그것이 우리 사회 전체와 몇 세대에 걸친 조상들로부터 전해진 것임을 알 수 있을 것입니다. 개인적인 의식은 집단적인 의식으로 이루어져 있습니다. 그리고 집단적인 의식은 개인적인 의식으로 이루어져 있습니다. 그것들은 분리될 수 없습니다. 우리는 개인적인 의식을 깊이 들여다봄으로써 집단적인 의식에 접촉합니다. 예를 들면 아름다움, 선 그리고 행복에 대한 우리의 생각은 우리 사회의 생각이기도 합니다. 매년 겨울, 패션 디자이너들은 다가오는 봄을 위한 패션을 우리에게 선보입니다. 그리고 우리는 집단적인 의식의 렌즈를 통하여 그들의 작품을 바라봅니다. 우리가 최신 유행의 옷을 사는 것은 우리가 집단적인 의식의 눈으로 보기 때문입니다. 아마존 위쪽 깊은 곳에 사는 사람은 그렇게 많은 돈을 그런 옷을 사는 데 쓰지 않을 것입니다. 그 사람은 그 옷을 전혀 아름다운 것으로 보지 않을 것입니다. 문학 작품을 창작할 때 우리는 집단적인 의식, 그리고 개인적인 의식을 창작에 이용합니다.

우리는 대개 의식(意識)과 의식의 창고[藏識, 아뢰야식, alaya]를 두 가지의 다른 것으로 설명합니다. 하지만 의식의 창고는 그저 더 깊은 차원의 의식일 뿐입니다. 만일 정신적 형성을 주의 깊게 본다면, 의식의 창고에서 그것들의 뿌리를 볼 수 있습니다. 51가지 정신적 형성 가운데 그 어떤 것이 일어날 때 우리는 언제나 그 존재를 인정하고, 그것을 깊이 들여다봅니다. 그리고 무상과 서로 연결되어 있는 그것의 본성을 봅니다. 이것을 수행할 때 우리는 두려움, 슬픔 그리고 우리 안에서 불타고 있는 불에서 해방됩니다. 마음챙김이 기쁨과 슬픔, 그리고 우리의 모든 정신적 형성을 끌어안을 때, 우리는 곧 그것들의 깊은 뿌리를 볼 것입니다. 마음챙김으로 걷는 모든 걸음, 마음챙김으로 쉬는 모든 숨과 함께, 우리는 정신적 형성의 뿌리를 봅니다. 마음챙김은 그것들에 빛을 비추고 우리가 그것들을 변화시키도록 돕습니다.

네 번째 확립은 "현상에서 현상[法, dharmas]에 대한 마음챙김"입니다. "현상"은 "우리 마음의 대상"을 의미합니다. 우리의 정신적 형성들 각각에는 하나의 대상이 있어야 합니다. 여러분이 화가 나 있다면 그것은 어떤 사람 혹은 어떤 것에 화가 난 것이어야 합니다. 그리고 그 사람이나 사물은 마음의 대상이라고 불릴 수 있습니다. 어떤 사람이나 어떤 것을 기억할 때, 그것은 마음의 대상입니다. 51가지의 정신적 형성이 있으므로 51 종류의 마음의 대상이 있습니다.

새가 노래하는 것에 주의를 기울일 때, 그 소리는 우리 마음의 대상입니다. 우리의 눈이 파란 하늘을 볼 때, 이것은 마음의 대상입니다. 우리가 촛불을 볼 때, 촛불에 대한 하나의 생각이나 이미지가 마음속에 떠오릅니다. 그 지각의 대상은 모습(lakshana)입니다. 한문에서 지각을 가리키는 글자 '상(想)'은 모습과 마음을 가리키는 표의문자로 이루어져 있습니다. 하나의 지각은 우리 마음속에 있는 하나의 모습, 하나의 이미지입니다.

"현상들의 탐구[擇法, dharma-pravichaya]"는 일곱 가지 깨달음의 요소[覺支, bodhyanga]•6 가운데 하나입니다. 현상들을 관찰할 때 다섯 가지 종류의 명상은 우리가 마음을 가라앉히도록 도울 수 있습니다. 그것들은 (1) 호흡을 세는 것[數息觀], (2) 서로 연결된 일어남을 관찰하는 것[緣起觀], (3) 깨끗하지 않음을 관찰하는 것[不淨觀], (4) 사랑과 자비를 관찰하는 것[慈悲觀],•7 그리고 (5) 서로 다른 세계를 관찰하는 것[界分別觀]입니다.

서로 다른 세계들은 무엇일까요? 첫째로 열여덟 가지의 요소들

---

6. 깨달음의 일곱 가지 요소는 마음챙김, 현상에 대한 탐구, 정진, 기쁨, 평안함, 집중, 그리고 내려놓음이다. 26장 참조.
7. 정토종에서는 이 명상을 아미타불에 대한 명상으로 대체한다. 실제로 아미타불에 대해 명상할 때, 우리는 사랑과 자비로 관찰하는 것이다. 왜냐하면 모든 붓다가 사랑과 자비의 체현이기 때문이다. 붓다의 이름을 부른다는 것은 무엇을 의미하는가? 그것은 소중한 어떤 사람이 우리의 거실로 오도록 초대한다는 것을 의미한다. 붓다의 씨앗이 우리 의식의 창고에 있는 모든 순간에, 그것은 사랑과 이해의 씨앗을 심는다. 만일 우리가 마라를 초대한다면, 그것은 사랑과 이해의 씨앗들을 심지 않을 것이다. 마음챙김은 무엇보다도 우리 안에 있는 불성을 기억하는 것을 의미한다.

[界, dhatus]이 있습니다. 그것들은 눈, 형상(우리 시각의 대상), 그리고 보는 것을 가능하게 만드는 의식이고, 우리는 그것을 눈의 의식이라고 부릅니다. 귀, 소리 그리고 듣는 것과 연결되어 있는 의식; 코, 냄새, 그리고 냄새 맡는 것과 연결되어 있는 의식; 혀, 맛, 그리고 맛보는 것과 연결되어 있는 의식; 몸, 접촉, 그리고 접촉하는 것과 연결되어 있는 의식; 마음, 마음의 대상, 그리고 의식입니다. 이들 열여덟 가지 요소들은 우주의 존재를 가능하게 만듭니다. 만일 우리가 열여덟 가지 요소들을 깊이 들여다보고 그것들의 본질과 근원을 본다면, 무명과 두려움을 초월할 수 있을 것입니다.

『많은 세계들에 대한 경[多界經, Bahudhatuka Sutta]』•8에서, 붓다는 우리의 모든 불안과 어려움이 사물의 진정한 얼굴 혹은 진정한 모습을 볼 수 없는 것에서 오는 것임을 가르쳤습니다. 그것은 비록 우리가 사물의 겉모습을 볼 수 있다고 할지라도 그 사물의 무상과 연기를 인식하는 데는 실패한다는 것을 의미합니다. 만일 우리가 두렵고 불안하다면, 그 두려움과 불안의 뿌리에는 모든 현상의 진정한 얼굴을 아직 보지 못했다는 것이 있습니다. 우리가 열여덟 가지 요소들을 탐구하고 깊이 들여다본다면, 무명을 변화시키고 두려움과 불안을 극복할 수 있습니다.

아난다 존자는 어느 날 앉아서 명상을 하는 동안 모든 불안과 두려움, 그리고 불행이 물리적인 현상과 심리적인 현상들의 진정한 본성을 이해하지 못하기 때문에 일어난다는 것을 깨달았습니다. 후에 그는 붓다에게 이것이 옳은지 여쭈어보았습니다. 붓다는 그렇다고 말했고, 먼저 열여덟 가지 요소들을 꿰뚫어보아야 할 필요를 설명했습니다.

그러자 아난다가 "열여덟 가지 요소들을 다른 방식으로 꿰뚫어 보는 것이 가능합니까?"라고 물었습니다. 붓다는 "그렇다, 우리는 여섯 가지 요소들이 있다고 말할 수 있다."라고 대답했습니다. 이것들은 땅, 물, 불 그리고 바람의 네 가지 큰 요소들(mahabhuta)에 공간과 의식이 덧보태진 것입니다. 모든 물리적 현상은 이 여섯 가지 요소들로 이루어져 있습니다. 우리 내부와 주변에 있는 이 여섯 가지 요소들을 관찰한다면, 우리가 우주로부터 분리되어 있지 않다는 것을 봅니다. 이 통찰은 우리를 삶과 죽음이라는 생각으로부터 자유롭게 합니다.

그런 다음 붓다는 아난다에게 여섯 가지 세계들, 즉 행복(sukha), 고통(dukkha), 기쁨(mudita), 걱정(빨리: domanassa), 내려놓음(upeksha), 무명(avidya)을 가르쳤습니다. 행복은 진정한 행복일 수도 있고 속임수일 수도 있습니다. 그러므로 우리는 그것의 본질을 들여다보고 집착을 초월해야 합니다. 진정한 행복은 우리와 다른 사람들을 이롭게 하고 자양을 줄 것입니다. 현혹시키는 행복은 일시적인 즐거움을 가져오고 고통을 잊도록 돕습니다. 하지만 그것은 지속적인 이로움이 아니고, 실제로는 담배 한 개비나 와인 한 잔과 같이 해로운 것일 수도 있습니다. 어떤 것이 우리에게 해를 끼칠 때, 그것을 깊이 들여다본다면, 그것이 행복을 되찾기 위해서 필요한 바로 그것임을 볼 수 있을 것입니다. 사

8.   *Majjhima Nikaya* 115.

실 고통은 행복에 필수적인 것입니다. 우리는 따뜻함을 누리고 감사하기 위해서 너무 추운 것의 고통을 알아야 합니다. 기쁨의 세계를 깊이 들여다본다면, 우리는 그것이 진정한 것인지, 단지 우리의 고통과 불안을 감추고 있는 것인지 알 수 있습니다. 불안이라는 우리 시대의 병은 대부분 우리가 현재의 순간에 머물 수 없는 것에서 옵니다.

내려놓음은 지속적인 수행이고, 우리에게 많은 행복을 가져다 줄 수 있는 것입니다. 보트로 조국을 탈출한 한 베트남 여성이 공해상에서 모든 금을 빼앗겼을 때, 그녀는 너무도 마음이 상해서 자살을 생각했습니다. 하지만 그녀는 해안에서 옷가지까지 빼앗긴 한 남자를 만났고, 미소 짓는 그를 본 것은 그녀에게 큰 도움이 되었습니다. 그는 진정으로 내려놓았습니다. 내려놓음은 우리에게 자유를 주고, 자유는 행복을 위한 유일한 조건입니다. 만일 가슴 속에서 우리가 여전히 화, 불안 혹은 소유와 같은 것에 매달리고 있다면 우리는 자유로울 수 없습니다.

붓다는 또 다른 여섯 개의 세계의 목록을 가르쳤습니다. 그것들은 탐욕(kama), 탐욕으로부터의 자유(nekkhama),*9 화(vyapada), 화의 부재(avyapada), 해롭게 함(vihimsa), 그리고 해롭게 하지 않음(avihimsa 혹은 ahimsa)입니다. 탐욕을 깊이 들여다본다면, 우리는 우리가 갈망하는 그것을 이미 갖고 있다는 것을 봅니다. 왜냐하면 모든 것이 이미 다른 모든 것의 한 부분이기 때문입니다. 이 통찰은 우리를 탐욕의 세계에서 자유의 세계로 데려갈 수 있습니다. 화의 불은 우리 안에서 밤낮으로 타오릅니다. 그리고 우리에게 고통을 일으킵니다. 그 고통은 우리를 화나게 한 사람의 고통보다 더 큽니다. 화가 없을 때, 우리는 가볍고 자유로움을 느낍니다. 해를 끼치지 않는 세계에 사는 것은 사랑하는 것입니다. 우리의 세상은 미움과 폭력으로 가득 차 있습니다. 그것은 우리가 가슴속에 이미 있는 사랑과 자비에 자양을 줄 시간을 갖지 않기 때문입니다. 해를 끼치지 않음은 중요한 수행입니다.

세 가지 세계가 더 있습니다. 그것은 욕망의 세계[欲界], 형상의 세계[色界], 그리고 형상이 없는 세계[無色界]입니다. 형상의 세계와 형상이 없는 세계는 명상적인 집중의 특정한 상태들을 묘사합니다. 형상의 세계에서, 물질적인 것들은 약간 미세합니다. 형상이 없는 세계에서, 그것들은 아주 미세합니다. 욕망의 세계에서, 물질적인 것들은 가장 거친 형태로 존재하고 그곳에서 인간은 명상하지 않습니다. 이 세 가지 세계들은 우리 마음에 의해 만들어집니다. 우리 마음에 탐욕과 화, 그리고 해롭게 함이 있다면 우리는 불타고 있는 집과도 같습니다. 우리 마음에 탐욕과 화, 그리고 해롭게 함이 없다면 우리는 시원하고 맑은 연꽃 호수를 만듭니다.•10 바른 마음챙김을 수행할 때면 언제나, 그것은 시원한 호수 속으로 뛰어드는 것과 같습니다. 만일 우리가 서 있다면, 우리는 오직 서 있다는 사실을 알기만 하면 됩니다. 만일 우리가 앉아 있다면, 우리는 오직 앉아 있다는 사실을 알기만 하면 됩니다. 우리는 그 어떤 것도 덧보태거나 뺄 필요가 없습니다. 우리는 오직 자

---

9. nekkahama는 빨리어이다. 그리고 그에 상응하는 범어는 없다. 그것들이 유실되었기 때문에 우리는 범어 원본에서 어떤 말이 쓰였는지를 알지 못한다.

10. 『법화경』의 "보문품(普門品)"에서, 자비 보살의 마음챙김은 우리를 불태우려고 하는 불을 시원하고 맑은 연꽃 호수로 변화시킬 수 있다고 일컬어진다.

각하기만 하면 됩니다.

　마지막으로, 붓다는 두 가지 세계, 즉 조건 지어진 세계[有爲, samskrita], 그리고 조건 지어지지 않은 세계[無爲, asamskrita]에 대한 명상을 가르쳤습니다. 조건 지어진 세계에는 태어남, 죽음, 전, 후, 안, 밖, 작은 것, 큰 것이 있습니다. 조건 지어지지 않은 세계에서 우리는 더 이상 태어남과 죽음, 오고 감, 전과 후에 매이지 않습니다. 조건 지어진 세계는 역사적인 세계에 속합니다. 그것은 파도입니다. 조건 지어지지 않은 세계는 궁극적인 세계에 속합니다. 그것은 물입니다. 이 두 세계는 분리되어 있지 않습니다.

　좁은 견해에서 해방되고 두려움 없음과 커다란 자비를 얻기 위해서, 서로 연결되어 있음(연기), 무상, 그리고 자비에 대해서 명상하십시오. 명상하며 앉아 있으면서, 특정한 대상이 서로 연결되어 있는 본성에 집중하십시오. 앎의 주체는 앎의 대상으로부터 독립적으로 존재할 수 없다는 것을 기억하십시오. 본다는 것은 무엇인가를 본다는 것입니다. 듣는다는 것은 무엇인가를 듣는다는 것입니다. 화가 난다는 것은 무엇인가에 화가 난다는 것입니다. 희망은 무엇인가를 향한 희망입니다. 생각한다는 것은 무엇인가에 대해서 생각한다는 것입니다. 앎의 대상이 존재하지 않을 때, 거기에는 주체가 있을 수 없습니다. 명상하십시오. 그리고 주체와 대상이 서로 연결되어 있음을 보십시오. 마음챙김의 호흡을 수행할 때, 그때는 호흡이 곧 마음입니다. 몸에 대한 마음챙김을 수행할 때, 그때는 몸이 마음입니다. 자기 바깥의 대상들에 대한 마음챙김을 수행할 때는 이 대상들이 곧 마음입니다. 그러므로 주체와 대상이 서로 연결되어 있음을 명상하는 것은 마음에 대한 명상이기도 합니다. 마음의 모든 대상은 그 자체가 마음입니다. 불교에서는 마음의 대상들을 현상이라고 부릅니다.

서로 연결되어 있음에 대한 명상은 모든 현상들을 깊이 들여다보는 것입니다. 그것은 모든 현상들의 진정한 본성을 꿰뚫기 위한 것이고, 그 현상들을 현실(reality)이라는 큰 몸의 한 부분으로 보기 위한 것입니다. 그리고 현실이라는 큰 몸이 나누어질 수 없는 것임을 보기 위한 것입니다. 그것은 그 자체로 분리된 존재들의 조각으로 잘라질 수 없습니다.

마음의 대상은 산, 꽃, 보름달 혹은 우리 앞에 서 있는 사람일 수 있습니다. 우리는 이것들이 우리 바깥에 분리된 실체로서 존재한다고 믿습니다. 하지만 이 지각의 대상들은 우리입니다. 이것은 느낌의 경우에도 마찬가지입니다. 우리가 누군가를 미워할 때, 우리는 우리 자신도 미워합니다. 마음챙김의 대상은 사실 우주 전체입니다. 마음챙김은 몸, 느낌, 지각, 정신적 형성들 가운데 어떤 것, 그리고 우리 의식 속에 있는 모든 씨앗들입니다. 네 가지 마음챙김의 확립은 우주에 있는 모든 것을 포함합니다. 우주에 있는 모든 것이 지각의 대상입니다. 마찬가지로 그것은 우리 바깥에만 존재하는 것이 아니고 우리 안에도 존재합니다.

나무에 있는 싹을 깊이 들여다볼 때, 우리는 그것의 본성을 볼 것입니다. 그것은 매우 작을지도 모릅니다. 하지만 그것은 지구와도 같습니다. 왜냐하면 그 싹 속에 있는 잎이 지구의 한 부분이 될 것이기 때문입니다. 우주에 있는 한 사물의 진리를 볼 때 우리는 우주의 진리를 봅니다. 우주의 본성은 우리의 마음챙김, 깊은 바라봄 때문에 그 자체를 드러낼 것입니다. 그것은 우리의 생각을 우주의 본성에 부여하는 문제가 아닙니다.

✄

앉아서 호흡을 지켜보는 것은 경이로운 수행입니다. 하지만 그것으로는 충분하지 않습니다. 변화가 일어나도록 하기 위해서, 우리는 단지 명상 방석 위에서뿐만 아니라 하루 종일 마음챙김을 수행해야 합니다. 마음챙김은 붓다입니다. 식물들이 햇빛에 민감한 것과 마찬가지로, 정신적 형성은 마음챙김에 민감합니다. 마음챙김은 모든 정신적 형성을 끌어안고 변화시키는 에너지입니다. 마음챙김은 "전도된 지각"에서 벗어나도록 해줍니다. 틱꽝득 스님(Thich Quang Duc, 베트남 스님으로 남베트남 정부의 불교 탄압에 항의해 1963년 소신공양으로 생을 마감함)이 자신을 인간 횃불로 만들었을 때, 온 세상 사람들은 베트남이 불의 나라임을 인식해야 했습니다. 그리고 그것에 대해 무엇인가를 해야만 했습니다. 마음챙김을 수행할 때, 우리는 삶과 접촉하고 있습니다. 그리고 고통을 줄이고 기쁨과 행복을 가져오기 위해, 사랑과 자비를 줄 수 있습니다.

과거 속에서 자신을 잃어버리지 마십시오. 미래 속에서 자신을 잃지 마십시오. 화, 걱정, 그리고 두려움 속에 갇히지 마십시오. 현재의 순간으로 돌아오십시오. 그리고 삶에 깊이 접촉하십시오. 이것은 마음챙김입니다. 우리는 모든 것에 동시에 마음을 챙길 수 없습니다. 그러므로 마음챙김의 대상으로 무엇이 가장 흥미로운지를 선택해야 합니다. 파란 하늘은 경이롭습니다. 하지만 아이의 아름다운 얼굴 또

122

한 경이롭습니다. 반드시 필요한 것은 살아 있는 것이고 지금 열려 있는 삶의 온갖 경이로움에 존재하는 것입니다.

여러 법문에서 붓다는 계율과 선정 그리고 지혜의 세 가지 수행에 대해서 말했습니다. 계율(shila)의 수행은 바른 마음챙김의 수행입니다. 만일 우리가 계율을 수행하지 않는다면 우리는 마음챙김을 수행하고 있는 것이 아닙니다. 나는 계율을 수행하지 않고 명상 수행을 할 수 있다고 생각하는 선 수행자들을 알고 있습니다. 하지만 그것은 옳지 않습니다. 불교 명상의 핵심은 마음챙김의 수행입니다. 그리고 마음챙김은 계율의 수행입니다. 계율을 수행하지 않고 명상을 할 수는 없습니다.•11

마음챙김을 수행할 때, 우리는 우리 안에 그리고 우리 주변에 있는 붓다의 에너지를 일으킵니다. 그리고 이것은 세상을 구할 수 있는 에너지입니다. 붓다는 하루 종일 마음을 챙기는 사람입니다. 우리는 오직 파트 타임 붓다들입니다. 우리는 숨을 들이쉬고 마음챙김의 눈으로 보기 위해 붓다의 눈을 이용합니다. 붓다의 귀로 들을 때, 우리는 소통을 회복할 수 있고 많은 고통을 덜 수 있습니다. 우리가 마음챙김의 에너지를 손에 기울일 때, 우리에게 있는 붓다의 손은 우리가 사랑하는 사람들의 안전과 온전함을 보호할 것입니다.

여러분의 손을 깊이 들여다보십시오. 그리고 붓다의 눈이 그 안에 있는지 보십시오. 티베트와 중국, 베트남과 일본의 절에는 천 개의

---

11. Thich Nhat Hanh, *For a Future to Be Possible* 참조. 13장도 참조.

팔-다른 이들을 돕기 위해서는 그렇게 많은 팔이 필요합니다-을 가진 보살이 있습니다. 그리고 각각의 손바닥에는 눈이 하나씩 있습니다. 손은 행동을 나타냅니다. 그리고 눈은 통찰과 이해를 나타냅니다. 이해가 없다면, 우리의 행동은 다른 이에게 고통을 일으킬 수도 있습니다. 이해가 없다면 다른 사람들을 행복하게 만들겠다는 바람에 의해 마음이 움직였다고 해도, 우리가 더 많이 행동하면 할수록 더 많은 문제를 일으킬 것입니다. 사랑이 이해로 이루어져 있지 않다면, 그것은 진정한 사랑이 아닙니다. 마음챙김은 붓다의 눈을 우리의 손으로 가져오는 에너지입니다. 마음챙김과 함께, 우리는 세상을 바꿀 수 있고 많은 사람들에게 행복을 가져다 줄 수 있습니다. 이것은 추상적인 것이 아닙니다. 우리들 모두가 일상의 삶의 매 순간들 속에서 마음챙김의 에너지를 일으키는 것은 정말로 가능합니다.

12장

바른 말[正語]

"알아차리지 않고 한 말과 다른 사람의 말을 귀 기울여 듣지 못해서 생겨난 고통을 자각하고, 다른 이들에게 기쁨과 행복을 가져다주기 위해, 그리고 다른 이들의 고통을 덜어주기 위해, 나는 자애로운 말과 깊이 듣기를 수행할 것을 다짐합니다. 말이 행복이나 고통을 일으킬 수 있다는 것을 알고, 진실하게 말하고 자기 확신과 기쁨 그리고 희망을 불러일으키는 말을 쓸 것을 다짐합니다. 나는 확실하게 알지 못하는 소식을 퍼뜨리지 않을 것이고, 스스로 확신하지 못하는 것들을 비판하거나 탓하지 않을 것입니다. 나는 분열이나 불화를 일으킬 수 있는 말, 혹은 가족과 공동체를 깨뜨릴 수 있는 말을 하는 것을 삼갈 것입니다. 나는 모든 갈등을, 그것이 아무리 작은 것일지라도 화해시키고 해결하기 위해서 모든 노력을 기울일 것을 다짐합니다." 이것은 네 번째 마음챙김의 수행입니다.[1] 그리고 그것은 바른 말[正語, samyag vac]에 대한 매우 훌륭한 설명입니다.

---

1.   Thich Nhat Hanh, *For a Future to Be Possible* 참조. 13장도 참조.

우리 시대에 소통의 기술은 매우 정교해졌습니다. 지구 반대편에 뉴스를 보내는 데도 전혀 시간이 걸리지 않습니다. 하지만 그와 동시에 개인들 사이의 소통은 매우 어려워졌습니다. 아버지는 아들과 딸에게 말할 수 없습니다. 남편은 아내에게 말할 수 없고, 반려자는 서로에게 말할 수 없습니다. 소통이 막혀 있습니다. 우리는 아주 어려운 상황 가운데 있습니다. 그것은 각 나라들 사이에서만이 아니라 개인과 개인 사이에서도 마찬가지입니다. 네 번째 마음챙김을 수행하는 것은 매우 중요합니다.

바른 말에 대한 전통적인 설명은 다음과 같습니다. (1) 진실하게 말하는 것. 어떤 것이 녹색이면 그것이 녹색이라고 하지 보라색이라고 하지 않습니다. (2) 한 입으로 두 말을 하지 않는 것. 한 사람에게 어떤 것을 말하고, 다른 사람에게 또 다른 것을 말하지 않습니다. 물론 듣는 사람이 서로 다를 때 우리가 하고자 하는 말의 의미를 이해하도록 돕기 위해 다른 방식으로 진리를 설명할 수 있습니다. 하지만 반드시 언제나 진실에 충실해야 합니다. (3) 잔인하게 말하지 않는 것. 소리치거나 비방하거나 욕하거나 고통을 부추기거나 미움을 일으키지 않습니다. 좋은 마음을 가지고 있고 다른 사람들에게 상처 주기를 원하지 않는 사람들조차도 때로는 입에서 해로운 말들이 흘러나오게 할 수 있습니다. 우리의 마음에는 붓다의 씨앗들이 있습니다. 그리고 많은 족쇄 혹은 내적인 형성이 있습니다. 독이 있는 말을 하는 것은 대개 우리의 습관 에너지 때문입니다. 말은 매우 강력합니다. 그것은 누군가에게 콤플렉스가 될 수 있고, 그들의 삶의 목적을 앗아갈 수도 있습니다. 혹은 누군가 스스로 목숨을 끊게 할 수도 있습니다. 우리는 이것을 잊지 말아야 합니다. (4) 과장하거나 꾸미지 않는 것. 불필요하게 극적인 것으로 만들지 않습니다. 실제보다 더 낫거나, 더 나쁘거나, 더 극단적으로 들리게 하지 않습니다. 만일 누군가가 약간 화가 났다면 그가 몹시 화가 났다고 말하지 않습니다. 바른 말의 수행은 말이 우리 안에 있는 붓다의 씨앗에서 나오게 하고, 불화의 청정하지 못한 씨앗에서 나오지 않도록 우리의 습관을 바꾸기 위해 노력하는 것입니다.[2]

바른 말은 바른 사유에 바탕을 두고 있습니다. 말은 우리의 사유가 자신을 큰 소리로 표현하는 길입니다. 우리의 사유는 더 이상 우리의 개인적인 소유가 아닙니다. 우리는 다른 이에게 이어폰을 주고 그들이 우리의 마음속에서 돌아가는 오디오 테이프를 듣게 합니다. 물론 우리가 생각은 하지만 말로는 하고 싶지 않은 것들이 있습니다. 그리고 우리 의식의 한 부분은 편집자의 역할을 해야만 합니다. 만일 우리가 어떤 말을 해서 비판받을 것이라고 생각한다면, 편집자는 그것을 검열합니다. 때때로 친구나 심리치료사가 예상하지 못한 질문을 하면 우리는 감추고 싶어 했던 진실을 말하게 됩니다.

때로 우리 안에 고통의 조각이 있을 때, 그 조각들은 사유의 매개를 거치지 않고 말(또는 행동)로 나타날 수 있습니다. 우리의 고통은 오래 쌓여왔고 더 이상 억눌려 있을 수 없습니다. 우리가 바른 마음챙김을 수행해오지 않았을 때는 특히 그렇습니다. 우리의 고통을 표현하

---

2. *Samyukta Agama*(『잡아함경』) 785와 *Majjhima Nikaya* 117 참조. Thich Nhat Hanh, *For a Future to Be Possible*도 참조.

는 것은 우리 자신 그리고 다른 사람들에게도 해를 끼칠 수 있습니다. 하지만 바른 마음챙김을 수행하지 않을 때, 우리는 우리 안에 어떤 것이 쌓이고 있는지를 알지 못할 것입니다. 그때 우리는 원하지 않았던 말을 하거나 씁니다. 그리고 그 말들이 어디에서 왔는지를 알지 못합니다. 우리에게는 다른 사람에게 상처를 줄 수 있는 어떤 말을 하려는 의도가 없었습니다. 하지만 우리는 그와 같은 말들을 합니다. 우리는 화해와 용서를 가져오는 말만 하리라는 충분한 의도를 갖고 있습니다. 하지만 그리고 나서 매우 친절하지 못한 무엇인가를 말합니다. 우리 안에 있는 평화의 씨앗들에 물을 주기 위해서 걷고, 앉고, 서는 것 등을 하는 동안, 우리는 바른 마음챙김을 수행해야 합니다. 바른 마음챙김을 하면 모든 생각과 느낌을 분명히 보고, 이 생각이나 저 생각이 우리에게 해를 끼칠 것인지 도움이 될 것인지를 알 수 있습니다. 우리의 생각이 말의 형태로 마음속에 남을 때, 만일 바른 마음챙김이 계속해서 그 말과 함께 있다면, 우리는 우리가 무엇을 말하는지 그리고 그것이 유용할 것인지 혹은 문제를 일으킬 것인지를 압니다.

깊은 듣기는 바른 말의 토대 안에 있습니다. 마음챙김으로 들을 수 없다면, 바른 말을 수행할 수 없습니다. 그때 우리가 무슨 말을 할지라도 그것은 마음챙김이 아닙니다. 왜냐하면 우리는 자신의 생각을 말할 뿐이고 다른 사람에 대한 응답의 말을 하지는 않을 것이기 때문입니다. 『법화경』은 우리에게 자비의 눈으로 보고 들으라고 합니다. 자비로운 듣기는 치유를 가져옵니다. 어떤 사람이 이런 방식으로 우리 말을 들을 때, 우리는 곧바로 위안을 느낍니다. 훌륭한 심리치료사는 언제나 깊고 자비로운 듣기를 수행합니다. 우리는 사랑하는 사람들을 치유하기 위해 그리고 그들과의 소통을 회복하기 위해 깊고 자비로운 듣기를 수행하도록 배워야 합니다.

소통이 끊어지게 되면 우리는 모두 고통을 겪습니다. 아무도 우리에게 귀 기울이지 않을 때, 그리고 우리를 이해하지 않을 때, 우리는 폭발하기 직전의 폭탄과 같아집니다. 때로는 단지 10분의 깊은 듣기가 우리를 변화시키고 우리의 입술에 미소를 가져올 수 있습니다. 관세음보살은 세상의 울음을 듣는 분입니다. 그분은 판단하거나 반응하지 않고 깊이 듣는 자질을 가졌습니다. 우리의 전 존재로 들을 때, 우리는 많은 폭탄들을 진정시킬 수 있습니다. 만일 상대방이 자신들이 말하는 것에 대해서 우리가 비판적이라고 느낀다면, 그들의 고통은 덜어지지 않을 것입니다. 심리치료사가 바른 듣기를 수행하면 내담자들은 전에 그 누구에게도 말할 수 없었던 것을 말할 수 있는 용기를 갖게 됩니다. 깊은 듣기는 말하는 사람과 듣는 사람 둘 다에게 자양을 줍니다.

많은 사람들이 가족끼리조차도 자애롭게 말하고 듣는 능력을 잃어버렸습니다. 그 누구에게도 다른 사람의 말을 귀 기울여 들을 수 있는 능력이 없는지도 모릅니다. 그래서 가족 안에서조차 매우 외롭다고 느낍니다. 바로 그 이유 때문에 우리는 심리치료사에게 갈 수밖에 없는 것입니다. 그리고 그 사람이 우리에게 귀를 기울여줄 수 있기를 바랍니다. 하지만 많은 심리치료사들 또한 내면에 깊은 고통을 갖고 있습니다. 때때로 그들조차 그들이 바라는 만큼 깊이 들을 수 없습니다. 그러므로 만일 여러분이 누군가를 진정으로 사랑한다면, 여러분 자신이 듣는 사람이 되도록 스스로를 수련시키십시오. 치료사가 되십시오. 만일 깊고 자비롭게 듣는 법을 익힐 수 있다면 여러분은 사랑하는 사람을 위한 가장 좋은 치료사가 될 수 있을 것입니다. 여러분은 또한 자애로운 말을 써야 합니다. 우리는 무엇인가를 고요하게 말할 수 있는 능력을 잃어버렸습니다. 우리는 너무 쉽게 화가 납니다. 입을 열 때면 우리의 말은 언제나 신랄하거나 쓰라린 것이 됩니다. 우리는 그것이 사실임을 압니다. 우리는 친절함을 가지고 말하는 능력을 잃어버렸습니다. 이것은 네 번째 마음챙김의 수행입니다. 이것은 평화롭고 사랑스러운 관계를 회복하는 데 매우 중요합니다. 만일 이 수행에 실패한다면, 여러분은 조화, 사랑 그리고 행복을 회복하는 데 성공할 수 없을 것입니다. 그렇기 때문에 네 번째 마음챙김의 수행은 훌륭한 선물입니다.

아주 많은 가족, 커플, 그리고 관계들이 고요함과 자비로 서로에게 귀를 기울일 수 있는 능력을 잃어버렸기 때문에 깨졌습니다. 우리는 고요하고 자애로운 말을 쓰는 능력을 잃어버렸습니다. 네 번째 마음챙김의 수행은 우리 사이에서 소통을 회복하는 데 매우 중요합니다. 귀 담아 듣고 자애롭게 말하는 법에 관한 네 번째 마음챙김의 수행은 훌륭한 선물입니다. 예를 들어 가족의 한 사람이 아주 많이 고통스러울 수 있습니다. 가족 안에서 그 누구도 고요히 앉아 그 사람의 말을 들어줄 수 없었습니다. 만일 누군가가 고요히 앉아서 마음을 다해 한 시간 동안 귀를 기울일 수 있다면, 그 사람은 자신의 고통을 벗어나 커다란 위안을 느낄 것입니다. 만일 우리가 너무 고통스러운데 그 누구도 그 고통에 귀 기울일 수 없었다면, 우리의 고통은 그대로 남아 있을 것입니다. 하지만 만일 어떤 사람이 귀를 기울이고 우리를 이해할 수 있다면, 한 시간만 지나도 우리는 위안을 느낄 것입니다.

　불교에서는 자비와 진정한 현존으로 들을 수 있는 능력을 가진 아발로키떼스와라, 즉 관세음보살에 대해 말합니다. "관세음"은 세상의 소리, 고통의 울음을 듣고 이해할 수 있는 자를 의미합니다. 심리치료사들도 똑같은 것을 실천하려고 노력합니다. 그들은 많은 자비를 가지고 매우 고요히 앉아서 여러분의 말을 듣습니다. 그와 같이 듣는 것은 판단하거나, 비판하거나, 탓하거나, 혹은 평가하는 것이 아닙니다. 그것은 상대방이 고통을 덜 겪도록 도우리라는 단 하나의 목적으로 듣는 것입니다. 만일 그들이 여러분의 말에 한 시간 동안 그렇게 귀기울일 수 있다면, 여러분은 훨씬 기분이 나아질 것입니다. 하지만 심리치료사들은 언제나 자비, 집중 그리고 깊은 듣기를 유지할 수 있도록 수행해야 합니다. 그렇지 않으면 그들의 경청의 질은 매우 낮아질 것이고, 그들이 한 시간 동안 들어 준 후에도 여러분의 기분은 나아지지 않을 것입니다.

　우리는 자비가 언제나 함께 머물도록 마음챙김으로 숨을 들이쉬고 내쉬는 수행을 해야 합니다. "나는 그의 말에 귀를 기울이고 있습니다. 그것은 내가 그의 내면에 무엇이 있는지를 알고 그에게 조언을 해주기를 원하기 때문만은 아닙니다. 나는 그의 말을 듣고 있습니다. 그것은 그저 내가 그의 고통을 덜어주고 싶기 때문입니다." 그것은 자비로운 듣기라고 불립니다. 우리는 듣고 있는 시간 내내 자비가 우리와 함께 머물 수 있는 방식으로 들어야 합니다. 그것은 예술입니다. 만일 반쯤 듣다가 짜증이나 화가 일어난다면, 그때는 더 이상 계속해서 들을 수 없습니다. 짜증이나 화의 에너지가 일어날 때면 언제나,

마음챙김으로 숨을 들이쉬고 내쉬며 우리 안에 자비를 계속 지닐 수 있는 방식으로 수행해야 합니다. 다른 사람의 말을 들을 수 있는 것은 자비가 함께 있기 때문입니다. 그가 무슨 말을 하든지, 설령 그가 사물을 보는 방식에 잘못된 정보와 정의롭지 않은 것이 많이 있다고 할지라도, 설령 그가 여러분을 비난하고 탓한다 할지라도, 숨을 들이쉬고 내쉬며 계속해서 매우 고요히 앉아 있으십시오. 그것은 자비로운 듣기라고 일컬어집니다. 만일 여러분이 그렇게 한 시간 동안 듣는다면 상대방은 기분이 훨씬 좋아질 것입니다.

만일 여러분이 이런 방식으로 계속해서 들을 수 있다고 느끼지 않는다면 친구에게 물으십시오. "사랑하는 친구야, 우리가 며칠 후에 계속해도 될까? 나는 나 자신을 다시 새롭게 해야만 한단다. 나는 할 수 있는 최선의 방식으로 네 말을 들을 수 있도록 수행을 해야 한단다." 만일 여러분이 건강한 상태에 있지 않다면 자신이 할 수 있는 최선의 방식으로 듣지 않을 것입니다. 우리는 자비로운 듣기의 능력을 되찾기 위해 더 많은 걷기 명상, 더 많은 마음챙김의 호흡, 더 많은 앉기 명상을 수행해야 합니다. 그것이 네 번째 마음챙김의 수행인 자비로움으로 듣도록 자신을 수련시키는 것입니다. 그것은 매우 중요하고 훌륭한 선물입니다.

때때로 우리는 서투르게 말하고 다른 사람들의 내면에 응어리를 만듭니다. 그때 우리는 "나는 그저 진실을 말하고 있었어."라고 말합니다. 그것은 어쩌면 진실일지 모릅니다. 하지만 만일 우리가 말하는 방식이 불필요한 고통을 일으킨다면 그것은 바른 말이 아닙니다. 진실은 다른 사람들이 받아들일 수 있는 방식으로 제시되어야 합니다.

해를 입히거나 파괴하는 말은 바른 말이 아닙니다. 말을 하기 전에, 여러분의 말을 듣고 있는 사람을 이해하십시오. 어떤 말을 하기 전에 각각의 말을 조심스럽게 생각하십시오. 그럼으로써 여러분의 말이 형식과 내용에 있어서 "바른" 것이 될 수 있게 하십시오. 네 번째 마음챙김의 수행은 자애로운 말과도 관계가 있습니다. 여러분은 자신의 모든 것을 말할 권리가 있는데 그것은 자애로운 말만 쓴다는 전제 하에서입니다. 만일 고요하게 말할 수 없다면, 그날은 말하지 마십시오. "사랑하는 이여, 미안합니다. 내가 내일이나 모레 말하도록 허락해주세요. 나는 오늘 최선의 상태가 아닙니다. 나는 친절하지 않은 것을 말할까봐 두렵습니다. 내가 이 얘기를 다른 날에 하도록 허락해주세요." 오직 여러분이 고요하고 자애로운 말을 쓸 수 있다고 확신할 때만 입을 열고 말을 하십시오. 여러분은 그렇게 할 수 있도록 스스로를 수련시켜야 합니다.

『법화경』에서, 경이로운 소리[妙音]라는 이름의 보살은 각각의 사람에게 그 사람의 고유한 언어로 말할 수 있었습니다. 음악의 언어를 필요로 했던 사람을 위해서, 그는 음악을 이용했습니다. 마약의 언어를 이해했던 사람들을 위해서는 마약의 차원에서 말했습니다. 경이로운 소리 보살의 모든 말은 소통을 열었습니다. 그리고 다른 사람이 변화하도록 도왔습니다. 우리도 그와 같이 할 수 있습니다. 하지만 거기에는 결심과 기술이 필요합니다.

두 사람이 사이가 좋지 않을 때, 우리는 한 사람에게 가서 다른 한 사람에 대해 긍정적인 방식으로 말할 수 있습니다. 그런 다음 다른 한 사람에게 가서 첫 번째 사람에 대해 긍정적으로 말할 수 있습니다.

"B"라는 사람이 고통받고 있는 것을 "A"라는 사람이 알 때, A는 B를 훨씬 더 잘 이해하고 인식할 수 있는 기회를 갖습니다. 바른 말은 바른 견해, 바른 사유 그리고 올바른 수행을 필요로 합니다.

편지를 쓰는 것은 말의 한 형태입니다. 한 통의 편지는 때때로 말보다 더 안전할 수 있습니다. 쓴 것을 보내기 전에 읽을 수 있는 시간이 있기 때문입니다. 자신의 말을 읽을 때, 우리는 상대방이 그 편지를 받는 것을 상상할 수 있습니다. 그리고 우리가 쓴 것이 알맞고 적절한지를 결정할 수 있습니다. 우리의 편지는, 만일 그것이 바른 말이라고 불릴 수 있는 것이라면, 상대방 안에 있는 변화의 씨앗에 물을 주고 그의 가슴에 있는 어떤 것에 울림을 주어야 합니다. 만일 어떤 구절이 잘못 이해되거나 속상하게 할 수 있는 것이라면 다시 쓰십시오. 바른 마음챙김은 우리가 진실을 가장 적절한 방식으로 표현하고 있는지를 말해줍니다. 편지를 보내고 난 후에는 그것을 돌려받을 수 없습니다. 그러므로 그것을 보내기 전에 여러 번 주의 깊게 읽으십시오. 그와 같은 편지는 두 사람을 모두 이롭게 할 것입니다.

물론 우리가 겪어온 고통이 있을 것입니다. 하지만 상대방 또한 고통을 겪어왔습니다. 바로 그 이유 때문에 편지를 쓰는 것은 매우 좋은 수행입니다. 쓰는 것은 깊이 보는 수행입니다. 오직 깊이 보았다는 확신이 들 때만 편지를 보냅니다. 우리는 더 이상 탓할 필요가 없습니다. 우리는 자신이 더 깊은 이해를 갖고 있다는 것을 보여주어야 합니다. 상대방이 고통을 겪고 있다는 것은 사실이고, 그 사실만으로도 자비를 보내는 것은 가치가 있습니다. 상대방의 고통을 이해하기 시작할 때, 자비가 우리 안에 일어날 것입니다. 그리고 우리가 쓰는 언어가

치유의 힘을 갖게 될 것입니다. 자비는 우리가 다른 사람과 연결되도록 도울 수 있는 유일한 에너지입니다. 자기 안에 아무런 자비도 갖고 있지 않은 사람은 결코 행복할 수 없습니다. 우리가 편지를 쓰려고 하는 사람을 깊이 들여다보는 수행을 할 때, 그의 고통을 보기 시작한다면 자비가 일어날 것입니다. 자비가 내면에 일어나는 그 순간, 우리는 이미, 편지를 다 쓰기도 전에 기분이 더 좋아질 것입니다. 그 편지를 보내고 난 후에는 기분이 훨씬 더 좋아질 것입니다. 왜냐하면 상대방이 우리의 편지를 읽은 후에 기분이 나아질 것임을 알기 때문입니다. 모든 사람은 이해와 받아들임을 필요로 합니다. 그리고 이제 우리에게는 줄 수 있는 이해가 있습니다. 이와 같이 편지를 씀으로써 우리는 소통을 회복합니다.

책이나 기사를 쓰는 것도 같은 방식으로 이루어질 수 있습니다. 쓰는 것은 깊은 수행입니다. 우리가 무엇인가를 쓰기 시작하기도 전에, 뜰을 가꾸거나 바닥을 쓰는 등의 일을 하고 있는 동안, 우리의 책이나 에세이는 의식 깊은 곳에서 이미 써지고 있습니다. 책을 쓰기 위해서는 단지 책상 위에 앉아 있는 순간만이 아니라 삶 전체로 써야 합니다. 책이나 기사를 쓸 때 우리는 우리의 말이 많은 사람에게 영향을 미칠 것임을 압니다. 만일 우리의 고통이 다른 사람들에게 고통을 가져온다면, 우리에게는 자신의 고통을 그대로 표현할 수 있는 권리가 없습니다. 많은 책과 시, 그리고 노래는 삶에서 우리의 믿음을 앗아갑니다. 오늘날 젊은 사람들은 침대에서 전자기기를 들고 몸을 웅크린 채 내면에 있는 커다란 슬픔과 혼란의 씨앗에 물을 주는 청정하지 못한 음악과 노래를 듣습니다. 바른 견해와 바른 사유를 수행하면 우리는 고뇌의 씨앗들에 물을 줄 뿐인 테이프와 CD를 모두 상자에 담아 두고 더 이상 그것들을 듣지 않을 것입니다. 영화 제작자, 음악가, 그리고 작가들은 미래에 우리 사회가 평화와 기쁨 그리고 믿음으로 다시 나아가도록 돕기 위해 바른 말을 수행해야만 합니다. 전화를 할 때도 우리는 바른 말을 계발하도록 도울 수 있는 명상 수행을 할 수 있습니다.

말은 수천 마일을 여행할 수 있습니다.
나의 말들이 서로의 이해와 사랑을 일굴 수 있기를.
그것들이 보석같이 아름답고,
꽃처럼 사랑스럽기를.[3]

이 게송을 종이에 적어 전화기 가까이에 붙여두어도 좋습니다. 그리고 전화를 걸려고 할 때마다 한 손을 전화기에 올려놓고 이 말들을 낭독하십시오. 이 게송은 바른 말을 수행하리라는 결심을 표현합니다. 우리가 그 말을 하면 마음이 더 평화로워지고, 통찰이 더 분명해질 것입니다. 우리와 통화를 하는 상대방은 우리의 목소리에서 신선함을 들을 것입니다. 그리고 우리의 말은 그 사람에게 커다란 행복을 가져오고 더이상 고통을 일으키지 않을 것입니다.
　명상 수행이 깊어가면 말에 훨씬 덜 갇히게 됩니다. 침묵을 수행할 수 있을 때, 우리는 새처럼 자유롭고, 사물의 본질과 접촉합니다. 베트남의 선 불교 종파 가운데 하나를 만든 사람은 "나에게 다른 어떤 것도 묻지 마십시오. 나의 본질은 말 없음입니다."라고 썼습니다.[4] 말의 마음챙김을 수행하기 위해서, 우리는 때때로 침묵을 수행해야 합니다. 그리고 나면 우리는 우리의 견해가 무엇인지, 어떤 내면의 엉킨 문제가 생각 속에 일어나는지를 알기 위해서 깊이 볼 수 있습니다. 침묵이 진리일 때가 있습니다. 그리고 그것은 "우레와 같은 침묵"이라고 불립니다. 공자는 "하늘은 아무 말도 하지 않는다."라고 했습니다. 그것은 또한 하늘이 우리에게 아주 많은 것을 말하는데 우리가 그것을 어떻게 들을지 알지 못한다는 것을 의미하기도 합니다. 만일 우리가 마음의 침묵으로부터 듣는다면, 온갖 새의 노래와 바람 속에 깃든 모든 소나무의 휘파람이 우리에게 말을 걸 것입니다. 『무량수경(無量壽經, Sukhavati Sutra)』에서는, 보석의 나무들 사이로 바람이 불 때 언제나 기적이 일어난다고 했습니다. 만일 그 소리들을 주의 깊게 듣는다면, 붓다가 네 가지 고귀한 진리와 고귀한 여덟 가지 길을 가르치는 것을 들을 것입니다. 바른 마음챙김은 우리가 느긋해지도록 돕습니다. 그리고 새와 나무, 우리 자신의 마음과 말에서 각각의 이야기를 들을 수 있게 돕습니다. 우리가 친절한 말을 하는지 혹은 너무 급히 반응하는지, 우리는 자신이 말하고 있는 것을 듣습니다.

말과 생각은 죽일 수도 있습니다. 우리는 생각과 말 가운데서 죽이는 행위를 지지할 수 없습니다. 만일 진실을 말하는 것이 불가능한 직업을 갖고 있다면 아마도 직업을 바꾸어야 할 것입니다. 만일 진실

---

3. Thich Nhat Hanh, *Present Moment Wonderful Moment, Mindfulness Verses for Daily Living* (Berkeley: Parallax Press, 1990). p. 69.

4. Vô Ngôn Thông, d. 826.

을 말하는 것이 허락된 직업을 갖고 있다면, 부디 감사하십시오. 사회 정의를 실현하고 남을 부당하게 이용하지 않는 것을 수행하기 위해, 우리는 바른 말을 써야만 합니다.

13장

~~~~~~

바른 행위[正業]

바른 행위[正業, samyak karmanta]는 몸의 바른 행위를 말합니다. 그것은 사랑에 접촉하고 해로움을 막는 수행, 우리 자신과 다른 사람들을 향한 비폭력의 수행입니다. 바른 행위의 토대는 모든 것을 마음챙김 속에서 하는 것입니다.

　바른 행위는 다섯 가지 마음챙김의 수행 가운데 네 가지(첫 번째, 두 번째, 세 번째, 그리고 다섯 번째)와 깊이 연결되어 있습니다.[1] 첫 번째 수행은 생명 존중입니다. "나는 생명의 파괴로 빚어진 고통을 자각하며, 자비를 계발하고 사람과 동물, 식물, 그리고 무기물의 생명을 보호할 수 있는 길을 배울 것을 서원합니다. 나는 세상에서, 생각 속에서, 삶의 길에서 결코 죽이지 않을 것이며, 다른 사람이 죽이게 하지 않을 것이며, 어떤 죽임의 행위도 지지하지 않을 것을 다짐합니다." 우리는 먹고 마시는 방식, 그리고 땅과 공기, 물을 이용하는 방식으로 매일 무엇인가를 죽이고 있습니다. 우리는 죽이지 않는다고 생각할지 모릅니

1.　네 번째 마음챙김의 수행은 바른 말에 관한 것이다. 12장 참조.

다. 하지만 우리는 죽입니다. 행동에 대한 마음챙김은 우리가 자각하도록 해줍니다. 그럼으로써 우리는 죽임을 멈추고 생명을 구하고 돕는 것을 시작할 수 있습니다.

두 번째 마음챙김의 수행은 너그러움에 관한 것입니다. "나는 착취, 사회적 불의, 절도, 그리고 억압에서 비롯된 고통을 자각하며, 자애를 계발하고 사람과 동물, 식물과 무기물의 행복을 위해서 일할 수 있는 길을 배울 것을 서원합니다. 그리고 나의 시간과 에너지, 물적 자원을 정말로 필요로 하는 사람과 함께 나눔으로써 너그러움을 수행하겠습니다. 나는 다른 사람에게 속한 것은 그 어떤 것도 훔치거나 소유하지 않을 것을 다짐합니다. 나는 다른 사람의 재산을 존중할 것입니다. 하지만 다른 이들이 인간이나 지구상의 다른 종을 고통스럽게 함으로써 이익을 얻는 것을 막을 것입니다." 이 수행은 단지 우리 것이 아닌 것을 취하거나 다른 사람을 착취하는 것을 삼가라고만 말하고 있는 것이 아닙니다. 그것은 또한 우리가 사회에 정의와 행복을 가져오는 방식으로 살도록 간곡히 권합니다. 우리는 자기 몫 이상의 것을 취하지 않도록 단순하게 사는 법을 배워야만 합니다. 우리가 사회 정의를 촉진하는 무엇인가를 할 때, 그것은 바른 행위입니다.

세 번째 마음챙김의 수행은 성적 책임감에 관한 것입니다. "잘못된 성적 행위에서 비롯된 고통을 자각하며, 나는 책임감을 기르고 개인, 커플, 가족, 사회의 안전과 온전함을 보호하는 길을 배울 것을 서원합니다. 나는 사랑이 없고 장기적인 헌신이 없는 성적 관계를 맺지 않을 것을 다짐합니다. 나 자신과 다른 사람들의 행복을 지키기 위하여, 나는 나의 약속과 다른 사람들의 약속을 존중할 것을 다짐합니다.

나는 성적 학대로부터 어린이들을 보호하고 커플과 가족이 잘못된 성적 행위로 인해 깨지는 것을 막기 위해 내가 할 수 있는 모든 것을 다 하겠습니다."

만일 참된 소통, 이해, 그리고 자애가 함께하지 않는다면, 단지 두 몸이 하나가 되는 것으로 외로움이 덜어질 수는 없습니다. 바른 마음챙김을 통해 아이들을 포함한 다른 사람들, 그리고 우리 자신이 더 큰 고통을 받지 않을 수 있습니다. 성적으로 잘못된 행위는 아주 많은 고통을 낳습니다. 가족과 개인의 온전함을 보호하기 위하여, 우리는 책임 있게 행동하도록 최선을 다 하고 다른 사람들 또한 그렇게 하도록 격려합니다. 이 수행을 한다는 것은 단지 우리 자신과 우리에게 소중한 사람들을 보호하는 것만 의미하는 것이 아닙니다. 우리는 아이들을 포함하여, 인류라는 종 전체를 보호합니다. 바른 마음챙김이 우리 일상의 삶에 그 빛을 비출 때, 우리는 이 수행을 꾸준히 지속할 수 있습니다.

성적으로 잘못된 행위는 매우 많은 가족들을 해체시켰습니다. 사람들이 성적 책임을 다하지 않기 때문에 아주 많은 고통이 있었습니다. 성적으로 학대받은 아이는 평생 고통을 겪을 것입니다. 성적으로 학대받은 사람들은 보살이 되어 많은 아이들을 도울 수 있는 가능성을 갖고 있습니다. 사랑의 마음은 우리 자신의 슬픔과 고통을 변화시킬 수 있습니다. 그리고 우리는 자신의 통찰을 다른 사람들과 나눌 수 있습니다. 이것은 바른 행위입니다. 그리고 그것은 우리와 우리의 주변에 있는 사람들을 자유롭게 합니다. 우리가 주변에 있는 사람들을 돕는 수행을 할 때, 그것은 그와 동시에 우리 자신을 돕는 것입니다.

다섯 번째 마음챙김의 수행은 마음챙김으로 먹고, 마시고, 소비
하도록 격려합니다. 이것은 네 가지 고귀한 진리, 그리고 고귀한 여덟
가지 길의 모든 요소들과 연결되어 있습니다. 하지만 특히 바른 행위
와 관련이 있습니다.

"마음챙김 없이 쓰는 행위에서 비롯된 고통을 자각하며, 마음챙
김으로 먹고, 마시고, 소비함으로써, 나는 나 자신과 가족 그리고 사회
를 위해 몸과 마음의 건강을 도모할 것을 서원합니다. 나는 내 몸과 의
식 속에, 그리고 내 가족과 사회의 집단적인 몸과 의식 속에 평화와 행
복, 기쁨을 보존하는 것들만을 섭취하겠습니다. 나는 술이나 다른 어
떤 취하게 만드는 것을 소비하지 않고, 독소를 포함하고 있는 음식이
나 다른 어떤 것들, 이를테면 특정한 TV 프로그램, 잡지, 책, 영화, 그
리고 대화를 소비하지 않을 것을 다짐합니다. 나는 이런 독소들로 나
의 몸이나 의식에 해를 입히는 것이 조상, 부모, 사회, 그리고 미래 세
대를 배반하는 것임을 알고 있습니다. 나는 나 자신과 사회를 위한 섭
생을 수행함으로써 내 안에 그리고 사회 안에 있는 폭력, 두려움, 화,
그리고 혼란을 변화시키기 위해 노력할 것입니다. 나는 올바른 섭생
이 자신과 사회의 변화를 위해 필수적이라는 것을 이해합니다."

바른 행위는 우리의 몸과 마음에 오직 안전하고 건강한 종류의
음식만을 취한다는 것을 의미합니다. 우리는 마음챙김으로 먹고 마
음챙김으로 마시는 것, 우리 몸에 독소를 생성하는 것을 먹지 않는 것,
술이나 마약에 취하지 않는 것을, 우리 자신과 가족 그리고 우리 사회
를 위해 수행합니다. 우리는 삶이 우리 모두를 위해 가능하도록, 마음
챙김으로 소비합니다. 우리는 우리의 몸과 의식이 독소를 취하는 것

을 막기 위해 마음챙김의 소비를 수행합니다. 어떤 텔레비전 프로그램, 책, 잡지 그리고 대화는 우리 의식에 폭력, 두려움, 그리고 절망을 가져올 수 있습니다. 우리는 우리 몸과 의식 그리고 우리 가족과 사회의 집단적인 몸과 의식을 보호하기 위해 마음챙김의 소비를 수행해야 합니다.

술을 마시지 않는 것을 수행할 때, 우리는 자신을 보호합니다. 그리고 우리의 가족과 사회도 보호합니다. 런던에 있는 한 여성이 나에게 "나는 지난 20년 동안 매주 두 잔의 와인을 마셔왔습니다. 그리고 그것은 나에게 어떤 해도 끼치지 않았습니다. 제가 왜 그것을 그만두어야만 하지요?"라고 말했습니다. 나는 "두 잔의 와인이 당신에게 해를 끼치지 않는다는 것은 사실입니다. 하지만 그것이 당신의 아이들에게 해를 끼치지 않는다는 것을 확신하십니까? 당신에게는 알코올 중독의 씨앗이 없을지도 모릅니다. 하지만 당신의 아이들 안에 알코올 중독의 씨앗이 있을지 누가 알겠습니까? 만일 당신이 와인을 끊는다면, 당신은 또한 자신뿐만 아니라 당신의 아이들과 당신의 사회를 위해서도 그렇게 하는 것입니다."라고 말했습니다. 그녀는 이해했습니다. 그리고 다음 날 아침 다섯 가지 마음챙김의 수행을 정식으로 받아들였습니다. 그것은 보살의 일입니다. 그리고 자신만을 위해서가 아니라 모든 사람을 위해서 그렇게 하는 것입니다.

프랑스의 보건부는 사람들에게 술을 너무 많이 마시지 말라고 조언합니다. 그들은 텔레비전에서 "한 잔은 괜찮다. 하지만 세 잔은 파괴를 불러온다."라고 광고합니다. 술을 마시되 적절히 마시라는 것입니다. 하지만 만일 첫 잔이 없다면 어떻게 세 잔이 있을 수 있겠습니까? 첫 잔의 와인을 마시지 않는 것이 최상의 방책입니다. 만일 첫 잔을 마시지 않는다면 그것은 자신뿐만 아니라 동시에 우리 모두를 보호하는 것입니다. 마음챙김으로 소비할 때, 우리는 우리의 몸, 우리의 의식, 그리고 우리 가족과 사회의 몸과 의식을 보호합니다. 다섯 번째 수행 없이 우리가 어떻게 우리 사회의 어려운 상황을 변화시킬 수 있겠습니까? 더 많이 소비하면 할수록 우리는 더 많은 고통을 겪고, 우리 사회가 더 많이 고통을 겪게 만들 것입니다. 마음챙김의 소비는 현재의 이 상황으로부터 벗어날 수 있는 유일한 길인 듯합니다. 그것은 우리의 몸과 의식, 그리고 우리 사회의 집단적인 몸과 의식에 대한 파괴의 과정을 멈추는 유일한 길입니다.

깊이 들여다봄으로써, 우리는 서로 연결되어 있는 다섯 가지 마음챙김의 수행과 고귀한 여덟 가지 길의 본성을 볼 수 있습니다. 우리는 우리가 먹고 마시고 소비하는 것이 바른 행위인지 아닌지를 보기 위해 바른 마음챙김을 적용합니다. 우리가 다섯 가지 마음챙김의 수행을 실천할 때, 바른 견해, 바른 사유, 그리고 바른 말이 모두 거기에 있습니다. 다섯 가지 마음챙김의 수행은 고귀한 여덟 가지 길의 요소들에 의해, 특히 바른 행위에 의해 서로 완전히 스며듭니다.

바른 행위는 바른 견해, 바른 사유 그리고 바른 말에 바탕을 두고 있습니다. 그리고 바른 생계와 깊이 연결되어 있습니다. 무기를 생산하고, 다른 사람들로부터 살아갈 기회를 빼앗고, 환경을 파괴하고, 자연과 사람을 착취하고, 혹은 우리에게 독소를 가져오는 것을 생산하는 것으로 생계를 유지하는 사람들은 어쩌면 많은 돈을 벌지도 모릅니다. 하지만 그들은 잘못된 생계를 수행하는 것입니다. 우리는 그들의 잘못된 행위로부터 우리 자신을 보호하기 위해, 마음챙김을 가져야 합니다. 만일 바른 견해와 바른 사유를 갖고 있지 않다면, 그리고 바른 말과 바른 생계를 수행하지 않는다면, 우리가 설령 평화와 깨달음의 방향으로 가기 위해 노력하고 있다고 느낀다 할지라도, 우리의 노력은 잘못된 행위일 수 있을 것입니다.

훌륭한 스승은 제자가 걷는 것이나 종을 치는 것만 봐도 그가 얼마나 오랫동안 수행해왔는지를 알 수 있습니다. 우리는 그의 바른 행위를 봅니다. 그리고 그 안에 들어 있는 모든 것을 봅니다. 우리가 고귀한 여덟 가지 길의 어떤 요소들을 이와 같은 방식으로 본다면, 그 길 전체에 관한 한 그 사람의 성취를 가늠할 수 있습니다.

바른 행위를 수행하기 위해서 우리가 할 수 있는 일은 아주 많습니다. 우리는 생명을 보호하고, 너그러움을 수행하고, 책임 있게 행동할 수 있습니다. 그리고 마음챙김으로 소비할 수 있습니다. 바른 행위의 토대는 바른 마음챙김입니다.

14장

바른 정진[正精進]

바른 정진[正精進, samyak pradhana], 또는 바른 노력은 우리가 고귀한 여덟 가지 길을 깨닫도록 돕는 에너지의 한 종류입니다. 만일 우리가 소유, 섹스 그리고 음식을 위해서 부지런하다면, 그것은 그릇된 정진입니다. 만일 우리가 이익이나 명예를 위해 혹은 우리의 고통으로부터 달아나기 위해 끊임없이 일한다면, 그것 또한 그릇된 정진입니다. 바깥에서는 우리가 부지런하다고 보일지도 모르지만 그것은 바른 정진이 아닙니다.

똑같은 것이 우리의 명상 수행에도 해당합니다. 우리는 부지런히 수행하는 것처럼 보일 수 있습니다. 하지만 만일 그 수행이 우리를 현실로부터, 혹은 우리가 사랑하는 사람들로부터 더 멀어지게 한다면, 그것은 그릇된 정진입니다. 우리가 몸과 마음에 고통을 일으키는 방식으로 앉기와 걷기 명상을 수행할 때, 우리의 노력은 바른 정진이 아닙니다. 그리고 그것은 바른 견해에 바탕을 둔 것이 아닙니다. 우리의 수행은 이성적이어야 하고 가르침에 대한 바른 이해에 바탕을 두고 있어야 합니다. 우리가 열심히 수행하는 것은 우리가 바른 정진을 수행하고 있다고 말하기 위해서가 아닙니다.

중국의 당 왕조 시대에 밤낮으로 앉아서 매우 열심히 명상 수행을 하던 한 스님이 있었습니다. 그는 자신이 다른 누구보다도 더 열심히 수행하고 있다고 생각했습니다. 그리고 이것을 매우 자랑스러워했습니다. 그는 밤낮으로 바위처럼 앉아 있었습니다. 하지만 그의 고통은 변화되지 않았습니다. 어느 날 한 스승[1]이 그에게 "너는 왜 그렇게 열심히 앉아 있느냐?"라고 물었습니다. 제자는 "붓다가 되기 위해서입니다."라고 대답했습니다. 스승은 기왓장 하나를 주워들고 그것을 갈기 시작했습니다. 그러자 그 스님이 물었습니다. "스승님, 지금 무엇을 하고 계십니까?" 그의 스승은 "나는 거울을 만들고 있는 중이다."라고 대답했습니다. 스님은 "어떻게 벽돌을 거울로 만들 수 있습니까?"라고 물었습니다. 그러자 스승은 "너는 어떻게 앉아 있는 것으로 붓다가 될 수 있느냐?"라고 대답했습니다.

바른 정진과 관련이 있는 네 가지의 수행은 대개 다음과 같습니다. (1) 의식의 창고에 아직 생겨나지 않은 청정하지 못한 씨앗들이 생겨나는 것을 막는 것, (2) 이미 생겨난 청정하지 못한 씨앗들이 의식의 창고로 돌아가도록 돕는 것, (3) 의식의 창고에서 아직 생겨나지 않은 청정한 씨앗들에 물을 줄 수 있는 길을 찾는 것, 그리고 친구들에게 똑같은 것을 하도록 청하는 것, (4) 이미 생겨난 청정한 씨앗들에 자양을 주고, 그럼으로써 그것들이 의식에 계속 존재하고 더 강하게 자라게 하는 것. 이것은 네 가지 바른 정진이라고 불립니다.

---

1. 남악회양 선사(677~744).

"청정하지 못한"이 의미하는 것은 해탈이나 해탈의 길에 도움이 되지 않는 것을 의미합니다. 의식의 창고에는 우리의 변화에 이롭지 않은 씨앗이 많이 있습니다. 우리가 만일 그 씨앗에 물을 준다면 그것들은 더 강해질 것입니다. 탐욕과 미움, 무명 그리고 잘못된 견해가 일어날 때, 우리가 그것들을 바른 마음챙김으로 끌어안는다면, 머지않아 그것들은 힘을 잃을 것입니다. 그리고 우리 의식의 창고로 돌아갈 것입니다.

청정한 씨앗들이 아직 생겨나지 않았다면 거기에 물을 줄 수 있고 그것들이 우리의 의식적인 마음으로 들어오도록 도울 수 있습니다. 이 행복, 사랑, 충실 그리고 화해의 씨앗들에는 매일 물을 주어야 합니다. 그것들에 물을 준다면 우리는 기쁨을 느낄 것입니다. 그렇게 하면 씨앗들이 더 오래 머물 것입니다. 청정한 정신적 형성[行]을 우리 의식에 간직하는 것은 바른 정진의 네 번째 수행입니다.

네 가지 바른 정진은 기쁨과 관심을 자양분으로 삼습니다. 만일 수행이 자신에게 기쁨이 되지 않는다면 제대로 수행하고 있는 것이 아닙니다. 붓다는 소나라는 스님에게 "그대가 스님이 되기 전에 음악가였다는 것이 사실인가?"라고 물었습니다. 소나는 그렇다고 대답했습니다. 붓다는 "만일 악기의 줄이 너무 느슨하면 어떻게 되는가?"라고 물었습니다.

소나는 "줄을 퉁길 때 소리가 나지 않을 것입니다."라고 대답했습니다.

"줄이 너무 팽팽하면 어떻게 되는가?"

"그것은 끊어질 것입니다."

"수행도 마찬가지이니라."라고 붓다는 말했습니다.

"건강을 유지하라. 기뻐하라. 자신이 할 수 없는 것을 하도록 스스로에게 강요하지 마라."•2

우리는 자신의 신체적, 심리적 한계를 알아야 합니다. 우리는 자신에게 금욕적인 수행을 강요해서는 안 되고 감각적 즐거움 가운데서 자신을 잃어서도 안 됩니다. 바른 정진은 중도에 있습니다. 그것은 고행과 감각적 탐닉의 두 극단 사이에 있습니다.

깨달음의 일곱 가지 요소[七覺支]•3에 대한 가르침 또한 바른 정진의 한 부분입니다. 기쁨은 깨달음의 한 요소입니다. 그리고 바른 정진의 핵심입니다. 깨달음의 또 다른 요소인 평안함 역시 바른 정진에 필수적입니다. 실제로 바른 정진뿐만 아니라 바른 마음챙김과 바른 집중도 기쁨과 평안함을 필요로 합니다. 바른 정진은 우리 자신에게 강요하는 것을 의미하지 않습니다. 만일 우리에게 기쁨, 평안함, 그리고 관심이 있다면, 노력은 자연스럽게 올 것입니다. 우리가 걷기 명상이나 앉기 명상으로 초대하는 종소리를 들을 때, 명상이 즐겁고 흥미로운 것이라고 생각한다면, 우리는 거기에 참여할 에너지를 갖게 될 것입니다. 만일 걷기 명상이나 앉기 명상을 수행할 에너지를 갖고 있지 않다면, 그것은 이 수행이 우리에게 기쁨을 가져오거나 우리를 변화시키지 않기 때문입니다. 아니면 우리가 아직 그 이로움을 알지 못

---

2. *Vinaya Mahavagga Khuddaka Nikaya*(『마하박가 율장』) 5.
3. 깨달음의 일곱 가지 요소-마음챙김, 현상에 대한 탐구, 정진, 기쁨, 평안함, 집중, 그리고 내려놓음, 26장 참조.

149

하기 때문입니다.

　내가 행자가 되겠다고 했을 때, 나의 가족들은 승려의 삶이 나에게 너무 힘들 것이라고 생각했습니다. 하지만 나는 그것이 내가 행복할 수 있는 유일한 길이라는 것을 알았습니다. 그리고 그 뜻을 굽히지 않았습니다. 행자가 되었을 때, 나는 하늘의 새처럼 행복하고 자유롭다고 느꼈습니다. 경전을 독송하는 시간이 되면 나는 마치 내가 콘서트에 초대된 것처럼 느꼈습니다. 때때로 달이 밝은 밤에, 스님들이 초승달 모양의 연못가에서 경전을 독송하고 있을 때, 나는 천사들의 소리를 들으면서 천국에 있다고 생각했습니다. 내가 다른 일 때문에 아침 독송에 참가할 수 없어도 그저 법당에서 들려오는 『수능엄경』의 구절을 들으면 내게 행복이 왔습니다. 뚜 히에우 사원(Tu Hieu Pagoda)의 모든 사람들은 관심과 기쁨으로 힘껏 정진했습니다. 거기에는 어떤 강요된 노력도 없었습니다. 그저 스승과 도반들의 사랑과 지지 속에서 수행을 계속할 뿐이었습니다.

　플럼 빌리지에서 아이들은 앉기 명상과 걷기 명상, 그리고 고요한 식사에 참여합니다. 처음에 아이들은 그저 이미 수행을 하고 있는 친구들과 함께 있기 위해서 명상을 합니다. 하지만 명상의 평화와 기쁨을 맛보고 난 후에는, 자신들이 원하기 때문에 스스로 계속합니다. 때때로 어른들은 수행의 진정한 기쁨을 맛보기 전에 외적인 형식을 수행하는 데 4~5년이 걸립니다. 위산이라는 스승은 "시간은 마치 화살처럼 흘러간다. 깊이 살지 않는다면, 우리는 삶을 낭비한다."라고 말했습니다.[4] 수행에 자신의 삶을 바칠 수 있는 사람 즉 스승과 도반 가까이에서 수행할 수 있는 기회를 가진 사람은 커다란 행복을 맞이

할 좋은 기회를 가진 것입니다. 만일 바른 정진이 부족하다면 그것은 우리가 아직 우리에게 맞는 수행의 길을 찾지 못했거나 혹은 수행할 필요를 깊이 느끼지 못했기 때문입니다. 마음챙김의 삶은 경이로울 수 있습니다.

> 오늘 아침 깨어나, 나는 미소 짓네.
> 스물네 시간의 새로운 시간들이 내 앞에 있네.
> 나는 매 순간 속에서 온전히 살고
> 모든 존재를 자비의 눈으로 바라볼 것을 서원하네.•5

이 게송을 낭독하면 그날을 잘살 수 있는 에너지가 생깁니다. 스물네 시간은 보석들의 보물 상자입니다. 만일 우리가 이 시간들을 낭비한다면 그것은 삶을 낭비하는 것입니다. 이 수행은 우리가 깨어나자마자 미소를 짓는 것입니다. 그리고 수행을 위한 기회로 이날을 인식하는 것입니다. 그것을 낭비하지 않는 것은 우리에게 달려 있습니다. 우리가 모든 존재들을 사랑과 자비의 눈으로 바라볼 때, 우리는 경이로움을 느낍니다. 마음챙김의 에너지로 설거지를 하고, 마루를 쓸고, 혹은 앉기 명상이나 걷기 명상을 수행하는 것은 더욱더 소중합니다.

4.   Thich Nhat Hanh, "Encouraging Words", *Stepping into Freedom: An Introduction to Buddhist Monastic Training*(Berkeley: Parallax Press, 1997), pp. 89~97. 위산영우 (771~853)는 당 왕조의 가장 뛰어난 선사 가운데 하나였다.
5.   Thich Nhat Hanh, *Present Moment Wonderful Moment*, p. 3.

고통은 우리를 수행으로 나아갈 수 있게 합니다. 걱정스럽거나 슬플 때 이 수행이 위안을 가져온다는 것을 안다면 우리는 계속 수행하기를 원할 것입니다. 고통을 들여다보고 무엇이 그 고통을 가져왔는지를 보는 데는 에너지가 필요합니다. 하지만 이러한 통찰은 우리가 고통을 끝내는 법과 그렇게 하기 위해서 필요한 길을 보게 해줄 것입니다. 고통을 끌어안을 때 우리는 그 근원을 봅니다. 그리고 거기에 길이 있기 때문에 그것이 끝날 수 있다는 것을 봅니다. 우리의 고통은 그 한가운데 있습니다. 고통의 바다를 들여다볼 때 우리는 한 송이 연꽃을 봅니다. 우리의 고통에서 달아나지 않고 그것을 끌어안는 길은 우리를 해탈로 이끄는 길일 것입니다.

우리가 언제나 자신의 고통을 직접적으로 다루어야 하는 것은 아닙니다. 때때로 우리는 그 고통이 그저 우리 의식의 창고에서 잠들어 있게 할 수 있습니다. 그리고 마음챙김으로 우리의 내면과 주변에 있는 새로움과 치유의 요소들에 접촉할 기회를 이용할 수 있습니다. 그것들은 우리의 고통을 보살필 것입니다. 그것은 마치 항체가 우리 혈류 속에 들어온 이물질을 보살피는 것과 같습니다. 청정하지 못한 씨앗들이 생겨났을 때는 그것들을 보살펴야 합니다. 청정하지 못한 씨앗들이 잠들어 있을 때 우리의 역할은 그것들이 평화롭게 잠들고 그 근원에서 변화될 수 있도록 돕는 것입니다.

바른 견해로, 우리는 우리가 가야 할 길을 봅니다. 그렇게 보면 우리에게 믿음과 에너지가 생깁니다. 만일 한 시간 동안 걷기 명상을 한 후에 기분이 더 좋아진다면 우리는 수행을 계속할 결심을 하게 될 것입니다. 걷기 명상이 어떻게 다른 사람들에게 평화를 가져오는지를 알게 되면 우리는 수행에 훨씬 더 큰 믿음을 갖게 될 것입니다. 인내와 함께 우리는 주변에 있는 기쁨을 발견할 수 있습니다. 그리고 더 많은 에너지와 관심을 가지고 정진하게 될 것입니다.

마음챙김의 삶의 수행은 기쁘고 즐거운 것이어야 합니다. 우리가 숨을 들이쉬고 내쉰 후 기쁨과 평화를 느낀다면 그것은 바른 정진입니다. 만일 자신을 억압한다면, 만일 수행하는 동안 고통을 느낀다면, 그것은 아마 바른 정진이 아닐 것입니다. 자신의 수행을 점검하십시오. 무엇이 여러분에게 지속적인 기쁨과 행복을 가져오는지를 보십시오. 여러분의 수행을 수월하게 만들 수 있는 마음챙김의 에너지의 장을 만드는 공동체, 도반들과 함께 시간을 보내도록 노력하십시오. 여러분의 고통을 자비, 평화 그리고 이해로 변화시킬 스승, 친구와 함께 수행하십시오. 기쁨, 평안함 속에서 수행하십시오. 그것이 바른 정진입니다.

15장

바른 집중[正定]

바른 집중[正定, samyak samadhi]의 수행은 하나로 모아진 마음을 닦는 것입니다. 집중을 의미하는 한자는 문자 그대로 "평정의 유지"를 의미합니다. 그것은 너무 높거나 너무 낮지도 않고, 너무 들뜨거나 너무 무디지도 않습니다. 집중을 위해 때때로 쓰이는 또 다른 중국 용어는 "바른 마음이 머무는 곳[正心行處]"입니다.

집중에는 활동적인 것과 선택적인 것의 두 종류가 있습니다. 활동적인 집중에서, 마음은 현재의 순간에 일어나고 있는 것이 무엇이든, 심지어 그것이 변해갈 때에도 거기에 집중합니다. 어느 불교 승려가 지은 이 시[1]는 활동적인 집중을 묘사합니다.

대나무 안에서 바람은 휘파람을 불고
대나무는 춤을 추네.
바람이 멈출 때,
대나무는 여전히 자라나네.

바람이 불어오고 대나무는 그 바람을 환영합니다. 바람이 가고,

대나무는 바람을 내려놓습니다. 시는 계속됩니다.

> 은빛 새 하나가
> 가을 호수 위로 날아가네.
> 그것이 지나갔을 때,
> 호수의 표면은
> 그 새의 이미지를 붙들려 하지 않네.

새가 호수 위를 날 때 그 그림자는 선명합니다. 그것이 사라진 후에, 호수는 구름과 하늘을 그저 똑같이 분명히 비춥니다. 활동적인 집중을 수행할 때, 우리는 무엇이 오든 환영합니다. 다른 어떤 것을 생각하거나 바라지 않습니다. 우리는 그저 현재의 순간에 우리 자신의 온존재와 함께 머뭅니다. 그 무엇이 오든, 그저 옵니다. 우리 의식의 대상이 지나갈 때, 마음은 잔잔한 호수처럼 맑게 남아 있습니다.

"선택적인 집중"을 수행할 때, 우리는 하나의 대상을 선택하고 그것을 붙듭니다. 앉기와 걷기 명상을 하는 동안 혼자든 다른 이들과 함께든 우리는 수행합니다. 우리는 하늘과 새들이 거기 있다는 것을 압니다. 하지만 우리의 주의는 대상에 집중되어 있습니다. 만일 집중의 대상이 수학 문제라면, 우리는 TV를 보거나 전화로 이야기하지 않습니다. 우리가 운전을 할 때, 그 차 안에 있는 사람들의 생명은 우리의

---

1.   베트남의 선사 향해(香海, Huong Hai)의 시 "Ocean of Fragrance."

집중에 달려 있습니다.

우리는 고통에서 벗어나기 위해 집중을 이용하지 않습니다. 우리는 스스로 깊이 존재하기 위해서 집중합니다. 우리가 집중 속에서 걷고, 서고, 또는 앉을 때, 사람들은 우리의 안정과 고요함을 볼 수 있습니다. 각각의 순간을 깊이 살 때, 지속적인 집중은 자연스럽게 옵니다. 그리고 결국 통찰이 일어납니다.

바른 집중은 행복으로 이어집니다. 그리고 그것은 또한 바른 행위로도 이어집니다. 우리의 집중이 높으면 높을수록, 우리 삶의 질도 더 좋아집니다. 베트남의 소녀들은 집중하면 더 예뻐진다는 말을 어머니에게 자주 듣습니다. 이것은 현재의 순간에 깊이 머무는 것에서 오는 그런 아름다움입니다. 젊은 여성이 주의를 기울이지 않고 움직일 때, 그녀는 그다지 생기 있거나 편안해 보이지 않습니다. 그녀의 어머니가 이런 말을 쓰지 않을지는 모르지만, 자신의 딸이 바른 집중을 수행하도록 격려합니다. 어머니가 아들도 그렇게 하도록 격려하지 않는 것은 애석한 일입니다. 모든 사람에게 집중이 필요합니다.

명상적인 집중에는 아홉 단계가 있습니다. 첫 번째 넷은 사선정입니다. 이것들은 형상의 세계[色界]를 위한 것입니다. 다음 다섯 단계는 형상이 없는 세계[無色界]에 속한 것입니다. 첫 번째 선정을 수행할 때, 우리는 여전히 생각합니다. 다른 여덟 단계에서, 생각은 다른 에너지들에 의해 대체됩니다. 형상이 없는 세계의 선정은 다른 전통들에서도 수행됩니다. 하지만 그것들이 불교 밖에서 수행될 때는 대개 우리의 고통에 대한 통찰과 함께 오는 해방을 깨닫기 위한 것이기보다는 고통으로부터 달아나기 위한 것입니다. 우리가 자신과 자신의 상황으로부터 달아나기 위해 선정을 이용한다면 그것은 잘못된 선정입니다. 때때로 우리는 한숨 돌리기 위해 우리의 문제로부터 달아날 필요가 있습니다. 하지만 언젠가는 그것들에 직면하기 위해 돌아와야 합니다. 세속적인 선정은 도망치려고 합니다. 초월적인 선정은 온전한 해탈을 목표로 합니다.

삼매를 수행하는 것은 우리에게 주어진 매 순간을 깊이 사는 것입니다. 삼매는 선정을 의미합니다. 선정을 위해서, 우리에게는 마음챙김이 있어야 하고, 온전히 존재해야 합니다. 그리고 무엇이 일어나고 있는지를 알아야 합니다. 마음챙김은 선정을 가져옵니다. 깊이 집중하면 우리는 그 순간에 몰입되어 있습니다. 우리는 그 순간이 됩니다. 그것은 삼매가 때때로 "몰입"으로 번역되는 이유입니다. 우리는 바른 마음챙김과 바른 집중으로 감각적 즐거움과 갈망의 세계를 넘어서게 됩니다. 그리고 우리 자신이 더 가볍고 더 행복하다고 느낍니다. 우리의 세계는 더 이상 거칠고 무거운, 욕망의 세계[欲界, karma dhatu]가 아닙니다. 그것은 미세한 물질의 세계, 형상의 세계[色界, rupa dhatu]입니다.

형상의 세계에는 네 단계의 선정이 있습니다. 마음챙김, 집중, 기쁨, 행복, 평화, 그리고 평정심은 이 네 단계를 통해서 계속 커집니다. 네 번째 선정 이후에, 수행자는 더 깊은 집중의 경험 즉 네 가지 형상이 없는 세계의 선정 속으로 들어갑니다. 거기에서 수행자는 현실을 깊이 볼 수 있습니다. 여기에서는 감각적 즐거움과 물질성이 환상에 불과한 그 본성을 드러냅니다. 그리고 그것들은 더 이상 장애가 아닙니다. 우리는 현상 세계의 무상, 무아 그리고 서로 연결된 본성을 보기 시작합니다. 땅, 물, 바람, 불, 공간, 시간, 무(無), 그리고 지각은 서로 연결되어 있습니다. 그 어떤 것도 그 자체로 혼자 존재할 수 없습니다.

집중의 다섯 번째 단계의 대상은 무한한 공간[空無邊處]입니다. 이 집중을 수행하기 시작하면 모든 것이 공간인 것 같습니다. 하지만 더 깊이 수행하면 공간이 오직 "공간 아닌 요소들", 이를테면 땅, 물, 공기, 불, 그리고 의식으로 이루어져 있고, 그것들 안에서 존재한다는 것을 봅니다. 공간은 오직 모든 물질적인 것을 구성하는 여섯 가지 요소들 가운데 하나이기 때문에, 우리는 공간이 따로 떨어진, 독립적인 존재를 갖고 있지 않다는 것을 압니다. 붓다의 가르침에 따르면, 그 어떤 것도 분리된 자아를 갖고 있지 않습니다. 그러므로 공간과 다른 모든 것들은 서로 연결되어 존재합니다. 공간은 다른 다섯 가지 요소들과 연결되어 존재합니다.

집중의 여섯 번째 단계의 대상은 무한한 의식[識無邊處]입니다. 처음에는 오직 의식만을 봅니다. 하지만 이윽고 의식이 땅, 물, 공기, 불, 그리고 공간이라는 것을 봅니다. 공간에 적용되는 것은 의식에도 적용됩니다.

집중의 일곱 번째 대상은 아무 것도 없는 것[無所有處]입니다. 우리는 보통의 지각으로 꽃, 열매, 찻주전자, 그리고 탁자를 봅니다. 그리고 그것들이 서로 떨어져서 존재한다고 생각합니다. 하지만 더 깊이 보면 열매가 꽃 안에 있다는 것을 봅니다. 그리고 꽃, 구름, 땅이 열매 안에 있다는 것을 봅니다. 우리는 외적인 모습이나 형상을 넘어서 "상이 없음[無相]"에 이르게 됩니다. 처음에 우리는 가족의 구성원들이 서로 분리되어 있다고 생각합니다. 하지만 나중에는 그들이 서로를 포함하고 있다는 것을 봅니다. 우리가 있는 그대로의 우리인 것은, 내가 있는 그대로의 나이기 때문입니다. 우리는 사람들 사이의 친밀한 연결을 봅니다. 그리고 형상을 초월합니다. 우리는 우주가 따로 떨어져 있는 수백만의 실체들을 포함하고 있다고 생각하곤 했습니다. 이제 우리는 "형상이 존재하지 않음"을 이해합니다.

집중의 여덟 번째 단계는 지각도 아니고, 지각이 아닌 것도 아닌 단계[非想非非想處]입니다. 우리는 모든 것이 우리의 지각에 의해서 만들어진다는 것을 인식합니다. 하지만 그것은 최소한 부분적으로는, 그릇된 것입니다. 그러므로 우리는 우리가 지각하는 오래된 방식에 의존할 수 없다는 것을 압니다. 그리고 현실과 직접적인 접촉 속에 있기를 원합니다. 우리는 지각을 모두 멈출 수는 없습니다. 하지만 이제 적어도 지각이 형상에 대한 지각이라는 것을 압니다. 우리가 더 이상 형상이 실제라고 믿지 않기 때문에, 우리의 지각이 지혜가 됩니다. 우리는 형상을 넘어섭니다["非想"]. 하지만 지각이 아닌 것이 되지 않습니다["非非想"].

집중의 아홉 번째 단계는 소멸[想受滅定]이라고 불립니다. 여기서 "소멸"은 우리의 느낌과 지각에서 무명이 소멸됨을 의미하며, 느낌과 지각이 소멸되는 것을 의미하는 것이 아닙니다. 시인 응우옌주(Nguyen Du)는 "우리가 눈으로 보고 귀로 듣기 시작하는 순간, 고통에 우리 자신을 연다."라고 말했습니다. 우리는 그 어떤 것도 보거나 들을 수 없는 집중의 상태, 지각이 없는 세상에 있기를 바랍니다. 우리는 한 그루 소나무가 되어 우리의 가지 속에서 노래하는 바람과 함께 머물기를 바랍니다. 그것은 우리가 소나무는 고통을 겪지 않는다고 믿기 때문입니다. 고통이 없는 곳을 찾는 것은 자연스러운 일입니다.

지각이 아닌 세계에서, 일곱 번째(manas)와 여덟 번째(alaya) 의식은 계속해서 보통 때와 같이 작용합니다. 그리고 무명(無明)과 내면에서의 형성은 의식의 창고에 온전히 남아 있습니다. 그리고 그것들은 일곱 번째 의식에 나타납니다. 일곱 번째 의식은 자아에 대한 믿음을 일으키고, 자아를 타자와 구분하는 무명의 에너지입니다. 지각이 아님[非想]의 집중은 우리의 습관 에너지를 변화시키지 않기 때문에, 사람들이 그 집중에서 나올 때, 그들의 고통이 그대로 있습니다. 하지만 명상자가 아홉 번째 집중, 아라한의 단계에 도달할 때, 일곱 번째 의식은 변화됩니다. 그리고 의식의 창고 안에서 내적인 형성이 정화됩니다. 가장 큰 내적인 형성은 무상과 무아의 현실에 대한 무명입니다. 이 무명은 탐욕, 미움, 혼란, 자만, 의심, 그리고 견해를 낳습니다. 이 번뇌들이 함께 모여 말라식(manas)이라고 불리는 의식의 전쟁을 일으킵니다. 그것은 언제나 자아를 타자로부터 분별합니다.

어떤 사람이 수행을 잘할 때, 집중의 아홉 번째 단계는 사물의 실상에 빛을 비추고 무명을 변화시킵니다. 우리를 자아와 무아에 갇히도록 만들곤 했던 씨앗들은 변화되고, 아뢰야식은 말라식의 손아귀에서 자유로워집니다. 그리고 말라식은 더 이상 자아를 만들어내는 기능을 갖지 않습니다. 말라식은 평등에 대한 지혜[平等性智]가 됩니다. 그것은 서로 연결되어 있고, 서로에게 스며드는 사물의 본성을 볼 수 있는 지혜입니다. 그것은 다른 이들의 삶을 자기 자신의 것만큼 소중한 것으로 볼 수 있게 합니다. 왜냐하면 거기에는 더 이상 자아와 타자 사이의 분별이 없기 때문입니다. 말라식이 아뢰야식에 대한 힘을 잃으면 아뢰야식은 우주에 있는 모든 것을 그대로 비추는 커다란 거울의 지혜[大圓鏡智]가 됩니다.

여섯 번째 의식(manovijñana)이 변화될 때 그것은 경이로운 관찰의 지혜[妙觀察智]라고 불립니다. 의식은 그것이 지혜로 변화된 후에도 계속해서 현상을 관찰합니다. 하지만 그것은 다른 방식으로 현상들을 관찰합니다. 왜냐하면 의식은 무명에 갇히지 않고, 그것이 관찰하는 모든 것의 서로 연결되어 있는 본성을 자각하기 때문입니다. 그때 의식은 여럿에서 하나를 보고 태어남과 죽음, 오고 감 등이 나타나는 모든 모습을 봅니다. 처음 다섯 가지 의식은 커다란 성취의 지혜[成所作智]가 됩니다. 이전에 우리에게 고통을 일으켰던 우리의 눈, 귀, 코, 혀, 그리고 몸은 우리에게 있는 그대로의 모습, 진여(眞如)의 뜰을 가져다 주는 기적이 됩니다. 그러므로 모든 차원의 의식의 변화는 네 가지 지혜로 깨달아집니다. 잘못된 의식과 잘못된 지각은 수행 덕분에 변화됩니다. 의식의 아홉 번째 단계에서는 모든 여덟 가지 의식이 작용합니다. 지각과 느낌은 여전히 거기 있지만 이전과는 다릅니다. 왜냐하면 그것들은 무명으로부터 자유롭기 때문입니다.•2

붓다는 많은 집중 수행을 가르쳤습니다. 무상에 대한 집중을 수행하기 위해서, 사랑하는 사람을 볼 때면 언제나 그를 무상한 존재로 보십시오. 그리고 오늘 그를 행복하게 하기 위해 최선을 다하십시오. 만일 그가 영원하다고 생각한다면, 우리는 그가 결코 나아지지 않을

---

2.   이것은 27장에 설명되어 있다.

것이라고 믿을 것입니다. 무상에 대한 통찰은 우리가 갈망, 집착, 그리고 절망의 고통에 갇히지 않게 합니다. 이 통찰과 함께 모든 것을 보고 들으십시오.

무아에 대한 집중을 수행하기 위해서, 만나는 모든 것에서 서로 연결되어 있음의 본성에 접촉하십시오. 그러면 많은 평화와 기쁨을 얻고 고통을 막게 될 것입니다. 열반에 대한 집중 수행은 현실의 궁극적인 영역에 접촉하고, 태어남도 없고 죽음도 없는 세계에 있도록 도울 것입니다. 무상, 무아, 그리고 열반에 대한 집중은 우리가 평생 수행하기에 충분합니다. 사실 그 셋은 하나입니다. 우리가 무상의 본성에 깊이 접촉한다면 무아(서로 연결되어 있음), 그리고 열반의 본성에 접촉할 것입니다. 하나의 집중은 다른 모든 집중을 포함하고 있습니다. 우리는 모든 것을 다 할 필요가 없습니다.

대승불교에는 수백 가지의 다른 집중, 이를테면 수능엄삼매[健行三昧], 법화삼매, 그리고 화엄삼매 같은 것이 있습니다. 각각의 것이 훌륭하고 중요합니다. 『법화경』에 따르면 우리는 현실의 역사적인 영역과 궁극적인 영역에서 동시에 살아야 합니다. 우리는 파도로서 삶을 깊이 살아야 합니다. 그럼으로써 우리 안에 있는 물의 본질에 접촉할 수 있습니다. 우리는 현실의 궁극적인 영역에 접촉할 수 있는 방식으로 걷고 보고 숨 쉬고 먹습니다. 우리는 태어남과 죽음, 존재와 비존재에 대한 두려움, 그리고 하나와 여럿을 초월합니다.

붓다는 영축산에서만 볼 수 있는 것이 아닙니다. 만일 라디오에서 붓다가 영축산에 다시 나타날 것이고 그와 함께 걷기 명상을 하도록 사람들을 초대했다는 소식을 듣는다면 인도로 가는 모든 비행기의 모든 자리가 예약될 것입니다. 그리고 여러분은 어쩌면 좌절을 느낄 것입니다. 왜냐하면 여러분도 거기 가기를 원하기 때문입니다. 설령 그 비행기의 자리를 얻을 만큼 여러분에게 행운이 있다고 해도, 붓다와의 걷기 명상 수행을 누리는 것은 여전히 불가능할지도 모릅니다. 거기에는 아주 많은 사람들이 있을 것이고, 대부분의 사람들은 숨을 들이쉬고 내쉬는 법, 그리고 걸으면서 현재의 순간에 머무는 법을 알지 못할 것입니다. 거기 가는 것이 무슨 소용이 있겠습니까?

자신의 의도를 깊이 들여다보십시오. 여러분은 나중에 붓다와 함께 있었다는 말을 하기 위해서 지구 반 바퀴를 날아가고 싶습니까? 많은 사람들은 그저 그것을 원합니다. 그들은 성지 순례지에 가서, 바로 그 자리에 머무르지 못합니다. 그곳을 몇 분간 보고 난 후에 다음 장소로 달려갑니다. 그들은 자기가 거기에 있었다는 것을 증명하기 위해 사진을 찍고, 친구들에게 보여주기 위해 집으로 돌아가고 싶어 합니다. "나는 거기에 있었어. 나에게 증거가 있어. 붓다 옆에 서 있는 사람이 바로 나야." 그것은 그곳에 가려고 하는 많은 사람들의 욕망일 것입니다. 그들은 붓다와 함께 걸을 수 없습니다. 그들은 지금 여기에 머무를 수 없습니다. 그들은 오직 "나는 거기 있었어. 그리고 붓다 옆에 서 있는 이 사람이 바로 나야."라고 말하고 싶어 할 뿐입니다. 하지만 그것은 사실이 아닙니다. 그들은 거기에 없었습니다. 그리고 그것은 붓다가 아닙니다. "거기에 있다는 것"은 개념입니다. 그리고 여러분이 보는 붓다는 단지 겉모습일 뿐입니다. 설령 여러분이 아주 비싼 카메라를 갖고 있다고 할지라도, 진정한 붓다의 사진을 찍을 수는 없습니다.

만일 여러분이 인도로 날아갈 기회가 없다면, 부디 집에서 걷기 명상을 수행하십시오. 그러면 걷고 있는 동안 진정으로 붓다의 손을 잡을 수 있을 것입니다. 그저 평화와 행복 속에서 걸으십시오. 그러면 붓다는 거기 여러분과 함께 있을 것입니다. 인도로 날아가서 붓다와 같이 찍은 사진을 가지고 돌아오는 사람은 진정한 붓다를 보지 못한 것입니다. 여러분에게는 실제가 있습니다. 그는 오직 형상만을 갖고 있습니다. 사진 찍을 기회를 찾아 서성이지 마십시오. 진정한 붓다에 접촉하십시오. 그는 거기에 있습니다. 그의 손을 잡고 걷기 명상을 수행하십시오. 궁극적인 영역에 접촉하면 여러분은 붓다와 함께 걷는 것입니다. 파도는 물이 되기 위해 죽지 않아도 됩니다. 파도는 이미 물입니다. 이것은 『법화경』의 집중입니다. 삶의 모든 순간을 깊이 사십시오. 그러면 걷고 먹고 마시고 아침의 별을 바라보는 동안 궁극의 세계에 접촉할 것입니다.

16장

~~~~~~

바른 생계[正命]

바른 생계[正命, samyak ajiva]를 수행하기 위해서, 우리는 사랑과 자비에 대한 자신의 이상을 거스르지 않고 생계를 꾸려갈 수 있는 길을 찾아야 합니다. 우리가 자신의 생계를 꾸리는 것은 가장 깊은 자아의 표현일 수 있습니다. 그것은 또한 우리와 다른 이들에게 고통의 근원이 될 수도 있습니다.

경전들은 대개 다섯 가지 마음챙김 가운데 그 어느 것도 거스르지 않고 생계를 꾸릴 수 있는 것으로 바른 생계를 정의합니다. 그것은 무기 거래, 노예 매매, 고기를 파는 일, 술이나 마약 또는 독을 파는 일, 혹은 예언을 하거나 점을 보는 일에 관계하지 않는 것입니다. 스님들은 재가자들에게 약, 음식, 옷 그리고 거처라는 네 가지 꼭 필요한 것을 얻기 위해 합당하지 않은 요구를 하지 않도록 주의해야 합니다. 그리고 직접적으로 필요한 것 이상의 물질적 소유를 하지 않도록 주의해야 합니다. 모든 순간을 온전히 자각하며, 인간, 동물, 식물, 그리고 지구에 이롭거나 아니면 적어도 피해를 최소화하는 직업을 갖도록 노력해야 합니다.

우리는 때로 일자리를 찾는 것이 어려운 사회에 삽니다. 하지만 우리의 일이 생명을 해롭게 하는 것과 관계가 있다면 다른 일을 찾도록 노력해야 합니다. 직업은 우리의 이해와 자비에 자양을 줄 수도 있고 그것을 약화시킬 수도 있습니다. 우리는 자신이 생계를 꾸리는 방식이, 여기저기에 미칠 결과에 깨어 있어야 합니다. 아주 많은 현대의 산업은 심지어 식품 생산조차도 인간과 자연에 해롭습니다. 화학적인 살충제와 비료는 환경에 많은 해를 끼칠 수 있습니다. 농부들이 바른 생계를 수행하는 것은 어려운 일입니다. 화학 물질을 사용하지 않는다면 상업적으로 경쟁하기가 아무래도 어려울 것입니다. 이것은 그저 한 예일 뿐입니다. 자신의 일이나 거래에 임할 때, 다섯 가지 마음챙김의 수행을 실천하십시오. 죽이는 것, 훔치는 것, 성적으로 잘못된 행위, 거짓말, 마약이나 술을 파는 것과 연관된 직업은 바른 생계가 아닙니다. 만일 회사가 강이나 공기를 오염시킨다면 거기서 일하는 것은 바른 생계가 아닙니다. 무기를 만들거나 다른 이들의 미신에서 이익을 얻는 것 또한 바른 생계가 아닙니다.

사람들은 미신을 갖고 있습니다. 이를테면 운명이 별들이나 손바닥에 정해져 있다고 믿는 것입니다. 그 누구도 미래에 무슨 일이 일어날지 확신할 수 없습니다. 마음챙김을 수행함으로써 우리는 점쟁이가 우리에게 예측한 운명을 바꿀 수 있습니다. 더욱이 예언은 자기충족적인 것일 수 있습니다.

예술 작품을 창작하거나 공연하는 것도 생계일 수 있습니다. 작곡가, 작가, 화가 또는 공연 예술가는 집단적인 의식에 영향을 미칩니다. 그 어떤 예술 작품도 매우 집단적인 의식의 산물입니다. 그러므로 예술가 개인은 마음챙김을 수행해야만 합니다. 그럼으로써 그의 작품을 만나는 사람들이 제대로 주의를 기울일 수 있도록 도울 수 있습니다. 한 젊은이가 연꽃을 어떻게 그리는지를 알고 싶었습니다. 그래서 어느 장인의 문하로 갔습니다. 장인은 그를 연못으로 데리고 가서 앉아 있게 했습니다. 젊은이는 해가 높이 떠 있을 때 꽃들이 피어나는 것을 보았습니다. 그리고 밤이 되자 꽃들이 다시 봉오리로 돌아가는 것을 보았습니다. 그 다음 날, 그는 전날과 똑같이 했습니다. 연꽃 한 송이가 시들어서 그 꽃잎들이 물로 떨어질 때, 그저 줄기, 수술 그리고 나머지 꽃을 바라보았습니다. 그리고 나서 다른 연꽃으로 향했습니다. 그는 열흘 동안 그렇게 했습니다. 열하루째 되는 날 장인은 그에게 물었습니다. "준비가 되었느냐?" 그는 대답했습니다. "해보겠습니다." 장인은 그에게 붓을 주었습니다. 젊은이의 표현은 세련되지 않았지만 그가 그린 연꽃은 아름다웠습니다. 그는 연꽃이 되었습니다. 그리고 그 그림이 그를 위해서 나왔습니다. 기법은 소박했지만 깊은 아름다움이 거기 있었습니다.

바른 생계는 단지 개인적인 문제가 아닙니다. 그것은 우리의 집단적인 업(karma)입니다. 내가 학교 교사이고, 아이들에게 사랑과 이해를 북돋워주는 것이 아름다운 직업이라고 믿는다고 가정해보십시오. 만일 어떤 사람이 나에게 가르치는 것을 그만두고, 예를 들어 도살업자가 되라고 한다면 나는 거절할 것입니다. 하지만 내가 사물이 서로 연결되어 있음에 대해 명상할 때, 나는 동물을 죽이는 책임이 도살업자에게만 있는 것이 아님을 봅니다. 우리는 어쩌면 도살업자의 생계는 잘못된 것이고, 우리의 생계는 바른 것이라고 생각할지 모릅니다. 하지만 만일 우리가 고기를 먹지 않는다면 그는 동물을 죽일 필요가 없을 것입니다. 바른 생계는 집단적인 문제입니다. 각자의 생계는 다른 모든 이들에게 영향을 미칩니다. 도살업자의 아이들이 나의 가르침에서 이로움을 얻을 수도 있습니다. 반면에 나의 아이들은, 고기를 먹기 때문에, 도살업자의 생계에 대해 어느 정도 책임이 있습니다. 자신의 소를 고기로 팔고 싶어 하는 농부가 다섯 가지 마음챙김의 수행을 받아들이기를 원한다고 합시다. 그는 생명을 보호하는 첫 번째 수행에 비추어볼 때, 그것이 가능한지 알고 싶어 합니다. 그는 자기 소들의 행복을 위해 최선의 조건을 제공해주고 있다고 느낍니다. 그는 도살장을 직접 운영합니다. 그럼으로써 자신이 동물들의 생명을 거둘 때 불필요한 잔인함을 덧보태지 않습니다. 그는 아버지로부터 농장을 물려받았습니다. 그리고 그에게는 돌보아야 할 가족이 있습니다. 이것은 딜레마입니다. 그는 어떻게 해야 할까요? 그의 의도는 선한 것입니다. 하지만 그는 조상들로부터 농장과 습관 에너지를 물려받았습니다. 소가 도살될 때마다 그것은 그의 의식에 흔적을 남깁니다. 그것은 꿈속에서, 명상하는 동안, 혹은 죽음의 순간에 그에게 돌아올 것입니다. 소들이 살아 있는 동안 그들을 잘 보살피는 것은 바른 생계입니다. 그는 자신의 소들에게 친절하고 싶은 바람이 있습니다. 그리고 자기 자신과 가족을 위한 정기적인 수입이라는 안전도 원합니다.

그는 계속해서 지역의 공동체와 함께 깊이 들여다보고 마음챙김을 수행해야 합니다. 그의 통찰이 깊어질 때, 생계를 위해서 생명을 죽이는 자신의 상황으로부터 벗어나는 길이 저절로 분명해질 것입니다.

우리가 하는 모든 것은 바른 생계를 수행하기 위한 노력에 기여

합니다. 그것은 단순히 월급을 받는 것 이상의 것입니다. 우리는 바른 생계를 갖는 데 백퍼센트 성공할 수 없습니다. 하지만 자비를 향해서, 고통을 줄이는 방향을 향해서 가리라고 결심할 수 있습니다. 그리고 바른 생계가 더 많고, 잘못된 생계는 더 적은 사회를 만드는 데 도움이 되리라고 결심할 수 있습니다.

예를 들면 수백만의 사람들이, 직접적으로 혹은 간접적으로 재래식 무기와 핵무기를 제조하는 것을 도우면서, 무기 산업에서 생계를 꾸립니다. 미국, 러시아, 프랑스, 영국, 중국, 그리고 독일은 이들 무기의 주요한 공급자입니다. 그런 다음 무기는 제3 세계 국가들에 팔립니다. 그곳에는 총이 필요하지 않습니다. 그들에게는 식량이 필요합니다. 무기를 제조하거나 파는 것은 바른 생계가 아닙니다. 하지만 이 상황에 대한 책임은 우리 모두, 즉 정치인, 경제인, 그리고 소비자에게 있습니다. 우리는 아직 이 문제에 대한 설득력 있는 국가적 토론을 이끌어내지 못했습니다. 우리는 이것에 대해 더 토론해야 합니다. 그리고 계속해서 새로운 일자리를 만들어냄으로써 그 누구도 무기 제조의 이익에 의존하는 삶을 살지 않도록 해야 합니다. 만일 여러분이 자비의 이상을 실현하도록 돕는 직업에서 일할 수 있다면 그것에 감사하십시오. 그리고 마음챙김과 함께, 단순히, 그리고 바른 정신으로 삶으로써 다른 이들을 위해 적절한 일자리를 만드는 것을 도우십시오. 자신의 모든 에너지를 그 상황을 개선하는 데 쏟으십시오.

바른 생계를 수행한다는 것은 바른 마음챙김을 수행한다는 것을 의미합니다. 전화기가 울릴 때면 언제나, 그것을 마음챙김의 종소리로 들으십시오. 하고 있던 일을 멈추고 의식적으로 숨을 들이쉬고 내

169

쉬십시오. 그리고 나서 전화기로 가십시오. 어떻게 전화를 받는가는 바른 생계의 수행과 동떨어져 있는 것이 아닙니다. 그것은 곧 바른 생계의 체화입니다.우리는 일터에서 어떻게 마음챙김을 수행할지, 어떻게 바른 생계를 수행할지를 서로 토론해야 합니다. 여러분은 전화기가 울리는 것을 들을 때, 그리고 전화를 걸기 위해 수화기를 들기 전에 숨을 쉽니까? 다른 사람들을 돌보는 동안 미소 짓습니까? 한 회의에서 다음 회의로 갈 때 마음챙김으로 걷습니까? 바른 말을 수행합니까? 몇 시간 동안의 힘든 일을 끝내고 깊고 온전한 이완을 수행합니까? 모든 사람들이 평화롭고 행복하도록, 그리고 평화와 행복의 방향에 있는 직업을 갖도록 격려하는 방식으로 삽니까? 이것들은 매우 실제적이고 중요한 질문들입니다. 이와 같은 사유와 행위를 격려하는 방식으로 일하는 것, 자비의 이상을 격려하는 방식으로 일하는 것은 바른 생계를 수행하는 것입니다.

만일 누군가가 살아 있는 존재들에게 고통을 일으키고 다른 이들을 억압하는 직업을 갖고 있다면, 그것은 그들 자신의 의식을 오염시킬 것입니다. 그것은 마치 우리가 자신이 숨 쉬어야만 하는 공기를 오염시키는 것과 같습니다. 많은 사람들은 그릇된 생계로 부자가 됩니다. 그런 다음 그들은 절이나 교회로 가서 보시를 합니다. 이 보시는 다른 이들에게 행복을 가져오고 그들의 고통을 덜어주리라는 바람보다는 두려움과 죄의식의 느낌으로부터 옵니다. 절이나 교회에서 큰 보시를 받을 때, 기금을 받는 책임자는 이것을 반드시 이해해야 합니다. 그들은 보시자가 그릇된 생계에서 벗어날 수 있는 길을 보여줌으로써 그가 변화하도록 돕는 데 최선을 다해야 합니다. 그런 사람들에게는 그 어느 것보다 붓다의 가르침이 필요합니다.

✖

고귀한 여덟 가지 길을 공부하고 수행할 때, 우리는 그 길 각각의 요소가 다른 모든 일곱 가지 요소들에 깃들어 있음을 봅니다. 우리는 그 길 각각의 요소가 고통, 고통의 생성, 그리고 고통의 소멸에 대한 고귀한 진리들을 포함하고 있다는 것도 봅니다.

첫 번째 고귀한 진리를 수행함으로써, 우리는 고통을 인식하고 그것을 우울, 불안, 두려움, 혹은 불안과 같은 그에 맞는 이름으로 부릅니다. 그때 우리는 그 고통의 토대를 발견하기 위해 그것을 직접적으로 들여다봅니다. 그것은 두 번째 고귀한 진리를 수행하는 것입니다. 이 두 수행은 고귀한 여덟 가지 길의 두 수행, 즉 바른 견해와 바른 사유를 포함합니다. 우리 모두에게는 고통으로부터 달아나는 경향이 있습니다. 하지만 이제 고귀한 여덟 가지 길의 수행과 함께 우리는 고통을 직접 대면할 용기를 갖습니다. 우리는 고통을 용기 있게 보기 위해 바른 마음챙김과 바른 집중을 이용합니다. 우리에게 고통의 토대를 분명히 보여주는 깊이 보기는 곧 바른 견해입니다. 바른 견해는 우리 고통의 한 가지 이유만을 보여주지 않을 것입니다. 그것은 겹겹이 쌓인 원인과 조건들, 우리의 부모와 조부모, 그리고 조상들로부터 물려받은 씨앗들, 친구들 그리고 우리나라의 정치 경제적 상황이 물을 주어온 씨앗들, 그리고 수많은 다른 원인과 조건들을 보여줄 것입니다.

이제 우리의 고통을 덜기 위해 무엇인가를 해야 할 때가 왔습니다. 무엇이 우리의 고통을 지속시키는지를 알면 그것을 멈출 길을 찾을 수 있습니다. 그것이 먹을 수 있는 음식이든, 감각 인상의 음식이든, 우리가 의도로부터 받아들이는 음식이든, 혹은 우리 의식에서 오는 음식이든… 우리는 이것을 바른 말, 바른 행위, 그리고 바른 생계를 수행함으로써, 그리고 바른 말은 깊이 듣는 것이기도 하다는 것을 기억하면서 실천합니다.

이 세 가지 측면을 수행하기 위하여, 우리는 마음챙김 수행을 지침으로 삼습니다. 마음챙김 수행에 따라 정진함으로써, 말을 할 때, 행동을 할 때, 또는 생계를 꾸릴 때, 우리는 그것을 마음챙김과 함께 한다는 것을 봅니다. 바른 마음챙김을 하면, 바른 말이 아닌 것을 말할 때, 혹은 바른 행위가 아닌 것을 행할 때 그것을 알 수 있습니다. 바른 정진과 함께 바른 마음챙김을 수행하면 바른 집중은 쉽게 따라오고 통찰 혹은 바른 견해를 낳을 것입니다. 실제로 고귀한 여덟 가지 길 가운데 다른 일곱 가지 요소들을 수행하지 않고 어느 한 요소를 수행하는 것은 불가능합니다. 이것은 서로 연결되어 있음의 본성입니다. 그리고 그것은 붓다에 의해 제시된 모든 가르침들에 해당됩니다.

3부

다른 기본적인 불교 가르침들

17장

두 가지 진리[二諦]

불교에 따르면 상대적 혹은 세속적 진리[俗諦, samvriti satya]와 절대적 진리[眞諦, paramartha satya]라는 두 가지 진리가 있습니다. 우리는 상대적 진리를 통해서 수행의 문으로 들어갑니다. 우리는 행복의 존재와 고통의 존재를 인식합니다. 그리고 더 큰 행복의 방향으로 가려고 노력합니다. 매일 우리는 그 방향으로 조금 더 가고, 어느 날 고통과 행복이 "둘이 아님"을 깨닫습니다.

이런 베트남 시가 있습니다.

사람들은 그들의 고통과 기쁨에 대해 끝없이 말하네.
하지만 고통스러워하거나 기뻐할 그 무엇이 거기 있는가?
감각적 즐거움에서 오는 기쁨은 언제나 고통으로 이어지고,
수행의 길을 가는 동안의 고통은 언제나 기쁨을 가져오네.
기쁨이 있는 곳에는 어디에나 고통이 있네.
아무런 고통이 없기를 바란다면, 기쁨이 없음을 받아들여야
하네.

이 시인은 상대적 진리의 길을 걷지 않고 절대적 진리로 뛰어들 어가려고 하고 있습니다. 많은 사람들은 고통을 피하기 위해서 기쁨 을 포기해야 한다고 생각합니다. 그리고 이것을 "기쁨과 고통의 초 월"이라고 부릅니다. 이것은 옳지 않습니다. 만일 고통으로부터 달아 나지 않고 그것을 알아차리고 받아들인다면, 비록 고통이 존재할지 라도 기쁨 또한 존재한다는 것을 발견할 것입니다. 상대적인 기쁨을 경험하지 않는다면, 절대적 기쁨을 만났을 때 무엇을 해야 할지 알지 못할 것입니다. 이론이나 생각, 이를테면 고통은 환상이라거나 고통 과 기쁨을 모두 "초월"해야 한다고 말하는 것에 갇히지 마십시오. 그 저 실제로 일어나고 있는 것과 접촉하고 계십시오. 그러면 고통의 진 정한 본성과 기쁨의 진정한 본성에 접촉할 것입니다. 두통이 있는데 그 두통을 환상이라고 부르는 것은 옳지 않을 것입니다. 그것이 사라 지도록 하기 위해서는 그것의 존재를 인정하고, 그 원인을 이해해야 합니다.

우리는 아마도 법문이나 책과 같은 지식의 문을 통해 수행의 길 에 들어갈 것입니다. 우리는 그 길을 계속 가고, 우리의 고통은 점점 줄어듭니다. 하지만 어느 시점에서, 우리의 모든 개념과 생각들은 실 제적 경험을 따라야 합니다. 말과 생각은 오직 그것들이 실천될 때에 만 유용합니다. 토론을 멈추고 그 가르침들을 우리 삶 속에서 깨달을 때, 우리의 삶이 곧 길이라는 것을 깨닫는 순간이 옵니다. 그리고 우리 는 더 이상 단지 수행의 형태에만 의존하지 않습니다. 우리의 행위는 "행위 없음[無爲]"이 됩니다. 그리고 우리의 수행은 "수행 없음"이 됩 니다. 경계는 무너졌고 우리의 수행은 뒷걸음치지 않을 것입니다. 우리는 열반이라고 불리는 먼지가 없는 어떤 세계로 가기 위해 "먼지의 세계[穢土, saha]"를 초월할 필요가 없습니다. 고통과 열반은 똑같은 본질을 가졌습니다. 만일 먼지의 세계를 버린다면, 우리는 열반의 세계를 가질 수 없을 것입니다.

『가르침의 수레바퀴에 대한 경』에서, 붓다는 고통, 고통의 원인, 고통의 소멸, 그리고 고통의 소멸에 이르는 길이라는 네 가지 고귀한 진리를 가르쳤습니다. 하지만 『반야심경』에서 관세음보살은 우리에게 고통도, 고통의 원인도, 고통의 소멸도, 그리고 고통의 소멸에 이르는 길도 없다고 말합니다.[*1] 이것은 모순일까요? 그렇지 않습니다. 붓다는 상대적 진리의 차원에서 말하고 있고, 관세음보살은 절대적 진리의 차원에서 가르치고 있습니다. 관세음보살이 고통은 없다고 말하는 것은 고통이 전적으로 고통 아닌 요소들로 이루어져 있다는 것을 의미합니다.[*2] 우리가 고통을 겪거나 겪지 않는 것은 여러 상황들에 달려 있습니다. 만일 우리가 충분히 따뜻하게 입고 있지 않다면 차가운 공기는 고통스러울 수 있지만, 옷을 제대로 입고 있으면 차가운 공기는 기쁨의 원천이 될 수 있습니다. 고통은 객관적이지 않습니다. 그것은 주로 지각의 방식에 의존합니다. 우리에게는 고통을 일으키지만 다른 이들에게는 고통을 일으키지 않는 것들이 있습니다. 우리에게는 기쁨을 가져오지만 다른 이들에게는 기쁨을 가져오지 않는 것들도 있

---

1. Thich Nhat Hanh, *The Heart of Understanding: Commentaries on the Prajñaparamata Heart Sutra* (Berkeley: Parallax Press, 1988) 참조.
2. 이 문장의 온전한 설명을 위해 pp. 183~185 참조. pp. 196~199도 참조.

습니다. 네 가지 고귀한 진리는 우리가 수행의 문으로 들어가는 것을 돕기 위해 붓다에 의해 상대적인 진리로서 제시되었습니다. 하지만 그것들은 붓다의 가장 깊은 가르침이 아닙니다.

서로 연결되어 있음의 눈과 함께, 우리는 언제나 두 가지 진리를 화해시킬 수 있습니다. 서로 연결되어 있음을 보고, 이해하고, 그것에 접촉할 때, 우리는 붓다를 봅니다.

모든 조건 지어진 것들은 무상하네.
그것들은 태어남과 죽음을 겪게 마련인 현상이네.
태어남과 죽음이 더 이상 존재하지 않을 때
완전한 침묵은 기쁨이네.[3]

이 게송(gatha)은 붓다가 열반 직전에 설한 것입니다. 처음 두 줄은 상대적인 진리를 말하는 반면, 세 번째와 네 번째 줄은 절대적 진리를 말합니다. "모든 조건 지어진 것들"은 신체적이고 생리적인, 그리고 심리학적인 현상을 포함합니다.[4] "완전한 침묵"은 열반, 모든 개념의 소멸을 의미합니다. 붓다가 "완전한 침묵은 기쁨이네."라고 한 것은 생각, 개념화, 그리고 말이 끝났다는 것을 의미합니다. 이것은 절대적인 면에서 세 번째 고귀한 진리입니다.

붓다는 우리에게 매일 "다섯 가지 기억들"을 낭독하라고 권유합니다.

(1) 나는 늙어가는 본성을 가졌네. 늙는 것을 피할 길은 없네.

(2) 나는 건강이 나빠지는 본성을 가졌네. 건강이 나빠지는
것을 피할 길은 없네.

(3) 나는 죽는 본성을 가졌네. 죽음을 피할 길은 없네.

(4) 나에게 소중한 모든 것, 그리고 내가 사랑하는 모든 사람
은 변화의 본성을 가졌네. 그들과의 헤어짐을 피할 길은
없네.

(5) 나의 행위는 진정으로 내게 속한 유일한 것이네. 나는 내
행위의 결과를 피할 수 없네. 나의 행위는 내가 서 있는
토대이네.

다섯 가지 기억들은 우리가 늙고, 병들고, 헤어지고 죽는 것에 대
한 두려움과 친구가 되도록 돕습니다. 그것들은 우리가 지금 여기에
서 만날 수 있는 삶의 경이로움을 깊이 인식하도록 도울 수 있는 마음
챙김의 종이기도 합니다. 하지만 『반야심경』에서 관세음보살은 태어
남도 죽음도 없다고 가르칩니다. 만일 태어남도 죽음도 없다면 붓다
는 왜 우리가 죽게 될 본성을 가졌다고 말할까요? 그 까닭은 다섯 가
지 기억들에서 붓다가 상대적인 진리의 도구를 이용하고 있기 때문입
니다. 그는 절대적 진리의 관점에서, 태어남도 죽음도 없다는 것을 잘

---

3. *Ekottara Agama*(『증일아함경』) 18.
4. "형상으로 조건 지어진 것들(rupa-samskara)"은 찻주전자나 꽃과 같이 우리 눈에 보
일 수 있다. "마음으로 조건 지어진 것들(chitta-samskara)은 화나 슬픔과 같이 심리적
인 것이다."

알고 있습니다.

바다를 볼 때 우리는 각각의 파도에 시작과 끝이 있는 것을 봅니다. 하나의 파도는 다른 파도들과 비교될 수 있습니다. 그리고 우리는 그것이 더 아름답거나 덜 아름답고, 더 높거나 더 낮고, 더 오래 지속되거나 덜 오래 지속된다고 말할 수 있습니다. 하지만 더 깊이 들여다본다면 우리는 파도가 물로 이루어져 있다는 것을 볼 수 있습니다. 파도의 삶을 사는 동안 그것은 또한 물의 삶을 삽니다. 만일 파도가 물임을 알지 못한다면 그것은 슬픈 일일 것입니다. 파도는 이렇게 생각할 것입니다. 어느 날 나는 죽어야만 할 것이다. 이 시간이 나의 일생이고, 내가 해안에 닿을 때, 나는 비존재로 돌아갈 것이다. 이 개념들은 파도에게 두려움과 고뇌를 일으킬 것입니다. 파도가 자유롭고 행복하기를 바란다면, 우리는 그것이 자아, 사람, 살아 있는 존재, 그리고 수명에 대한 개념을 없애도록 도와야 합니다.

파도는 높거나 낮음, 시작이나 끝, 아름답거나 추한 모양에 의해서 인식될 수 있습니다. 하지만 물의 세계에는 모양이 없습니다. 상대적인 진리의 세계에서, 파도는 일어날 때 행복하고, 사라질 때 슬프다고 느낍니다. 파도는 아마도 '나는 높아', 혹은 '나는 낮아'라고 생각하고, 우월 콤플렉스 또는 열등 콤플렉스를 일으킬지도 모릅니다. 하지만 파도가 자신의 진정한 본성인 물에 접촉하면 파도의 모든 콤플렉스가 사라질 것입니다. 그리고 태어남과 죽음을 초월할 것입니다.

일이 잘 되어갈 때 우리는 오만해집니다. 그리고 떨어지는 것, 혹은 낮거나 부적절한 존재가 되는 것을 두려워합니다. 하지만 이것은 상대적인 생각들입니다. 상대적인 생각이 사라지면 완전함과 만족의 느낌이 일어납니다. 해탈은 모양의 세계에서 진정한 본성의 세계로 갈 수 있는 능력입니다. 우리에게는 파도의 상대적인 세계가 필요합니다. 하지만 진정한 평화와 기쁨을 갖기 위해서 우리 존재의 토대인 물에도 접촉해야 합니다. 우리는 상대적인 진리가 우리를 가두고 절대적 진리에 접촉하는 것을 막게 해서는 안 됩니다. 상대적인 진리를 깊이 들여다볼 때, 우리는 절대적 진리를 꿰뚫습니다. 상대적인 진리와 절대적인 진리는 서로를 끌어안습니다. 상대적인 진리와 절대적인 진리 둘 다 가치가 있습니다.

북반구에 앉아서, 우리는 어느 쪽이 위이고 어느 쪽이 아래인지를 안다고 생각합니다. 하지만 호주에 앉아 있는 누군가는 동의하지 않을 것입니다. 위와 아래는 상대적인 진리입니다. 무엇의 위일까요? 무엇의 아래일까요? 위와 아래, 노년과 젊음 같은 것에는 절대적 진리가 없습니다. 나에게 노년은 아무것도 아닙니다. 늙는다는 것은 좋은 일입니다! 거기에는 젊은 사람들은 경험할 수 없는 것들이 있습니다. 젊은 사람들은 산꼭대기에서 샘솟는 물과도 같습니다. 그들은 언제나 가능한 한 빨리 가려고 노력합니다. 하지만 낮은 곳을 흘러가는 강이 되면 훨씬 더 평화롭습니다. 낮은 강물은 많은 구름과 아름다운 파란 하늘을 비춥니다. 나이가 드는 데는 그 자체의 기쁨들이 있습니다. 우리는 나이든 사람으로서 아주 행복할 수 있습니다. 젊은 스님들과 함께 앉으면 나는 그들이 나의 연속이라는 것을 느낍니다. 나는 나의 최선을 다 했습니다. 그리고 이제 그들이 나의 존재를 이어가고 있습니다. 이것은 서로 연결되어 있음, 무아입니다.

오늘 아침, 법문을 하기 전에, 나는 나를 돌보는 사랑스러운 행자와 함께 아침을 먹고 있었습니다. 나는 잠시 멈추고 말했습니다. "행자님, 언덕에 있는 소가 보이나요? 그 소는 내 요거트를 만들기 위해 풀을 뜯고 있습니다. 그리고 나는 법문을 궁리하기 위해 이 요거트를 먹고 있어요." 어떻게든, 그 소는 오늘의 법문을 할 것입니다. 그 소의 우유를 마실 때, 나는 그 소의 아이였습니다. 붓다는 우리가 이런 방식으로, 서로 연결되어 있음에 비추어 모든 것을 보며 일상의 삶을 살도록 권했습니다. 그리고 나면 우리는 작은 자아에 갇히지 않을 것입니다. 우리는 어느 곳에서나 기쁨과 고통을 볼 것입니다. 우리는 자유로울 것입니다. 그리고 죽음을 문제로 보지 않을 것입니다. 왜 죽음이 고통이라고 말해야 합니까? 우리는 다음 세대와 함께 지속될 것입니다. 꼭 필요한 것은 우리가 여기에 있는 동안 최선을 다하는 것입니다. 그리고 나면 우리는 아이들과 손자들을 통해 지속될 것입니다. 사랑의 힘에 의해서, 우리는 자신을 다음 세대에 바칠 것입니다. 태어남과 죽음이 고통인가 아닌가는 우리의 통찰에 달려 있습니다. 통찰로, 우리는 이 모든 것을 바라볼 수 있고 그것들에 미소 지을 수 있습니다. 우리는 더 이상 똑같은 방식으로 영향을 받지 않습니다. 우리는 태어남과 죽음의 파도에 올라탑니다. 그리고 태어남과 죽음으로부터 자유롭습니다. 이 통찰은 우리를 해방시킵니다.

모든 "형성[行, samskara]"은 무상합니다. 이 한 장의 종이는 많은 요소들에 의해서 만들어진 물질적 형성입니다. 한 송이의 꽃, 산, 그리고 구름은 형성입니다. 우리의 화는 정신적 형성입니다. 우리의 사랑 그리고 무아라는 생각은 정신적 형성입니다. 나의 손가락, 나의 간은 생리적 형성입니다.

자아를 들여다보고 그것이 그저 자아 아닌 것들의 요소로 이루어져 있다는 것을 발견하십시오. 인간은 그저 인간이 아닌 요소들로 이루어져 있습니다. 인간을 보호하기 위해서, 인간이 아닌 요소들 그러니까 공기, 물, 숲, 강, 산, 그리고 동물을 보호해야만 합니다.『금강경』은 지구상에 있는 온갖 형태의 생명들, 동물, 식물, 그리고 광물을 존경하는 법에 관한 가장 오랜 문헌입니다. 우리는 인간이 스스로 혼자서 생존할 수 있는 어떤 것이라는 생각을 없애야 합니다. 인간은 다른 종들과 함께해야만 생존할 수 있습니다. 이것은 정확히 붓다의 가르침입니다. 그리고 깊은 생태학의 가르침이기도 합니다.

살아 있는 존재들을 깊이 들여다보면 그것들이 살아 있지 않은 요소들로 이루어져 있다는 것을 발견합니다. 소위 살아 있지 않은 것들도 역시 살아 있습니다. 살아 있는 존재와 살아 있지 않은 것들에 대한 우리의 관념은 현실에 접촉하기 위해 없애져야만 합니다.

없애야 할 네 번째 개념은 수명입니다. 우리는 시간의 이 지점으로부터 시간의 저 지점까지만 존재한다고 생각합니다. 그리고 그 개념 때문에 고통을 겪습니다. 만일 깊이 본다면, 우리가 결코 태어난 적이 없고 결코 죽지 않을 것이라는 사실을 알 것입니다. 파도는 태어나고 죽으며 높거나 낮고 더 아름답거나 덜 아름답습니다. 하지만 이 개념들은 물에는 해당되지 않습니다. 이것을 알게 되면 우리의 두려움은 불현듯 사라질 것입니다.

우리 안에, 우리는 태어남도 없고 죽음도 없는 세계를 갖고 있습니다. 하지만 그것에 결코 접촉하지 않습니다. 왜냐하면 우리는 그저 개념 속에서 살기 때문입니다. 수행은 이 개념들을 없애고 열반이나 신, 태어남도 없고 죽음도 없는 세계인 궁극적인 세계에 접촉하는 것입니다. 우리가 갖고 있는 개념들 때문에, 우리는 그것에 접촉할 수 없습니다. 그리고 지속적인 두려움과 고통 속에서 삽니다. 파도가 파도로서 자신의 삶을 깊이 살 때, 파도는 자신 안에 있는 물의 세계에 접촉합니다. 그리고 파도의 두려움과 개념들은 돌연히 사라집니다. 그리고 파도는 진정으로 행복합니다. 그 전에, 파도의 행복은 마치 일종의 일회용 반창고와 같은 것이었습니다. 가장 큰 위안은 열반, 태어남도 없고 죽음도 없는 세계에 접촉하는 것입니다.

세 번째 고귀한 진리는 상대적인 행복에 관한 것입니다. 그것은 영원하지 않습니다. 우리의 치통은 영원하지 않습니다. 하지만 치통이 없는 것도 영원하지 않습니다. 깊은 불교를 수행할 때, 우리는 이 모든 개념들을 없애고 태어남도 없고 죽음도 없는 세계에 접촉할 것입니다. 그러한 통찰로 태어남, 죽음, 노년, 삶의 굴곡, 고통, 그리고 행복을 성자의 눈으로 바라봅니다. 그리고 더 이상 고통을 겪지 않습니다. 우리는 미소 짓고, 더 이상 두려워하지 않습니다.

네 번째 고귀한 진리는 고통의 원인의 소멸입니다. 고통을 소멸시키면 우리는 상대적인 기쁨을 느낍니다. 하지만 고통과 고통 없음에 대한 모든 개념이 멈추면 우리는 절대적인 기쁨을 맛봅니다. 두 마리의 닭이 도살되기 직전이라고 상상해보십시오. 그들은 그 사실을 모릅니다. 한 닭이 다른 닭에게 "쌀이 옥수수보다 훨씬 더 맛있어. 옥수수가 약간 상했네."라고 말합니다. 닭은 상대적인 기쁨에 대해 말하고 있습니다. 닭은 이 순간의 진정한 기쁨이 죽임을 당하지 않는 기쁨, 살아 있음의 기쁨이라는 것을 깨닫지 못합니다.

상대적인 진리의 세계 안에서 네 가지 고귀한 진리를 수행할 때, 우리는 어떤 위안을 얻습니다. 우리는 고통을 변화시키고 행복을 회복할 수 있습니다. 하지만 여전히 현실의 역사적 세계 속에 살고 있습니다. 수행의 더 깊은 단계는 우리가 절대적 진리와 상대적 진리 둘 다에 접촉하는 방식으로 일상의 삶을 영위하는 것입니다. 상대적인 진리의 세계에서, 붓다는 오래 전에 세상을 떠났습니다. 하지만 절대적 진리의 세계에서, 우리는 붓다의 손을 잡고 붓다와 함께 매일 걷기 명상을 할 수 있습니다.

여러분에게 가장 큰 위안을 주는 방식으로 수행하십시오. 파도는 이미 물입니다. 붓다의 핵심으로 들어가기 위해 붓다의 눈을 이용하십시오. 그것은 서로 연결되어 있음에 대한 우리의 통찰을 의미합니다. 절대적 진리의 세계에서 붓다의 핵심에 접근하십시오. 그러면 붓다는 우리를 위해 거기 있을 것입니다. 종소리를 들을 때, 여러분의 귀로 들으십시오. 그리고 또한 조상들, 아이들, 그리고 그들의 아이들의 귀로도 들으십시오. 절대적인 세계와 상대적인 세계에서 동시에 들으십시오. 우리는 열반이나 신의 왕국으로 들어가기 위해 죽지 않아도 됩니다. 우리는 그저 현재의 순간에, 바로 지금 깊이 머물기만 하면 됩니다.

『화엄경』은 모든 법(현상)이 하나의 현상으로 들어가고, 하나의 현상이 모든 현상으로 들어간다고 말합니다. 만일 우리가 붓다의 가르침 가운데 그 어느 하나로 깊이 들어간다면 우리는 그 안에서 다른 모든 가르침들을 발견할 것입니다. 만일 첫 번째 고귀한 진리를 깊이 들여다보는 수행을 한다면 고귀한 여덟 가지 길이 드러나는 것을 볼 것입니다. 첫 번째 고귀한 진리 바깥에는 그 어떤 고귀한 길도, 고귀하지 않은 길도 있을 수 없을 것입니다. 그것이 바로 우리가 고통을 끌어안고, 가슴 가까이에 품고, 그것을 깊이 들여다보아야만 하는 이유입니다. 우리가 고통에서 벗어나는 길은 그것을 어떻게 바라보는가에 달려 있습니다. 바로 그 이유 때문에 고통이 첫 번째 고귀한 진리라고 불리는 것입니다. 붓다의 눈을 이용하여 그 길의 본성을 깊이 들여다보십시오. 그 길의 진리는 고통의 진리와 하나입니다. 내가 고통으로부터의 자유에 이르는 길 위에 있는 모든 순간에, 고통은 거기에서 나를 이끕니다. 바로 그 이유 때문에 그것은 고귀한 진리입니다.

이 책은 "붓다는 신이 아니었습니다. 그는 인간이었습니다.…"라는 문장으로 시작되었습니다. 이것은 무엇을 의미할까요? 인간은 무엇입니까? 만일 나무와 강이 거기 없다면 인간이 살아 있을 수 있을까요? 만일 동물과 다른 모든 종들이 거기 없다면 우리는 어떻게 존재할 수 있을까요? 인간은 전적으로 인간이 아닌 요소들로 이루어져 있습니다. 우리는 붓다와 인간에 대한 우리의 생각으로부터 자유로워져야만 합니다. 우리의 생각은 우리가 붓다를 보지 못하게 막는 장애일지도 모릅니다.

"사랑하는 붓다여, 당신은 살아 있는 존재이십니까?" 우리는 붓다에 대해서 우리가 갖고 있는 개념을 그가 확인해주기를 바랍니다. 하지만 그는 우리를 바라보고, 미소 짓고, 그리고 말합니다. "인간은 인간이 아닙니다. 바로 그 이유 때문에 우리는 그가 인간이라고 말할 수 있는 것입니다." 이것은 『금강경』의 변증법입니다. "A는 A가 아니다. 바로 그 이유 때문에 그것은 진정으로 A이다." 한 송이의 꽃은 꽃이 아닙니다. 그것은 오직 햇빛, 구름, 시간, 공간, 땅, 무기물, 뜰을 가꾸는 사람 등 꽃 아닌 요소들로 이루어져 있습니다. 진정한 꽃은 우주 전체를 품고 있습니다. 만일 우리가 이들 꽃 아닌 요소들을 그 근원으로 돌아가게 한다면, 거기에는 그 어떤 꽃도 없을 것입니다. 바로 그 이유 때문에 우리는, "한 송이 장미는 장미가 아니다. 바로 그 이유 때문에 그것이 진정한 장미라고 불리는 것이다."라고 말할 수 있습니다. 진정한 장미에 접촉하고 싶다면 우리는 장미에 대한 우리의 개념을 없애야만 합니다.

열반은 소멸, 무엇보다도 모든 개념과 관념의 소멸을 의미합니다. 사물에 대한 우리의 개념은 우리가 그것들에 진정으로 접촉하는 것을 가로막습니다. 진정한 장미에 접촉하고 싶다면 우리의 관념을 없애야 합니다. 우리가 "붓다여, 당신은 인간이십니까?"라고 물을 때 그것은 우리가 인간이 무엇인가에 대한 개념을 갖고 있다는 것을 의미합니다. 그러므로 붓다는 우리에게 그저 미소 짓습니다. 그것은 우리가 개념을 넘어서고, 그가 누구인지 그 진정한 존재에 접촉하도록 격려하는 붓다의 방식입니다. 진정한 존재는 개념과는 매우 다른 것입니다.

만일 우리가 파리에 가보았다면 우리에게는 파리라는 개념이 있습니다. 하지만 그 개념은 파리 자체와는 매우 다릅니다. 설령 파리에 10년 동안 살았다 할지라도, 파리에 대한 우리의 생각은 여전히 현실과 일치하지 않을 것입니다. 우리가 어떤 사람과 10년 동안 살았고, 그 사람을 완전히 안다고 생각할지 모르지만, 우리는 오직 우리의 개념과 함께 살고 있는 것입니다. 우리는 자신에 대한 개념을 갖고 있습

189

니다. 하지만 자신의 진정한 자아에 접촉해보았습니까? 현실에 대한 자신의 개념과 현실 자체 사이의 간격을 극복하려고 노력하기 위해 깊이 들여다보십시오. 명상은 개념을 없애도록 돕습니다.

두 가지 진리에 대한 불교의 가르침 또한 개념입니다. 하지만 만일 우리가 그것을 어떻게 이용할지를 안다면, 그것은 우리가 현실 자체를 꿰뚫고 가도록 도울 수 있습니다.

18장

세 가지 법의 도장[三法印]

세 가지 법의 도장[三法印, Dharma mudra]은 무상(anitya), 무아(anatman), 그리고 열반입니다. 그 어떤 가르침이든 이 세 가지 도장을 갖고 있지 않다면 붓다의 가르침이라고 일컬어질 수 없습니다.[1]

　첫 번째 법의 도장은 무상입니다. 붓다는 꽃, 책상, 산, 정치 권력, 몸, 느낌, 지각, 정신적 형성, 그리고 의식 등 모든 것이 무상하다고 가르쳤습니다. 우리는 영원한 그 어떤 것도 찾을 수 없습니다. 꽃은 시듭니다. 하지만 이 사실을 안다고 꽃을 사랑하지 않게 되는 것이 아닙니다. 사실 우리는 꽃을 더 사랑할 수 있습니다. 왜냐하면 우리는 꽃들이 살아 있는 동안 그것들을 소중히 여기는 법을 알기 때문입니다. 만일 우리가 무상의 관점으로 한 송이 꽃을 볼 수 있다면 그 꽃이 시들 때 고통을 겪지 않을 것입니다. 무상은 하나의 생각 그 이상입니다. 그것은 우리가 현실에 접촉하도록 돕는 수행입니다.

---

1. 남전(南傳)에서, 세 가지 법의 도장은 종종 무상, 고(dukkha), 그리고 무아라고 일컬어진다. 하지만 잡아함경에서, 붓다는 무상, 무아, 그리고 열반이 세 가지 법의 도장이라고 가르쳤다. 저자가 왜 법의 도장으로 dukkha보다는 열반을 포함시켰는지에 대한 더 온전한 설명은 4장과 5장 참조.

무상을 공부할 때, 우리는 "이 가르침 안에 내 일상의 삶, 내 일상의 어려움, 나의 고통과 관계가 있는 그 무엇이 있는가?"라고 물어야 합니다. 만일 우리가 무상을 단지 하나의 철학으로 본다면, 그것은 붓다의 가르침이 아닙니다. 우리가 듣거나 볼 때면 언제나 지각의 대상은 우리에게 무상의 본성을 드러낼 수 있습니다. 우리는 무상에 대한 통찰에 하루 종일 자양을 주어야 합니다.

무상을 깊이 들여다볼 때, 우리는 조건과 원인이 변화하기 때문에 사물이 변화한다는 것을 봅니다. 무아를 깊이 들여다볼 때, 모든 낱낱의 존재들이 오직 다른 모든 것들의 존재 때문에 가능하다는 것을 봅니다. 우리는 다른 모든 것들이 낱낱의 존재를 위한 원인과 조건이라는 것을 봅니다. 우리는 다른 모든 것을 그 안에서 봅니다.

우리는 시간의 관점에서 "무상"을 말합니다. 그리고 공간의 관점에서 "무아"를 말합니다. 사물은 연속되는 두 순간 동안 그 자신으로 남을 수 없습니다. 그러므로 영원한 "자아"라고 불릴 수 있는 그 어떤 것도 없습니다. 이 방으로 들어오기 전에, 우리는 신체적으로 그리고 정신적으로 다른 사람이었습니다. 우리는 무상을 깊이 들여다봄으로써 무아를 봅니다. 그리고 무아를 깊이 들여다봄으로써 무상을 봅니다. 우리는 "나는 무상을 받아들일 수 있습니다. 하지만 무아는 너무 어렵습니다."라고 말할 수 없습니다. 그것들은 똑같은 것입니다.

무상을 이해하면 확신, 평화, 그리고 기쁨이 생깁니다. 무상이 반드시 고통으로 이어지는 것은 아닙니다. 무상하지 않다면 삶은 존재할 수 없을 것입니다. 무상이 아니라면 여러분의 딸은 아름다운 젊은 숙녀로 자랄 수 없을 것입니다. 무상이 아니라면 억압적인 정치 체제는 결코 변하지 않을 것입니다. 우리는 무상이 우리를 고통스럽게 만든다고 생각합니다. 붓다는 돌에 맞아 그 돌에 화가 난 개의 예를 들었습니다. 우리를 고통스럽게 하는 것은 무상이 아닙니다. 우리를 고통스럽게 하는 것은 사물들이 영원하지 않을 때 그것들이 영원하기를 바라는 것입니다.

우리는 무상의 가치를 깊이 인식하는 것을 배워야 합니다. 만일 우리가 건강하다면, 그리고 무상을 자각한다면, 우리는 자신을 잘 보살필 것입니다. 사랑하는 사람이 무상하다는 것을 알면 사랑하는 사람을 더욱더 소중히 간직할 것입니다. 무상은 우리에게 모든 순간을, 그리고 우리 주변과 우리 안에 있는 모든 소중한 것들을 존중하고 가치 있게 여기도록 가르칩니다. 무상에 대한 마음챙김을 수행할 때, 우리는 더 새로워지고 더 다정해질 것입니다.

깊이 들여다보는 것은 삶의 방식이 될 수 있습니다. 사물과 접촉하고 그것들의 무상한 본성을 깊이 보기 위해 우리는 의식적인 호흡을 수행할 수 있습니다. 이 수행은 우리가 모든 것이 무상하고 그러므로 그것들을 위해서 살 가치가 없다고 불평하지 않게 해줄 것입니다. 무상은 변화가 가능하게 만들어주는 것입니다. 우리는 "무상이여, 영원하라."라고 말하는 것을 배워야만 합니다. 무상 덕분에 우리는 고통을 기쁨으로 바꿀 수 있습니다.

만일 우리가 마음챙김의 삶을 살 수 있다면 사물들이 변해갈 때 어떤 애석함도 갖지 않을 것입니다. 우리는 미소를 지을 수 있습니다. 왜냐하면 우리는 삶의 모든 순간을 누리고, 다른 사람들을 행복하게 만들기 위해 최선을 다했기 때문입니다. 여러분이 사랑하는 사람과 논쟁을 하게 되면 부디 눈을 감고 지금부터 300년 후의 자신을 상상하십시오. 눈을 뜨면 그저 서로 두 팔로 안고 싶어질 것입니다. 그리고 여러분들 각자가 얼마나 소중한지를 인정하게 될 것입니다. 무상의 가르침은 우리가 거기에 무엇이 있는지를, 집착이나 망각 없이 온전히 인식하도록 돕습니다.

우리는 매일 무상에 대한 통찰에 자양을 주어야 합니다. 그렇게 한다면 더 깊이 살고, 덜 고통을 겪고, 삶을 훨씬 더 누릴 수 있을 것입니다. 깊이 삶으로써, 현실의 토대, 열반, 태어남도 없고 죽음도 없는 세계에 접촉할 수 있을 것입니다. 무상에 깊이 접촉함으로써, 우리는 영원과 무상을 넘어선 세계에 접촉할 수 있습니다. 우리는 존재의 토대에 접촉하고 우리가 존재와 비존재라고 불러온 것도 그저 관념일 뿐임을 봅니다. 그 어떤 것도 결코 사라지지 않습니다. 그 어떤 것도 결코 생겨나지 않습니다.

두 번째 법의 도장은 무아입니다. 그 어떤 것도 독립된 존재 혹은 분리된 자아를 갖고 있지 않습니다. 모든 것은 다른 모든 것과 서로 연결되어 존재해야 합니다.

내가 땅콩 잼 쿠키를 처음 맛본 것은 캘리포니아에 있는 타사하라 선 센터에서였습니다. 나는 땅콩 잼 쿠키를 정말 좋아했습니다! 나는 땅콩 잼 쿠키를 만들기 위해서는 반죽을 준비하기 위해 재료들을 섞고, 그 다음 수저를 이용해서 각각의 쿠키를 쿠키 종이에 올려야 한다는 것을 배웠습니다. 나는 각각의 쿠키가 반죽 그릇을 떠나 쟁반에 놓이고, 그것이 스스로를 분리된 것으로 생각하기 시작하는 것을 상상했습니다. 쿠키를 만드는 여러분은 더 잘 알 것입니다. 그리고 쿠키들을 위해 많은 자비를 갖고 있을 것입니다. 여러분은 그것들이 본래 모두 하나였고, 심지어 지금도, 각각의 쿠키의 행복은 여전히 다른 모든 쿠키들의 행복에 달려 있다는 것을 압니다. 하지만 그것들은 "분별하는 지각[分別, vikalpa]"을 발달시켰습니다. 그리고 갑자기 그들 사이에 장벽을 쌓았습니다. 여러분이 그것들을 오븐에 넣을 때, 그것들은 서로에게 말하기 시작합니다. "내 길에서 비켜. 나는 가운데 있고 싶어." "나는 밤색이고 아름다워. 그리고 너는 못생겼어!" "너희들은 저리로 좀 흩어질 수 없니?" 우리도 역시 이런 식으로 행동하는 경향을 갖고 있습니다. 만일 우리가 분별하지 않는 마음에 어떻게 접촉하는지를 안다면 우리의 행복과 다른 이들의 행복은 몇 배나 커질 것입니다.

우리는 모두 분별하지 않는 지혜와 함께 살 수 있는 능력을 갖고 있습니다. 하지만 그런 방식으로 볼 수 있도록 우리 자신을 수련시켜야 합니다. 그것은 꽃이 우리이고, 산이 우리이며, 우리의 부모와 아이들도 모두 우리라는 것을 보기 위한 것입니다. 우리가 모든 사람과 모든 것이 삶의 똑같은 흐름에 속한다는 것을 볼 때 고통은 사라질 것입니다. 무아는 교리나 철학이 아닙니다. 그것은 우리가 삶을 더 깊이 살 수 있도록, 고통을 덜 겪도록, 그리고 삶을 훨씬 더 누릴 수 있도록 도와줄 수 있는 통찰입니다. 우리는 무아에 대한 통찰을 삶 속에 녹여내야 합니다.

톨스토이는 두 적에 대한 이야기를 썼습니다. "A"는 "B" 때문에 아주 많이 고통을 겪었습니다. 그리고 삶에서 그의 유일한 동기는 "B"를 제거하는 것이었습니다. B의 이름을 들을 때면 언제나, B의 이미지를 떠올릴 때면 언제나, 그는 분노하게 되었습니다. 그러던 어느 날 A는 한 성자의 오두막을 방문했습니다. A의 말을 깊이 들은 후에 성자는 그에게 시원한 물 한 잔을 주었습니다. 그리고 나서 그는 A의 머리에 똑같은 물을 붓고 그를 씻겼습니다. 그들이 차를 마시기 위해 앉자 성인이 A에게 말했습니다. "이제 당신이 B입니다."

A는 깜짝 놀랐습니다! "그것은 내가 가장 바라지 않았던 것입니다! 나는 A입니다. 그리고 그는 B입니다! 거기에는 어떤 연결도 있을 수 없습니다."

성자는 "하지만 당신은 B입니다. 당신이 그것을 믿든 믿지 않든." 이라고 말했습니다. 그런 다음 성자는 그에게 거울을 하나 가져왔습니다. 그리고 아니나 다를까, A가 거울을 들여다보자 거기서 B를 보았습니다! 그가 움직일 때면 언제나, 거울 속에 있는 B가 똑같이 행동하였습니다. A의 목소리는 B의 목소리가 되었습니다. 그는 B의 느낌과 지각을 갖기 시작했습니다. A는 자기 자신으로 돌아오려고 노력했지만 그렇게 할 수 없었습니다. 얼마나 놀라운 이야기입니까!

우리는 이슬람교도를 힌두교도로 힌두교도를 이슬람교도로 볼 수 있도록 수행해야 합니다. 또한 이스라엘 사람들을 팔레스타인 사람들로, 팔레스타인 사람들을 이스라엘 사람들로 볼 수 있도록 수행해야 합니다. 우리는 다른 사람들이 우리 안에 있다는 것, 그리고 우리가 그들로부터 분리되어 있지 않다는 것을 볼 수 있을 때까지 수행해야 합니다. 이것은 우리의 고통을 크게 줄여줄 것입니다. 우리는 쿠키와 같습니다. 우리 모두가 사실은 똑같은 실제임에도 우리는 떨어져 있고 서로 다르다고 생각합니다. 우리는 곧 우리가 지각하는 것입니다. 이것은 무아, 서로 연결되어 있음의 가르침입니다.

관세음보살이 눈, 귀, 코, 혀, 몸, 그리고 마음이 비어 있다고 선언했을 때, 그는 그것들이 그 자체만으로 존재할 수 없다는 것을 의미했습니다.[2] 그것들은 다른 모든 것들과 서로 연결되어 존재해야만 합니다. 우리의 눈은 눈 아닌 요소들 없이는 가능할 수 없을 것입니다. 바로 그 이유 때문에 관세음보살은 우리의 눈이 독립된 존재를 갖고 있지 않다고 말할 수 있는 것입니다. 우리는 진정으로 이해하기 위하여 서로 연결되어 있음의 본성을 보아야 합니다. 사물을 이런 방식으로 보기 위해서는 어느 정도의 수련이 필요합니다.

무아는 내가 나 아닌 요소들로 이루어져 있음을 의미합니다. 지난 시간 동안 다른 요소들이 우리에게 들어왔습니다. 그리고 다른 요소들이 우리에게서 흘러나갔습니다. 우리의 행복, 사실 우리의 존재는 우리가 아닌 것들로부터 옵니다. 우리의 어머니는 우리가 행복하기 때문에 행복합니다. 그리고 우리는 어머니가 행복하기 때문에 행복합니다. 행복은 개인적인 문제가 아닙니다. 딸은 어머니를 더 잘 이해할 수 있는 방식으로, 그리고 어머니가 자신을 더 잘 이해할 수 있는 방식으로 수행해야 합니다. 딸은 집에서 나가는 것에서 행복을 찾을 수 없습니다. 왜냐하면 그녀는 자기 자신 안에 가족들과 함께 있기 때문입니다. 그녀가 뒤에 남겨둘 수 있는 것은 아무것도 없습니다. 그녀가 없앨 수 있는 것은 아무것도 없습니다. 설령 그녀가 도망쳐서 아무

---

2. Thich Nhat Hanh, *The Heart of Understanding* 참조.

에게도 어디로 가는지를 말하지 않는다고 할지라도 말입니다. 의식의 창고는 모든 씨앗을 가지고 있습니다. 그녀는 단 하나의 씨앗도 없앨 수 없습니다.

무상과 무아의 가르침은 붓다에 의해 현실의 문을 열 수 있는 열쇠로 제시되었습니다. 우리는 어느 하나에 접촉하면 모든 것에 접촉하는 것임을 알 수 있도록 자신을 훈련시켜야 합니다. 하나가 모든 것에 들어 있고, 모든 것이 하나에 들어 있다는 것을 보아야 합니다. 우리는 현실의 현상적 측면뿐만 아니라 존재의 토대에 접촉해야 합니다. 사물은 무상하고 자아가 없습니다. 그것들은 태어남과 죽음을 겪어야 합니다. 하지만 만일 그것들에 아주 깊이 접촉한다면, 우리는 태어남과 죽음으로부터 자유롭고, 영원과 무상, 자아와 무아로부터 자유로운 존재의 토대에 접촉할 수 있습니다.

세 번째 법의 도장인 열반은 존재의 토대이며, 모든 것의 본질입니다. 파도는 물이 되기 위해서 죽지 않아도 됩니다. 물은 파도의 본질입니다. 파도는 이미 물입니다. 우리는 모두 그와 같습니다. 우리는 서로 연결되어 있음, 열반, 태어남도 없고 죽음도 없음, 영원도 없고 무상도 없음, 자아도 없고 무아도 없음의 세계의 토대를 우리 안에 갖고 있습니다. 열반은 개념을 온전히 침묵시키는 것입니다. 붓다는 무상과 무아의 개념을, 숭배하고 싸우고 혹은 그것을 위해 죽기 위한 교리로서가 아니라 수행의 도구로서 제시했습니다. 붓다는 "나의 벗들이여, 내가 주는 법은 오직 그대들이 피안으로 건너가도록 돕기 위한 뗏목일 뿐이다."라고 말했습니다. 뗏목은 숭배의 대상으로서 매달리기 위한 것이 아닙니다. 그것은 행복의 피안으로 건너가기 위한 도구입니다. 만일 우리가 법에 갇혀 있다면 그것은 더 이상 법이 아닙니다. 무상과 무아는 파도와 마찬가지로 현상의 세계에 속해 있습니다. 열반은 모든 것의 토대입니다. 파도는 물 바깥에 존재하지 않습니다. 열반은 무상과 무아로부터 분리되어 존재하지 않습니다. 만일 우리가 현실에 접촉하기 위해 무상과 무아의 도구를 이용하는 법을 안다면 지금 여기에서 열반에 접촉하는 것입니다.

열반은 모든 개념의 소멸입니다. 삶은 개념입니다. 죽음도 개념입니다. 존재는 개념입니다. 비존재도 개념입니다. 일상의 삶에서, 우리는 이 상대적인 현실을 다루어야 합니다. 하지만 만일 우리가 삶에 더 깊이 접촉한다면, 현실은 다른 방식으로 그 자신을 드러낼 것입니다.

우리는 태어난다는 것이 무(無)로부터 무언가가 되는 것, 아무도 아닌 것에서 누군가가 되는 것, 비존재에서 존재가 되는 것을 의미한다고 생각합니다. 그리고 죽는다는 것은 갑자기 무엇인가에서 무(無)로, 누군가에서 아무도 아닌 것으로, 존재에서 비존재로 가는 것을 의미한다고 생각합니다. 하지만 붓다는 "태어남도 죽음도, 존재도 비존재도 없네."라고 말했습니다. 그리고 현실의 진정한 본성을 발견하도록 우리에게 무상, 무아, 서로 연결되어 있음, 그리고 공성(空性)을 제시했습니다. 『반야심경』에서, 우리는 태어남도 없고 죽음도 없다는 것을 거듭거듭 반복해서 독송합니다. 하지만 독송으로는 충분하지 않습니다. 『반야심경』은 우리 자신과 세상의 진정한 본성을 탐구하기 위한 도구입니다.

이 한 장의 종이를 볼 때 우리는 그것이 존재의 세계에 속한다고 생각합니다. 거기에는 그것이 존재하게 된 때가 있습니다. 공장에서의 어느 한 순간 그것은 한 장의 종이가 되었습니다. 하지만 한 장의 종이가 생겨나기 전에 그것은 아무것도 아니었을까요? 아무것도 아니었던 것이 무언가가 될 수 있을까요? 한 장의 종이로 인식되기 전에 그것은 분명히 나무, 가지, 햇빛, 구름, 땅 같은 다른 어떤 것이었을 것입니다. 그 이전의 삶에서, 종이는 이 모든 것이었습니다. 종이에게 "너의 모든 모험에 대해 나에게 말해다오."라고 한다면 종이는 우리에게 "꽃, 나무, 또는 구름에게 말을 거세요. 그리고 그들의 이야기를 들으세요."라고 말할 것입니다. 종이의 이야기는 우리 자신의 이야기와 아주 비슷합니다. 우리 역시 말할 수 있는 수많은 경이로운 것들을 갖고 있습니다. 태어나기 전에, 우리는 이미 어머니, 아버지, 그리고 조상들 안에 있었습니다. "부모가 낳아주기 이전에 나의 본래 모습은 어떤 것이었나[父母未生前本來面目]?"라는 공안은 깊이 들여다보고, 시간과 공간 속에서 우리 자신을 확인하라는 초대입니다. 우리는 대개 부모의 시대 이전에는 우리가 존재하지 않았고, 오직 태어남의 순간에 존재하기 시작했다고 생각합니다. 하지만 우리는 이미 여기에 수많은 형태로 있었습니다. 우리가 태어난 날은 오직 연속의 날이었을 뿐입니다. 해마다 "행복한 생일"이라고 노래하는 대신, 우리는 "행복한 연속"이라고 노래해야 합니다.

"그 어떤 것도 태어나지 않고, 그 어떤 것도 죽지 않는다."라는 것은 앙투안 라부아지에(Antoine Lavoisier)라는 프랑스 과학자가 한 말이었습니다. 그는 불자가 아니었습니다. 그는 『반야심경』을 알지 못했습니다. 하지만 그의 말들은 반야심경과 정확히 똑같습니다. 만일 내가 이 종이를 태운다면 그것을 무(無)로 되돌릴 수 있을까요? 그렇지 않습니다. 그것은 그저 연기, 열기, 그리고 재로 변할 것입니다. 만일 이 종이의 "연속"을 뜰에다 뿌려둔다면, 우리가 나중에 걷기 명상을 하는 동안 작은 꽃 한 송이를 보고 그것을 종이의 재생으로 인식할 수도 있을 것입니다. 이 연기는 하늘의 구름 가운데 일부가 될 것이고, 역시 모험을 계속할 것입니다. 내일이 지난 후, 비가 우리 머리 위에 조금 내릴지도 모릅니다. 그러면 우리는 한 장의 종이가 "안녕"이라고 말하는 것을 인식할 것입니다. 태움으로 발생한 열기는 우리의 몸과 우주로 스며들 것입니다. 충분히 정밀한 도구가 있다면 이 에너지의 얼마만큼이 우리에게 스며드는지 측정할 수 있을 것입니다. 한 장의 종이는 그것이 불태워진 후에도 분명히 지속됩니다. 우리가 말하는 그것이 죽어가는 순간은 실제로 연속의 순간입니다.

구름이 비가 되려 할 때 구름은 두려워하지 않습니다. 구름은 어쩌면 흥분할지도 모릅니다. 파란 하늘에서 떠다니는 구름으로 존재하는 것은 경이롭습니다. 하지만 대지에, 바다에, 혹은 산에 떨어지는 비로 존재하는 것 또한 경이롭습니다. 비로 떨어질 때 구름은 노래할 것입니다. 깊이 들여다볼 때 우리는 태어남이 단지 관념이고 죽음이 관념임을 봅니다. 그 어떤 것도 무(無)에서 태어날 수 없습니다. 한 장의 종이에 깊이 접촉할 때, 구름에 깊이 접촉할 때, 우리 할머니에 깊이 접촉할 때, 우리는 태어남도 없고 죽음도 없는 본성에 접촉합니다. 그리고 슬픔으로부터 자유로워집니다. 우리는 이미 그것들을 다른 많은 형태 속에서 인식합니다. 이것은 붓다가 고요하고, 평화롭고, 두려움이 없도록 도왔던 통찰입니다. 붓다의 이 가르침은 우리가 존재의 본성, 존재의 토대에 접촉하도록 도울 것입니다. 그럼으로써 우리는 태어남도 없고 죽음도 없는 세계에 접촉할 수 있습니다. 이것은 두려움과 슬픔으로부터 우리를 자유롭게 하는 통찰입니다.

열반은 소멸, 무엇보다도 태어남과 죽음, 존재와 비존재, 오고 감, 자아와 타자, 하나와 여럿이라는 생각의 소멸을 의미합니다. 이 모든 생각들은 우리에게 고통을 일으킵니다. 우리가 죽음을 두려워하는 것은, 무명이 우리에게 죽음이 무엇인가에 대한 환상에 불과한 생각을 안겨주기 때문입니다. 우리는 존재와 비존재에 대한 생각에 의해 방해를 받습니다. 왜냐하면 우리가 무상과 무아의 진정한 본성을 이해하지 못했기 때문입니다. 우리는 자신의 미래에 대해 걱정합니다. 하지만 다른 이들의 미래에 대해서는 그다지 걱정하지 않습니다. 왜냐하면 우리 자신의 행복이 다른 이들의 행복과는 무관하다고 생각하기 때문입니다. 자아와 타자에 대한 이러한 생각은 무한한 고통을 낳습니다. 이 생각들을 소멸하기 위하여 우리는 수행해야만 합니다. 열반은 우리의 모든 생각의 불을 끄도록 돕는 부채입니다. 거기에는 영원과 자아에 대한 생각들이 포함됩니다. 그 부채는 매일 깊이 들여다보는 우리의 수행입니다.

불교에서는 여덟 가지 개념에 대해 이야기합니다. 그것은 태어남[生], 죽음[滅], 영원[常], 소멸[斷], 옴[來], 감[去], 하나[一] 그리고 여럿[異]입니다. 이 여덟 가지 생각들에 대한 집착을 끝내기 위한 수행은 여덟 가지 부정의 중도[八不中道], 즉 생겨나지도 않고 사라지지도 않으며[不生不滅], 상주하지도 않고 단멸하지도 않으며[不常不斷], 오지도 않고 가지도 않으며[不來不去], 하나도 아니고 여럿도 아님[不一不多]이라고 불립니다. 13세기에 베트남에서, 어떤 사람이 스승 뚜에 쭝

(Tue Trung)에게 법문 후에 질문 하나를 던졌습니다. 그러자 스승이 대답했습니다. "여덟 가지 개념들로부터 완전한 해방을 제시한 후에, 내가 더 이상 어떤 설명을 줄 수 있겠는가?"

이 여덟 가지 생각들이 없어진 후에 우리는 열반에 접촉합니다. 열반은 여덟 가지 개념, 그리고 또한 그것들의 반대인 무상, 무아, 연기, 공성, 그리고 중도로부터의 해방입니다. 만일 우리가 고정된 생각인 것처럼 세 가지 도장에 집착한다면, 이 생각들 또한 없애야 합니다. 이렇게 하는 가장 좋은 길은 이 가르침들을 일상의 삶에서 실천하는 것입니다. 경험은 언제나 생각을 넘어섭니다.

13세기 베트남의 스승 티엔 호이(Thiên Hội)는 제자들에게 "태어남도 없고 죽음도 없는 상태를 얻기 위해 정진하라."라고 말했습니다. 한 제자가 "태어남도 없고 죽음도 없는 세계를 어디에서 접촉할 수 있습니까?"라고 물었습니다. 그는 "바로 여기 태어남과 죽음의 세계에서."라고 대답했습니다. 물에 접촉하기 위해서는 파도에 접촉해야 합니다. 만일 태어남과 죽음에 깊이 접촉한다면 태어남도 없고 죽음도 없는 세계에 접촉하는 것입니다.

무상, 무아, 연기 그리고 중도는 모두 현실의 문을 여는 열쇠입니다. 그것들을 주머니에 넣어두는 것은 의미가 없습니다. 그것들은 써야만 합니다. 무상과 무아를 이해하면 이미 많은 고통으로부터 자유로워집니다. 그리고 세 번째 법의 도장인 열반에 접촉하고 있는 것입니다. 열반은 미래에서 찾아야 하는 어떤 것이 아닙니다. 법의 도장으로서, 그것은 붓다의 모든 가르침에 존재합니다. 촛불, 책상 그리고 꽃의 열반의 본성은 가르침들 안에 그것들의 무상과 무아의 본성과 마찬가지로 드러나 있습니다.

　모든 사람이 자신의 의견을 말하고 다른 모든 사람에게 동의하지 않는 모임을 상상해보십시오. 그 모임이 끝난 후에, 우리는 이 모든 생각과 토론으로 녹초가 됩니다. 우리는 문을 열고 바깥의 뜰로 나갑니다. 그곳은 공기가 맑고, 새들이 노래하는 곳입니다. 거기에서는 바람이 나무들 사이에서 속삭입니다. 여기 바깥에서의 삶은 말과 화가 있는 모임과는 사뭇 다릅니다. 뜰에도 여전히 소리와 모습들이 있지만, 그것들은 새로움과 치유를 가져옵니다. 열반은 삶의 부재가 아닙니다. 지금 여기에서의 열반[現法涅槃, Drishtadharma nirvana]은 "바로 이 삶에서의 열반"을 의미합니다. 열반은 평화롭게 하는 것, 침묵하게 하는 것, 혹은 고통의 불을 끄는 것을 의미합니다. 열반은, 우리가 이미 우리가 되고 싶어 하는 그 존재임을 가르칩니다. 우리는 더 이상 그 어떤 것을 쫓아 달리지 않아도 됩니다. 우리는 오직 우리 자신으로 돌아가서 우리의 진정한 본성에 접촉하기만 하면 됩니다. 그렇게 할 때 우리에게는 이미 진정한 평화와 기쁨이 있습니다.

　오늘 아침, 나는 잠 깨어 발견했네.
　내가 경전들을 베개로 써왔다는 것을.
　나는 우주를 다시 만들려고 준비하는
　부지런한 벌들의 즐거운 윙윙 소리를 듣네.
　사랑하는 이들이여, 다시 세우는 일에는
　수천 번의 생이 필요할지 모르네.
　하지만 그것은 그만큼의 세월 이전에

이미 완성되었네.[3]

붓다는 "나의 수행은 행동하지 않음, 수행하지 않음, 깨닫지 않음이다."라고 말했습니다.[4] 그것은 우리가 찾는 것이 우리 바깥에 있지 않다는 것을 의미합니다.

세 가지 법의 도장, 네 가지 고귀한 진리, 그리고 고귀한 여덟 가지 길을 갖고 있지 않은 가르침은 그 어떤 것도 진정으로 불교적인 것이 아닙니다. 하지만 때때로 오직 두 가지 법의 도장인 고통과 열반이 설해집니다. 때로는 네 가지 법의 도장인 무상, 무아, 열반, 그리고 고통이 설해집니다. 하지만 고통은 존재의 기본적인 요소가 아닙니다. 그것은 하나의 느낌입니다. 무상하고 자아가 없는 어떤 것이 영원하고 자아가 있다고 주장할 때, 우리는 고통을 겪습니다. 붓다는 고통이 존재할 때, 그것을 확인하고 그 고통을 변화시키기 위해 필요한 것들을 해야 한다고 가르쳤습니다. 그는 고통이 언제나 존재한다고 가르치지 않았습니다. 대승불교에는 하나의 법의 도장, 진정한 표시의 도장(the Seal of True Mark)이라는 가르침도 존재합니다. 한 가지, 두 가지, 그리고 네 가지 법의 도장에 대한 가르침은 모두 붓다가 열반한 후에 도입되었습니다.

우리는 깨달음을 얻기 위해 세 가지 법의 도장을 수행합니다. 만

3.　Thich Nhat Hanh, "Butterflies over the Golden Mustard Fields", *Call Me by My True Names*

4.　『사십이장경』.

일 세 가지 법의 도장에 대한 5,000쪽의 책 한 권을 암기하고도 그 가르침을 일상의 삶에 적용하지 않는다면, 그 책은 쓸모가 없습니다. 오로지 우리의 지성을 이용하고 그 가르침을 실천할 때에만 가르침이 행복을 가져올 수 있습니다. 수행의 토대를 성공과 실패라는 자신의 삶과 경험에 두십시오. 붓다의 가르침들은 보석입니다. 하지만 그것들에 온전히 접촉하기 위해서는 깊이 파야만 합니다.

※

우리가 경전 사이에서 길을 찾고 하나의 가르침이 법에 대한 바른 이해에 해당하는지를 알아볼 수 있게 하는 다른 척도가 있습니다. 바로 두 가지 적합함[二義], 진리의 네 가지 표준[四悉檀], 그리고 네 가지 의존[四依]입니다.

두 가지 적합함 가운데 첫 번째는 "본질에 대한 적합함"입니다. 본질은 세 가지 법의 도장입니다. 만일 어떤 사람이 법을 가르친다면, 그 사람이 말하는 것은 무상, 무아, 그리고 열반에 대한 붓다의 가르침에 상응하는 것이어야만 합니다. 세 가지 법의 도장을 깊이 이해하면 그것들을 일상의 삶에서 구체적으로 적용할 수 있을 것입니다.

두 번째 적합함은 "상황에 대한 적합함"입니다. 어떤 사람이 법을 나눌 때, 그가 말하는 것은 그 가르침이 적절할 수 있도록 반드시 그 상황과 말하고 있는 대상의 성향에 알맞은 것이어야 합니다. 만일 그것이 적절하지 않다면, 그것이 설령 법처럼 들린다 할지라도 진정한 법이 아닙니다. 그 사람은 붓다의 말들을 단순히 되풀이해서는 안 됩니다. 만일 그 사람이 테이프 플레이어처럼 행동하고, 그저 카세트 테이프를 넣는다면 그것은 상황에 대한 적합함이 있는 말하기가 아닙니다. 그는 내가 누구에게 말하고 있는가를 물어야만 합니다. 그들의 삶은 어떤 단계에 있는가? 그들의 믿음, 관심, 그리고 바람은 어떤 것들인가? 이런 식으로 깊이 들여다보면 그가 하는 말에 사랑과 자비가 생길 것입니다. 환자의 병을 알지 못한 채 바른 약을 줄 수는 없습니다.

법에 대해 토론할 때 우리가 하는 각각의 말은 본질과 상황에 적합한 것이어야 합니다. 무상, 무아, 그리고 열반의 가르침에 상응하는 말을 하십시오. 그리고 거기 있는 사람들에게 그들의 경험, 그들의 지식, 그리고 그들의 통찰을 고려하면서 직접적으로 말하십시오. 거기에는 어쩌면 우리가 중요하다고 생각하지만 이 특정한 집단에게는 말할 수 없는 것들이 있을 것입니다. 두 가지 적합함을 위해 우리는 방편, 인내, 그리고 보살핌으로 말해야 합니다.

✕

진리의 네 가지 표준(siddhanta)은 붓다의 가르침을 이해하도록 돕는 또 다른 지침입니다. 첫 번째 표준은 "이 세상의 것들"입니다. 그 가르침은 세상의 언어로 제시되었고 세상에 있는 사람들이 이해할 수 있게 하기 위한 것입니다. 우리는 현대의 우주론, 예술, 철학, 형이상학 등을 고려해야 하고 그것들을 다루어야 합니다. 예를 들면 우리는 한 주에 있는 날들을 월요일, 화요일, 수요일 등이라고 부릅니다. 우리는 진리를 상대적으로 표현하기 위해, 그리고 편리함을 위해 시간을 날, 달, 그리고 해로 나눕니다. 붓다가 우리에게 자신이 룸비니에서 태어났다고 말한 것은 첫 번째 표준에 부합하는 것입니다.

두 번째 표준은 "그 사람"입니다. 우리는 붓다의 가르침을 읽을 때, 그것이 듣는 사람들의 필요와 바람에 따라 달라졌다는 것을 기억해야 합니다. 붓다가 가르칠 때는 특정한 집단을 깊이 자각하고 있었고, 그가 말한 것은 그들에게 특정하게 설해진 것이었습니다.

세 번째 표준은 "치유"입니다. 붓다가 말할 때, 그것은 언제나 그가 설하고 있는 사람들의 특정한 병을 치료하기 위한 것이었습니다. 모든 사람은 치유되어야만 하는 어떤 병을 갖고 있습니다. 치유를 표현하기 위해서 말할 때, 그 말은 언제나 도움이 될 것입니다.

네 번째 표준은 "절대적인 것"입니다. 붓다는 절대적 진리를 직접적으로, 명확하게 표현했습니다. 그는 사람들이 믿지 않거나 자신에게 동의하지 않을 때조차도 자아는 없다고 말했습니다. 그는 그것이 사실임을 알았기 때문에 그렇게 말했습니다. 15세기의 탐험가들은 자신이 한 말 때문에 설령 감옥에 간다 할지라도 지구는 둥글다고 말했습니다. 경전을 읽을 때 우리는 그것을 이해하기 위하여 이 진리의 네 가지 표준을 이용할 수 있습니다.

✄

우리가 법을 공부하도록 돕는 세 번째 목록은 네 가지 의존이라고 불리는 것입니다. 그것은 붓다가 아니라 후대의 스승들에 의해서 만들어졌습니다. 첫 번째 의존은 우리가 사람이 아니라 가르침에 의존해야 한다는 것입니다. 그것은 자신이 가르치는 모든 것을 수행하지 않는 스승으로부터도 배울 수 있다는 것을 의미합니다. 나의 5학년 때 스승인 리엔 선생님은 종종 높은 굽의 구두를 신었습니다. 어느 날 선생님은 칠판에 "절대 굽이 높은 신발을 신지 마십시오. 발목을 삘 수도 있습니다."라고 썼습니다. 나는 그 선생님이 왜 그 가르침을 자신에게 적용하지 않는지 이해할 수 없었습니다. 담배를 많이 피우는 또 다른 선생님은 흡연이 건강에 끼치는 해로움에 대해서 가르쳤습니다. 심지어 60년 전에 말입니다! 교실에 있던 아이들 모두 웃었고 선생님은, "내가 말한 대로 해라, 내가 행동하는 대로가 아니라."라고 대답했습니다. 나중에 내가 불교학 연구소에 다닐 때, 우리는 만일 귀중한 보석이 쓰레기통에 있다면 손을 더럽혀야 한다고 들었습니다. 모든 경전을 암기했던 스님을 기억하십시오. 그는 편안한 사람이거나 좋은 수행자는 아니었습니다. 하지만 다른 스님들은 경전을 받아 적기 위해서 그 스님을 인내하고, 스님이 그것들을 암기하도록 격려해야 했습니다.

나에게 스승과 제자의 관계는 스승이 수행을 해왔고 그가 가르치는 것을 계속해서 수행한다는 믿음에 바탕을 둔 것입니다. 이것은 예를 통한, 우리가 사는 방식을 통한 가르침입니다. 아마도 옛 스승들은 자신의 삶의 예를 통해 가르칠 수 있는 사람을 찾기가 매우 힘들고, 만일 그런 사람이 나타나기를 그저 기다리기만 한다면, 지금 만날 수 있는 가르침에서 이로움을 얻을 기회를 놓칠 것이라고 생각했을 것입니다.

두 번째 의존은 붓다가 절대적 진리의 측면에서 가르친 경전들에 의존하고, 그 수단이 상대적인 진리였던 경전들에는 의존하지 않는 것입니다. 나는 이 표준에 대해서도 불편하게 느낍니다. 왜냐하면 그것은 우리에게 절대적 진리의 수단에 의해 설명하고 있는 경전들이 상대적 진리의 수단에 의해 설명하는 경전들과 어떻게 관련되어 있는지를 보여주지 않기 때문입니다. 실제로 절대적 진리를 가르치는 경전들은 상대적인 진리를 가르치는 경전들에 비추어서 더 잘 이해될 수 있습니다. 우리는 다섯 가지 마음챙김의 수행•5과 같은 실제적인 문제들에 대한 경전은 주목받을 가치가 없고 오직 『화엄경』이나 『법화경』을 공부해야 된다고 생각해서는 안 됩니다.•6 우리는 실제적인 경전들에서 덜 실제적인 경전들로 가는 법을 배워야 합니다. 가장 기본적인 경전에 대한 이해를 바탕으로 자신을 훈련시킬 때, 우리는 더 심오한 것을 더 쉽게 이해할 수 있을 것입니다.

세 번째 의존은 말이 아니라 의미에 의존해야 한다는 것입니다. 붓다가 가르치는 방식에 대한 전반적인 견해를 갖고 어떤 특정한 가르침의 맥락과 상황을 이해하면, 붓다의 말을 맥락 밖에서 부적절하게 추정하거나 이용하지 않을 것입니다. 그러면 부적절한 전승에 의한 실수가 있을 때 우리 스스로 그것을 고칠 수 있을 것입니다.

네 번째 의존은 우리가 구별과 분별(vijñana)이 아니라 깊이 들여다보는 통찰(jñana)에 의존해야 한다는 것입니다. 하지만 우리가 경전을 읽고 있을 때는 분별할 수 있는 것이 중요합니다. 그럼으로써 우리는 진리의 네 가지 표준 가운데 어떤 것에 따라서 붓다가 가르치고 있는지를 알 수 있습니다. 우리는 분별하지 않는 지혜뿐만 아니라 분별하는 지혜에도 의존할 수 있습니다.

두 가지 진리, 세 가지 법의 도장, 두 가지 의존, 진리의 네 가지 표준, 그리고 해탈의 세 가지 문에 대한 가르침들은 붓다가 가르칠 때 썼던 언어를 이해할 수 있도록 도와줍니다. 붓다의 언어에 대해 이해하지 않고 붓다를 이해할 수는 없습니다.

5. *Upasaka Sutra*(『우바새경』, 중아함경 128), *Anguttara Nikaya* Ⅲ, 211. Thich Nhat Hanh, *For a Future to Be Possible*, PP. 199~247.

6. Thich Nhat Hanh, *Cultivating the Mind of Love* 참조.

19장

세 가지 해탈의 문[三解脫門]

세 가지 법의 도장•1은 우리가 세 가지 해탈의 문인 공성[空, shunyata], 모양 없음[無相, animitta], 바람 없음[無願, apranihita]으로 들어가기 위해 쓸 수 있는 열쇠입니다. 불교의 모든 학파는 세 가지 해탈의 문에 대한 가르침을 받아들입니다.•2 세 가지 문은 때때로 세 가지 집중이라고도 불립니다.•3 이 문들로 들어갈 때, 우리는 집중에 머물고, 두려움, 혼란, 그리고 슬픔으로부터 해방됩니다.

첫 번째 해탈의 문은 공성, 순야타(shunyata)입니다. 공성은 언제나 무엇인가의 비어 있음을 의미합니다. 컵에는 물이 없습니다. 그릇에는 수프가 없습니다. 우리에게는 분리되고 독립적인 자아가 없습니다. 우리는 혼자서 단독으로 존재할 수 없습니다. 오직 우주에 있는 다른 모든 것들과 서로 연결되어 존재할 수 있습니다. 수행은 하루 종일 공성에 대한 통찰에 자양을 주는 것입니다. 우리가 어디를 가든 만나는 모든 것에서 공성의 본성에 접촉합니다. 우리는 책상, 푸른 하늘, 친구, 산, 강, 우리의 화, 그리고 행복을 깊이 들여다보고 이 모두에 분리된 자아가 없음을 봅니다. 이것들에 깊이 접촉하면 우리는 그 모든 것이 서로 연결되어 있고 서로 스며드는 본성임을 봅니다. 공성은 비존재가 아닙니다. 그것은 연기, 무상, 그리고 무아를 의미합니다.

처음 공성에 대해서 들으면 약간 놀라움을 느낍니다. 하지만 한 동안 수행하고 난 후, 우리는 사물들이 존재하지만 우리가 생각하는 것과는 다른 방식으로 존재한다는 것을 봅니다. 공성은 존재와 비존재 사이의 중도입니다. 아름다운 꽃은 그것이 시들고 죽을 때 텅 빈 것이 되지 않습니다. 그것은 이미 그 본질에서 비어 있습니다. 깊이 들여다보면 우리는 꽃이 꽃 아닌 요소들, 즉 빛, 공간, 구름, 땅, 그리고 의식으로 이루어져 있음을 압니다. 그것은 분리되고 독립적인 자아를 갖고 있지 않습니다. 『금강경』에서, 우리는 인간이 다른 종들로부터 독립적이지 않다고 배웁니다. 그러므로 인간을 보호하기 위해서는 인간이 아닌 종들을 보호해야 합니다. 만일 우리가 물과 공기, 채소와 무기물을 오염시킨다면, 그것은 우리 자신을 파괴하는 것입니다. 우리는 거짓된 경계를 해체하기 위해서 우리가 우리 바깥에 있다고 생각했던 것들 속에서 우리 자신을 보는 것을 배워야 합니다.

베트남에는 말 한 마리가 아프면 마구간에 있는 모든 말들이 먹지 않는다는 말이 있습니다. 우리의 행복과 고통은 다른 이들의 행복과 고통입니다. 우리가 무아에 바탕을 두고 행동할 때, 그 행위는 현실과 조화를 이룰 것입니다. 그리고 무엇을 해야 할지, 무엇을 하지 말아야 할지를 알 것입니다. 우리 모두가 서로 연결되어 있다는 자각을 유

---

1. 무상, 무아, 그리고 열반(18장 참조).
2. 상좌부는 이 훌륭한 가르침을 강조하지는 않지만 상좌부에도 이 가르침이 있다.
3. 15장 바른 집중 참조.

지할 때, 이것은 공성에 대한 집중[空三昧, shunyata samadhi]입니다. 현실은 존재와 비존재라는 개념을 넘어섭니다. 꽃이 존재한다고 말하는 것은 정확히 옳은 것은 아닙니다. 하지만 꽃이 존재하지 않는다고 말하는 것 또한 옳지 않습니다. 진정한 공성은 "경이로운 존재"라고 불립니다. 왜냐하면 그것은 존재와 비존재를 초월하기 때문입니다.

우리가 먹을 때, 우리는 공성이라고 불리는 해탈의 문을 수행해야 합니다. "나는 이 음식입니다. 이 음식은 나입니다." 어느 날 캐나다에서 공동체와 함께 점심을 먹고 있었는데, 한 제자가 나를 보고 말했습니다. "저는 스승님께 자양을 주고 있습니다." 그는 공성에 대한 집중을 수행하고 있었습니다. 우리가 음식 접시를 볼 때면 언제나 음식의 무상과 무아의 본질에 대해서 명상할 수 있습니다. 이것은 깊은 수행입니다. 왜냐하면 그것은 우리가 연기를 보도록 도울 것이기 때문입니다. 먹는 사람 그리고 먹히는 음식은 둘 다 그 본성에 있어 비어 있습니다. 바로 그 이유 때문에 그들 사이의 소통은 완벽합니다. 우리가 느긋하고 편안한 방식으로 걷기 명상을 수행할 때도 똑같습니다. 우리는 우리 자신만을 위해서가 아니라 세상을 위해서 발걸음을 내딛는 것입니다. 다른 사람들을 볼 때, 우리는 그들의 행복과 고통, 그리고 우리의 행복과 고통이 어떻게 연결되어 있는지를 봅니다. "평화는 나와 함께 시작됩니다."

우리가 소중히 여기는 모든 사람은 어느 날 병들고 죽게 될 것입니다. 만일 우리가 공성에 대한 명상을 수행하지 않는다면 그런 일이 닥칠 때 어쩔 줄 모르게 될 것입니다. 공성에 대한 집중은 있는 그대로의 삶에 접촉한 채 있게 하는 길입니다. 하지만 그것은 단지 말로만 하는 것이 아니라 수행해야 하는 것입니다. 우리는 우리 몸을 관찰하고 그것이 존재하게 한 모든 원인과 조건들, 즉 우리의 부모, 우리나라, 공기, 심지어 미래 세대들을 봅니다. 우리는 시간과 공간, 나와 나의 것을 초월하고 진정한 해탈을 맛봅니다. 만일 우리가 공성을 오직 철학으로서 공부한다면 그것은 해탈의 문이 아닐 것입니다. 공성은 우리가 그것을 깊이 꿰뚫을 때, 그리고 모든 것들의 연기, 서로 연결되어 있음의 본성을 깨달을 때 해탈의 문입니다.

두 번째 해탈의 문은 모양 없음[無相], 아니미따(animitta)입니다. "모양"은 여기서 겉모습 혹은 우리 지각의 대상을 의미합니다. 우리가 어떤 것을 볼 때, 모양이나 이미지가 우리에게 나타납니다. 그것이 "모양[相, lakshana]"입니다. 예를 들어 만일 물이 네모난 그릇에 담겨 있다면 그것의 모양은 "네모난 것"입니다. 만일 둥근 그릇이라면 그것의 모양은 "둥근 것"입니다. 우리가 냉동실을 열고 얼음을 꺼낼 때, 그 물의 모양은 단단합니다. 화학자들은 물을 "H_2O"라고 부릅니다. 산 위의 눈과 주전자에서 나오는 수증기도 또한 H_2O입니다. H_2O가 둥근 것인가 네모난 것인가, 액체인가, 기체인가, 혹은 고체인가는 상황에 따라 다릅니다. 모양은 우리가 쓰기 위한 도구입니다. 하지만 그것들은 절대적 진리가 아니며 우리를 잘못 이끌 수 있습니다. 『금강경』은 "모양이 있는 곳에는 어디에나 속임수와 환상이 있다."라고 말합니다. 지각은 종종 지각의 대상에 대한 것만큼이나 지각하는 사람에 대해서 말합니다. 겉모습은 속일 수 있습니다.

모양 없음[無相]에 대한 집중을 수행하는 것은 우리가 우리 자신을 자유롭게 하기 위해 필요합니다. 모양을 뚫고 갈 수 있을 때까지,

우리는 현실에 접촉할 수 없습니다. 우리가 둥근, 네모난, 고체, 액체, 기체와 같은 모양에 갇혀 있는 한 우리는 고통을 겪을 것입니다. 그 어느 것도 단지 하나의 모양이라는 측면에서만 설명될 수는 없습니다. 하지만 모양이 없으면 우리는 불안을 느낍니다. 우리의 두려움과 집착은 모양에 갇혀 있는 것에서 옵니다. 모양 없음이라는 사물의 본성에 접촉할 때까지, 우리는 계속해서 두려워하고 고통을 겪을 것입니다. 우리가 H_2O에 접촉할 수 있기 전에, 우리는 네모, 둥글음, 단단함, 무거움, 가벼움, 위, 그리고 아래와 같은 모양을 내려놓아야 합니다. 물은 그 자체로는 네모난 것도, 둥근 것도, 단단한 것도 아닙니다. 모양으로부터 우리 자신을 자유롭게 할 때, 우리는 현실의 핵심에 들어갈 수 있습니다. 하늘에 있는 바다를 볼 수 있을 때까지, 우리는 여전히 모양에 갇혀 있는 것입니다.

가장 큰 위안은 우리가 모양의 경계를 깨고 모양 없음의 세계, 열반에 접촉할 때입니다. 우리가 모양 없는 세계를 발견하기 위해서는 어디를 보아야 할까요? 바로 여기 모양의 세계입니다. 만일 물을 버린다면, 우리에게는 물의 본질에 접촉할 길이 없을 것입니다. 우리가 물의 모양을 꿰뚫고 나아갈 때 물에 접촉하고, 서로 연결되어 있음의 진정한 본성을 봅니다. 거기에는 물, 물이 아님, 진정한 물이라는 세 단계가 있습니다. 진정한 물은 물의 본질입니다. 그것의 존재의 토대는 태어남과 죽음으로부터 자유롭습니다. 그것에 접촉할 수 있을 때, 우리는 그 어느 것도 두렵지 않을 것입니다.

"만일 모양의 모양 없음을 본다면 여래를 본다[若見諸相非相卽見如來]." 이것은 『금강경』의 한 문장입니다. 여래(Tathagata)는 "현실의 경이로운 본성"●4을 의미합니다. 물의 경이로운 본성을 보기 위해서는 물의 모양(겉모습)을 넘어서 보아야 합니다. 그리고 그것이 물이 아닌 요소들로 이루어졌음을 보아야 합니다. 만일 우리가 물이 오직 물일 뿐이라고 생각한다면, 그것이 태양, 지구, 혹은 꽃일 수 없다고 생각한다면, 그것은 옳지 않습니다. 물이 태양이고 지구이고 꽃임을 본다면, 우리는 그저 태양이나 지구를 봄으로써 물을 볼 수 있습니다. 이것은 "모양의 모양 없음"입니다. 바나나 껍질, 죽은 잎들, 혹은 썩어 가는 가지들을 바라보는 유기농 정원사는 그것들 안에서 꽃과 열매, 그리고 채소들을 볼 수 있습니다. 그 정원사는 꽃과 열매, 그리고 쓰레기의 무아의 본성을 볼 수 있습니다. 이 통찰을 다른 모든 영역에 적용할 수 있을 때, 정원사는 완전한 깨달음을 얻을 것입니다.

정치인, 경제인, 그리고 교육자는 모양 없음을 수행해야 합니다. 우리는 많은 젊은이들을 감옥에 가둡니다. 하지만 우리가 만일 모양 없음에 대해 명상한다면, 그들의 폭력이 어디에서 왔는지를 발견할 것입니다. 우리의 사회는 어떠합니까? 우리의 가족은 어떻게 구성되어 있습니까? 학교에서는 어떤 것들을 가르칩니까? 왜 모든 비난을 젊은 사람들에게 돌려야 하나요? 우리는 왜 우리 자신의 공동 책임을 인정하지 않습니까? 젊은 사람들은 그들 자신 그리고 다른 이들을 해롭게 합니다. 왜냐하면 그들에게 삶이 아무런 의미가 없기 때문입니다. 만일 우리가 삶의 방식을 계속 고수하고 똑같은 방식으로 사회를

---

4. 20장 각주 3의 정의도 참조.

꾸려간다면 감옥에 갇혀야 할 수천 명의 젊은 사람들을 계속해서 양산할 것입니다.

모양 없음은 단순한 하나의 생각이 아닙니다. 우리가 아이들을 깊이 들여다볼 때, 우리는 그들을 낳은 모든 요소들을 봅니다. 그들은 그들이 존재하는 방식으로 존재합니다. 그것은 우리의 문화, 경제, 사회, 그리고 우리 자신이 그런 방식으로 존재하기 때문입니다. 일이 잘 못되어갈 때 우리는 그저 아이들을 탓할 수만은 없습니다. 많은 원인과 조건들이 작용해왔습니다. 우리가 우리 자신과 우리 사회를 어떻게 변화시킬지를 알면 우리의 아이들 역시 변화할 것입니다.

우리의 아이들은 학교에서 그들이 생계를 꾸려가는 데 도움이 될 수 있는 읽기, 쓰기, 수학, 과학, 그리고 다른 과목들을 배웁니다. 그러나 젊은이들에게 어떻게 살 것인지, 그러니까 화를 어떻게 다룰지, 갈등을 어떻게 화해시킬지, 숨을 어떻게 쉬고, 미소 짓고, 내적인 형성을 변화시킬지를 가르치는 학교 프로그램은 극소수입니다. 교육에서는 혁명이 필요합니다. 우리는 학교가 평화와 조화 속에서 사는 삶의 기술을 학생들에게 수련하게 하도록 해야 합니다. 읽고, 쓰고, 혹은 수학 문제를 푸는 것을 배우는 것은 쉽지 않습니다. 하지만 아이들은 어떻게든 그것을 배웁니다. 어떻게 숨을 쉬고, 미소 짓고, 화를 변화시킬지를 배우는 것 또한 어려운 것일 수 있습니다. 하지만 나는 많은 젊은 사람들이 그것을 배우는 데 성공하는 것을 보아왔습니다. 우리가 아이들을 제대로 가르친다면, 아이들이 열두 살이 될 때 다른 이들과 조화롭게 사는 법을 알게 될 것입니다.

모양을 넘어서 갈 수 있을 때, 우리는 두려움이 없고 비난이 없는 세계로 들어갑니다. 우리는 시간과 공간을 넘어서 꽃, 물, 그리고 우리의 아이를 볼 수 있습니다. 우리는 조상들이 바로 지금, 바로 여기에서 우리 안에 존재한다는 것을 압니다. 우리는 붓다, 예수, 그리고 다른 모든 영적 스승들이 죽지 않았다는 것을 봅니다. 붓다는 2,600년 전에 갇힐 수 없습니다. 꽃은 그것이 짧게 꽃피는 시절에 갇힐 수 없습니다. 모든 것은 모양에 의해 나타납니다. 만일 우리가 모양에 갇힌다면 우리는 그 특정한 나타남을 잃어버릴까 두려워하게 됩니다.

플럼 빌리지에 살았던 여덟 살 소년이 갑자기 세상을 떠났을 때, 나는 그의 아버지에게 그가 숨 쉬는 공기 속에서, 그의 발 아래 있는 풀잎들에서 아들의 존재를 온전히 자각하라고 말했습니다. 그리고 그는 그렇게 할 수 있었습니다. 잘 알려진 베트남의 명상 스승이 세상을 떠났을 때 그의 제자는 이런 시를 썼습니다.

법의 형제들이여, 모양에 집착하지 마시게.
우리 주변에 있는 산과 들이 우리의 스승이라네.•⁵

『금강경』은 네 가지의 모양인 자아[我相], 사람[人相], 살아 있는 존재[衆生相], 그리고 수명[壽者相]을 열거합니다. 우리는 "자아"라는 모양에 갇힙니다. 왜냐하면 우리는 자아가 아닌 것들이 있다고 생각하기 때문입니다. 하지만 깊이 들여다보면 거기 어떤 분리되고 독립

---

5. 그 제자는 리(Ly) 시대(1010~1225) 궁궐의 관리였다. 그의 이름은 도안 반 캄(Doan Van Kham)이었다.

적인 자아가 없다는 것을 봅니다. 그리고 자아의 모양에서 자유로워집니다. 우리는 우리 자신을 보호하기 위해서, 우리 자신이 아닌 모든 것들을 보호해야만 한다는 것을 압니다.

우리는 "사람"의 모양에 갇힙니다. 우리는 인간을 동물, 나무, 그리고 바위로부터 분리합니다. 그리고 인간이 아닌 것들, 즉 물고기, 소, 식물, 지구, 공기, 바다 등은 인간이 이용하기 위해서 존재한다고 생각합니다. 다른 종들도 먹을 것을 사냥합니다. 하지만 인간과 같은 착취의 방식으로는 아닙니다. 우리가 우리 자신의 종을 깊이 들여다보면 우리는 그 안에서 인간이 아닌 요소들을 볼 수 있습니다. 그리고 우리가 동물, 식물, 그리고 무기물의 세계를 깊이 들여다볼 때 그들 안에서 인간의 요소를 봅니다. 우리가 모양 없음에 대한 집중을 수행할 때 다른 모든 종들과 조화롭게 삽니다.

세 번째 모양은 "살아 있는 존재"입니다. 우리는 살아 있는 존재들이 살아 있지 않은 존재들과 다르다고 생각합니다. 하지만 살아 있거나 지각력이 있는 존재들은 살아 있지 않거나 지각력이 없는 종들로 이루어져 있습니다. 우리가 소위 살아 있지 않은 종들, 이를테면 공기나 강과 같은 것들을 오염시키면 살아 있는 것들 또한 오염시킵니다. 만일 우리가 살아 있는 존재들과 살아 있지 않은 존재들이 연결되어 있음을 깊이 본다면, 이런 식으로 행동하는 것을 멈출 것입니다.

네 번째 모양은 "수명", 우리의 태어남과 죽음 사이의 시간입니다. 우리는 시작과 끝이 있는 특정한 시간 동안 살아 있다고 생각합니다. 하지만 깊이 들여다보면 우리는 우리가 결코 태어난 적이 없고 결코 죽지 않을 것임을 봅니다. 그리고 두려움은 사라집니다. 마음챙김,

집중, 세 가지 법의 도장과 함께, 우리는 모양 없음이라고 불리는 해탈의 문을 열고 가장 큰 위안을 얻을 수 있습니다.

세 번째 법의 해탈의 문은 바람 없음[無願], 아프라니히따 (apranihita)입니다. 거기에는 아무 할 일도 없고, 깨달을 것도 없고, 어떤 프로그램도 없고, 어떤 의제도 없습니다. 이것은 종말론에 대한 불교의 가르침입니다. 장미는 그 어떤 것을 해야만 할까요? 아닙니다. 장미의 목적은 장미로 존재하는 것입니다. 우리의 목적은 우리 자신으로 존재하는 것입니다. 우리는 다른 누군가가 되기 위해 어딘가로 달려가지 않아도 됩니다. 붓다의 이 가르침은 우리가 우리 자신, 파란 하늘, 그리고 현재의 순간에 새로움과 치유를 가져오는 모든 것들을 즐길 수 있게 합니다.

우리 앞에 무엇인가를 설정해놓고 그것을 쫓아갈 필요가 전혀 없습니다. 우리는 이미 우리가 찾고 있는 모든 것, 우리가 되고 싶어 하는 모든 것을 가지고 있습니다. 우리는 이미 붓다입니다. 그러므로 왜 그저 또 다른 붓다의 손을 잡고 걷기 명상을 수행하지 않습니까? 이것은 『화엄경』의 가르침입니다. 여러분 자신이 되십시오. 삶은 그 자체로 소중합니다. 우리의 행복을 위한 모든 조건들은 이미 여기에 있습니다. 달리거나, 애를 쓰거나, 찾거나, 고군분투할 필요가 전혀 없습니다. 그저 존재하십시오. 그저 이 순간에 이곳에서 존재하는 것은 가장 깊은 명상의 수행입니다. 대부분의 사람들은 가야 할 특별한 곳 없이 그저 걷는 것만으로 충분하다는 것을 믿지 못합니다. 그들은 애를 쓰고 경쟁하는 것이 정상적이고, 필요한 것이라고 생각합니다. 그저 5분 동안 바람 없음을 수행해보십시오. 그러면 그 5분 동안 우리가 얼마나 행복한지를 볼 것입니다.

『반야심경』은 "얻을 것이 없다[無得]."라고 말합니다. 우리는 깨달음을 얻기 위해서 명상하는 것이 아닙니다. 왜냐하면 깨달음이 이미 우리 안에 있기 때문입니다. 우리는 그 어느 곳도 찾을 필요가 없습니다. 우리에게는 목적이나 목표가 필요하지 않습니다. 우리는 어떤 높은 지위를 얻기 위해 수행하지 않습니다. 바람 없음 가운데서, 우리는 그 어느 것도 결여하고 있지 않다는 것, 그리고 이미 우리가 되고 싶어 하는 바로 그 존재라는 것을 봅니다. 그리고 우리의 애씀은 그저 멈추어집니다. 우리는 그저 햇빛이 창문으로 들어오는 것을 보며 혹은 빗소리를 들으며 현재의 순간에 평화롭게 있습니다. 그 어떤 것도 쫓아갈 필요가 없습니다. 우리는 모든 순간을 즐길 수 있습니다. 사람들은 열반에 들어가는 것에 대해 말합니다. 하지만 우리는 이미 거기에 있습니다. 바람 없음과 열반은 하나입니다.

오늘 아침에 깨어나며, 나는 미소 짓네.
새로운 스물네 시간이 내 앞에 있네.
나는 각각의 순간에 온전히 살기를,
그리고 사랑의 눈으로 모든 존재들을 바라보기를 서원하네.●6

이 스물네 시간은 소중한 선물입니다. 그 선물은 우리가 세 번째 해탈의 문, 바람 없음을 열었을 때만 온전히 받을 수 있는 선물입니다. 만일 우리가 특정한 목적을 성취하기 위한 스물네 시간이 있다고 생각한다면, 오늘은 목표를 성취하기 위한 수단이 됩니다. 장작을 패고 물을 길어 나르는 순간이 행복의 순간입니다. 우리는 행복해지기 위해서 이 허드렛일이 끝나기를 기다리지 않아도 됩니다. 이 순간에 행복을 갖는 것은 바람 없음의 정신입니다. 그렇지 않으면 우리는 생의 나머지 시간 동안 쳇바퀴를 돌 것입니다. 우리는 이 순간을 우리 삶의 가장 행복한 순간으로 만들기 위해 필요한 모든 것을 갖고 있습니다. 설령 감기에 걸렸거나 두통이 있을지라도… 우리는 행복해지기 위해서 감기가 나을 때까지 기다리지 않아도 됩니다. 감기에 걸리는 것은 삶의 일부입니다.

누군가가 나에게 물었습니다. "세상의 상태에 대해 걱정스럽지 않으세요?" 나는 내 자신이 숨을 쉬게 한 다음 "가장 중요한 것은 세상에서 일어나는 일에 대한 불안이 여러분의 마음을 가득 채우지 않게 하는 것입니다. 만일 마음이 불안으로 가득 차 있다면, 여러분은 아프게 되고, 도움을 줄 수 없을 것입니다."라고 말했습니다. 많은 곳에 크고 작은 전쟁이 있습니다. 그것으로 우리가 평화를 잃을 수 있습니다. 불안은 우리 시대의 병입니다. 우리는 우리 자신, 가족, 친구들, 일, 그리고 세상의 상황에 대해서 걱정합니다. 만일 걱정이 우리의 마음을 가득 채우게 한다면, 머지않아 우리는 아플 것입니다.

그렇습니다. 세상 모든 곳에 엄청난 고통이 있습니다. 하지만 이 사실을 안다고 해서 무력해질 필요는 없습니다. 만일 우리가 마음챙김의 호흡, 마음챙김의 걷기, 마음챙김의 앉기, 그리고 마음챙김 가운

6.　Thich Nhat Hanh, *Present Moment Wonderful Moment*, p. 3.

데 일하기를 수행한다면, 돕기 위해서 최선을 다한다면, 우리는 마음 속에 평화를 가질 수 있습니다. 걱정한다고 해서 달라지는 것은 없습니다. 설령 스무 배 더 걱정한다 할지라도, 걱정은 세상을 바꾸지 못합니다. 실제로 우리의 불안은 상황을 오직 더 나쁘게 할 뿐입니다. 설령 상황이 우리가 원하는 것과 같지 않다 할지라도, 우리는 여전히 우리가 최선을 다하고 있으며 계속해서 그렇게 할 것이라는 것을 알면서 만족할 수 있습니다. 만일 우리가 어떻게 숨을 쉬고, 어떻게 미소를 짓고, 어떻게 우리 삶의 모든 순간을 깊이 살지를 알지 못한다면, 그 누구도 결코 도울 수 없을 것입니다. 나는 현재의 순간에 행복합니다. 나는 다른 어떤 것도 청하지 않습니다. 나는 그 어떤 또 다른 행복이나 더 많은 행복을 가져올 조건들을 기대하지 않습니다. 가장 중요한 수행은 바람 없음, 어떤 것을 쫓아가지 않는 것, 집착하지 않는 것입니다.

마음챙김의 수행을 만날 만큼 충분한 행운을 가졌던 우리는 우리 삶에 평화와 기쁨을 가져올 책임이 있습니다. 설령 우리 몸과 마음, 혹은 환경에 있는 모든 것이 우리가 원하는 것 그대로가 아닐지라도… 우리에게 행복이 없다면 우리는 다른 이들을 위한 귀의처가 될 수 없습니다. 여러분 자신에게 물으십시오. 나 자신을 행복하게 만들기 위해 나는 무엇을 기다리고 있는가? 나는 왜 지금 행복하지 않은가?

나의 유일한 바람은 여러분이 이것을 보도록 돕는 것입니다. 우리는 어떻게 마음챙김의 수행을 사회의 가장 넓은 스펙트럼에 가져갈 수 있을까요? 우리는 어떻게 행복한 사람들, 그리고 마음챙김의 삶의 예술을 다른 사람들에게 가르쳐줄 수 있는 사람들을 많이 만들어낼 수 있을까요? 폭력을 일으키는 사람들의 숫자는 매우 많습니다. 반면 어떻게 숨을 쉬고 행복을 일굴지를 아는 사람들의 수는 매우 적습니다. 매일매일은 우리에게 스스로 행복할 수 있고, 다른 사람들을 위한 귀의처가 될 수 있는 경이로운 기회를 줍니다.

우리는 다른 어떤 존재도 될 필요가 없습니다. 어떤 특정한 행위를 할 필요도 없습니다. 오직 현재의 순간에 행복하기만 하면 됩니다. 그러면 우리는 사랑하는 사람들과 우리 사회 전체를 위해 도움이 될 수 있습니다. 바람 없음은 멈추는 것, 그리고 이미 가 닿을 수 있는 행복을 깨닫는 것입니다. 만일 행복하기 위해서 얼마나 오래 수행해야 하느냐고 묻는다면 바로 지금 행복할 수 있다고 말할 수 있습니다. 아프라니히따(apranihita), 바람 없음의 수행은 자유의 수행입니다.

20장

붓다의 세 가지 몸[三身]

인간이 사랑, 자유, 그리고 이해와 같은 자질을 체화하고 싶어 하는 것은 자연스럽습니다. 붓다가 "세 가지 몸"을 가진 것으로 표현된 것은 바로 이 정신에 의한 것입니다. 즉 다르마카야(Dharmakaya, 法身)는 깨달음과 행복의 원천, 삼보가카야(Sambhogakaya, 報身)는 축복, 혹은 향유(enjoyment)의 몸, 그리고 니르마나카야(Nirmanakaya, 化身)는 다르마카야에 보내진 수많은 변화된 몸들 가운데 하나로 여겨지는 붓다의 역사적 실현입니다. 카야는 "몸"을 의미합니다.

붓다는 열반에 들기 직전에 제자들에게 이렇게 말했습니다. "벗들이여, 나의 육신은 내일 여기 없을 것이다. 하지만 나의 가르치는 몸(다르마카야)은 언제나 그대들과 함께 있을 것이다. 그것을 결코 그대들 곁을 떠나지 않는 스승으로 여기라. 스스로에게 섬이 되라. 그리고 법에 귀의하라. 법을 그대들의 등불, 그대들의 섬으로 삼으라." 붓다가 의미한 것은 모든 순간에 우리 안에 열려 있는 열반을 만나기 위해서는 법, 이해와 사랑의 길을 수행해야 한다는 것이었습니다. 그것은 다르마카야(법신), 가르침의 몸, 길의 몸, 깨달음과 행복의 원천의 탄생입니다. 법신(다르마카야)의 원래 의미는 상당히 단순한 것이었습니다. 그것은 이해와 사랑을 깨닫는 길입니다.

　법신은 법의 실현입니다. 그것은 언제나 빛나고 늘 모든 것을 일깨웁니다. 나무, 풀, 새, 인간 등 우리가 깨어나도록 돕는 것은 그 어느것이나 법신의 일부입니다. 새가 노래하는 것을 들을 때, 내가 나 자신으로 깊이 돌아가 숨을 쉬고 미소 짓는다면, 그 새는 붓다의 법신을 드러냅니다. 깨어 있는 사람들은 조약돌, 대나무 혹은 아기 울음 속에서 설해지고 있는 법을 들을 수 있습니다. 만일 우리가 깨어 있다면 그 어떤 것도 법의 목소리가 될 수 있습니다. 매일 아침 창문을 열고 빛이 쏟아져 들어오는 것을 볼 때, 그것도 법신의 일부임을 압니다.

　창문을 열며,
　나는 법신을 바라보네.
　삶은 얼마나 경이로운가!
　매 순간에 주의를 기울이며,
　나의 마음은 고요한 강과 같이 맑네.[1]

　살아 있는 법은 단지 경전들 혹은 고무적인 법문의 녹음 테이프나 녹화 테이프의 도서관이 아닙니다. 그것은 일상의 삶에서 나타나는 마음챙김입니다. 여러분이 평화와 기쁨 가운데서 마음챙김으로 걷는 것을 볼 때 깊은 현존이 내 안에서도 일깨워집니다. 여러분이 이

1.　Thich Nhat Hanh, *Present Moment Wonderful Moment*, p. 4.

와 같이 걸을 때, 법신의 태양은 우리 안에서 환하게 빛납니다. 여러분이 자기 자신과 도반들을 잘 보살필 때, 나는 살아 있는 법을 인식합니다. 여러분이 진정으로 거기에 있을 때 법신에 접촉하는 것은 쉽습니다.

법신은 말이나 행동을 통해서만이 아니라 무위(無爲)를 통해서도 표현됩니다. 뜰에 있는 나무를 보십시오. 떡갈나무는 떡갈나무입니다. 그리고 그것은 떡갈나무가 해야만 하는 일의 전부입니다. 우리가 그것을 볼 때면 언제나 안정과 확신을 느낍니다. 그것은 우리에게 숨 쉴 공기, 그리고 여름 날 우리를 보호할 그늘을 줍니다. 만일 떡갈나무가 떡갈나무가 아니라면 우리는 모두 곤경에 빠질 것입니다. 우리는 떡갈나무로부터 법을 배울 수 있습니다. 그러므로 그것이 법신의 일부라고 말할 수 있습니다. 낱낱의 조약돌, 낱낱의 잎, 그리고 낱낱의 꽃은 『법화경』을 가르치고 있습니다.*2 붓다는 그의 법신을 가지고 있습니다. 그리고 붓다가 될 존재들인 우리는 우리 자신의 법신을 통해 법을 표현해야 합니다. 누군가가 뭔가 도전적인 것을 말할 때, 우리가 미소 짓고 호흡으로 돌아갈 수 있다면 우리의 법은 살아 있는 법이 될 것입니다. 그리고 다른 사람들이 그것에 접촉할 수 있을 것입니다. 때때로 무위를 통해서, 많은 것을 할 때보다 더 많이 도울 수 있습니다. 마치 폭풍 한가운데 작은 배에 타고 있는 고요한 사람과 같이 그저 거기 있음으로써 그 상황을 변화시킬 수 있습니다.

법신은 변하지 않는 붓다입니다. 대승의 불교도들은 나중에 법신을 비로자나(Virochana), 존재론적 붓다, 붓다의 영혼, 붓다의 정신, 진정한 붓다, 모든 존재의 토대, 깨달음의 토대라고 불렀습니다. 마침내 법신은 본질, 열반, 그리고 여래장(如來藏, Tathagatagarba)과 같은 것이 되었습니다.[3] 이것은 자연스러운 발전입니다. 하지만 이런 것들에 대해 이야기하는 데만 시간을 보낼 것이 아니라 평화와 마음챙김에 머물러서 우리의 법신에 접촉하는 법을 배우는 것이 훨씬 더 가치 있는 일일 것입니다. 법신에 접촉할 때 우리는 붓다에 접촉합니다. 붓다는 법신이 자신의 육신보다 훨씬 더 중요하다는 것을 매우 분명히 말했습니다. 붓다의 법신이 지속될 수 있도록 붓다는 우리에게 의지하고 우리의 수행에 의지합니다.

삼보가카야(보신)는 붓다의 축복, 향유, 축하, 결과 혹은 보상의 몸입니다. 붓다는 깊이 수행했기 때문에, 끝없는 평화, 기쁨, 그리고 행복을 경험합니다. 그리고 보신은 그의 수행의 열매입니다. 마음챙김을 수행할 때, 우리도 이 열매를 누릴 수 있습니다. 숨을 들이쉬고 파란 하늘을 바라볼 때, 마음챙김 안에서 차를 마실 때, 단지 살아 있는 것만으로 행복을 느낄 수 있습니다. 이것은 우리의 향유의 몸, 보신입니다.

언젠가 신에 대한 믿음이 견고하지 않은 한 기독교인에 대한 이야기를 읽은 적이 있습니다. 그는 아프리카의 정글에서 사냥을 하다가 길을 잃었습니다. 시간이 한참 흘렀지만 아직도 길을 찾지 못한 그는 도움을 구하기 위해 기도를 하기로 마음먹었습니다. 하지만 믿음이 약했기 때문에 그는 약하게 기도했습니다. "신이시여, 만일 당신이

2.   Thich Nhat Hanh, "Beckoning", *Call Me by My True Names*, p. 107.
3.   여래는 붓다의 이름이며 "진여(궁극적 실재)의 세계에서 온 사람"을 의미한다.

계시다면, 부디 지금 와서 저를 구해주소서." 그가 말을 끝내자마자 아프리카 사람이 한 명 나타났습니다. 그 남자가 그에게 마을로 가는 길을 가르쳐주었고 그는 구조되었습니다. 하지만 그때 그는 일기에 이렇게 적었습니다. "나는 신을 불렀다. 그런데 그저 한 흑인이 나타났다." 사실 그를 구조한 남자가 바로 신이었습니다. 하지만 무지했던 까닭에 그는 신을 볼 수 없었습니다. 우리는 그를 구한 남자가 보신이라고 말할 수 있습니다. 붓다와 신은 여러 가지 모습으로 나타납니다. 붓다는 구름 속에만 있는 것이 아닙니다. 그는 우리의 가슴속에, 그리고 다른 수많은 이들의 가슴속에 있습니다.

조화와 평화로움 속에 있는 아름다운 어떤 것에 접촉할 때 우리는 언제나 보신불에 접촉하는 것입니다. 이것은 "자기 향유[自受用]"라고 일컬어집니다. 우리가 행복하고 평화로움을 느낄 때, 우리의 행복과 평화는 우리 주변에서 빛을 발합니다. 그리고 다른 이들도 그것을 누릴 수 있습니다. 이것은 "다른 이들이 우리의 축복의 몸을 향유하는 것[他受用]"이라고 불립니다. 우리가 이와 같이 할 때, 많은 보신들이 세상에 태어납니다. 우리들 각자에게는 다른 이들에게 기쁨을 가져오고 그들이 고통을 덜도록 도울 수 있는 능력이 있습니다. 만일 우리가 우리 자신 안에 있는 깨달음의 씨앗을 계발하는 법을 안다면… 법신과 마찬가지로, 붓다의 보신에도 언제나 가 닿을 수 있을 것입니다. 우리가 그것에 어떻게 접촉하는지를 안다면…

석가모니, 역사적 붓다는 니르마나카야(화신)입니다. 그것은 살아 있는 존재들의 고통을 덜어주도록 돕기 위해 법신의 태양에 의해 세상에 보내진 빛줄기입니다. 석가모니 붓다는 현실의 인간이었습니다.

그리고 법신은 그의 존재에 의해서 실현되었습니다. 살아 있는 붓다는 우리 안에 여전히 실현으로서, 법신의 태양의 빛으로서 존재하고 있습니다. 만일 그 빛이 분명하게 보이지 않는다면 걱정하지 마십시오. 거기에는 법을 설명하는 다른 많은 빛, 또는 나무, 새, 보라색 대나무, 그리고 노란 국화와 같은 변화의 몸(화신)이 있습니다. 석가모니는 이런 변화의 몸 가운데 하나일 뿐입니다. 우리는 붓다를 통해서 또는 이런 다른 것들 가운데 어느 것을 통해서 화신에 접촉할 수 있습니다.

  우리들 각자에게는 세 가지 몸인 법신, 향유하는 몸, 그리고 육신이 있습니다. 부디 자신의 법신, 자신의 축복의 몸, 자신의 변화의 몸을 발견하십시오. 이 몸들은 우리 안에 깊이 존재합니다. 그것은 오직 발견의 문제일 뿐입니다. 우리가 걷기 명상을 수행하고 슬픔과 화의 한 부분을 내려놓을 때, 사물을 깊이 들여다보고 잘못된 지각, 탐욕, 그리고 집착의 어느 부분을 버릴 때, 우리는 법의 몸, 축복의 몸, 그리고 변화의 몸을 자신 안에서 발견합니다. 우리가 자신과 붓다의 이 세 가지 몸에 접촉할 때, 우리는 덜 고통스러울 것입니다. 다르마카야(법신), 삼보가카야(보신), 그리고 니르마나카야(화신)는 열려 있습니다. 여러분 자신이 붓다에 의해 발산된 빛줄기를 만나고 변화될 수 있게 하십시오. 우리가 우리 안에 있는 깨달음의 씨앗을 발견하는 법을 알 때, 우리는 많은 사람들까지도 변화시킬 수 있는 가능성을 깨닫습니다. 붓다는 마음챙김으로 살기 위해서, 수행을 누리기 위해서, 그리고 우리 자신을 변화시키기 위해서 우리에게 의지합니다. 그러므로 우리는 다른 많은 살아 있는 존재들과 붓다의 몸을 나눌 수 있습니다.

21장

~~~~~~

세 가지 보물[三寶]

나는 이 생에 내게 길을 보여주신
붓다에 귀의합니다.

나는 이해와 사랑의 길,
다르마에 귀의합니다.

나는 조화와 자각 속에서 사는 공동체,
상가(sangha)에 귀의합니다.

붓다, 다르마, 그리고 상가에 귀의하는 것은 불교의 핵심적인 수
행입니다. 이것은 종파와 문화적 경계를 뛰어넘는 보편적인 가치입니
다. 어머니의 자궁 안에 있을 때 우리는 안전하다고 느꼈고, 더위나 추
위, 배고픔, 그리고 다른 어떤 어려움도 없었습니다. 귀의처를 찾는 것
은 그와 같이 안전하고, 우리가 의존할 수 있는 곳을 찾는다는 것을 의
미합니다.
　불교에서 믿음(shraddha)은 우리가 스스로 검증하지 않은 이론을

받아들이는 것을 의미하는 것이 아닙니다. 붓다는 우리에게 스스로 보라고 했습니다. 세 가지 보물에 귀의하는 것은 눈 먼 믿음이 아닙니다. 그것은 수행의 열매입니다. 처음에 우리의 붓다는 아마도 우리가 읽은 책이나 우리가 들은 몇 마디의 고무적인 말들, 그리고 한두 번 찾아갔던 공동체, 상가일 수 있을 것입니다. 하지만 계속해서 수행하면 붓다, 다르마, 그리고 상가는 그 자체를 우리에게 더 온전하게 드러냅니다.

믿음은 모든 종교에서 중요합니다. 어떤 사람들은 말합니다. "만일 신을 믿는다면, 그리고 신이 존재하는 것으로 밝혀진다면 우리는 안전할 것이다. 그리고 신이 존재하지 않는다고 해도 우리는 아무것도 잃지 않을 것이다." 신학자들은 "믿음의 도약"을 말합니다. 그것은 마치 아이가 탁자에서 아버지의 팔로 뛰어내리는 것과 같은 것입니다. 아이는 아버지가 자신을 받을 수 있을지 백 퍼센트 확신하지 않습니다. 하지만 뛰어내리기에 충분할 만큼의 믿음을 갖고 있습니다. 불교에서 믿음은 구체적이고, 눈 먼 것이 아니며, 도약도 아닙니다. 그것은 우리 자신의 통찰과 경험에 의해서 형성됩니다. 붓다에 귀의할 때, 우리는 수행의 효과에 대한 경험을 바탕으로, 아름다움, 진실, 그리고 깊은 이해의 방향으로 걸을 수 있는 우리의 능력을 표현합니다. 법에 귀의할 때, 우리는 변화의 길, 고통의 소멸에 이르는 길로 들어갑니다. 상가에 귀의할 때, 우리는 마음챙김과 조화, 그리고 평화로움 속에 머무는 공동체를 만드는 데 에너지를 집중합니다. 세 가지 보물에 직접적으로 접촉하고 변화와 평화를 가져올 수 있는 그것들의 능력을 경험할 때, 우리의 믿음은 강해지고 더 깊어집니다. 세 가지 보물은 관념이 아닙니다. 그것들은 우리의 삶입니다.

중국어와 베트남어로, 수행자들은 언제나 "나는 내 자신 안에 있는 붓다에게 돌아가 의지합니다."라고 말합니다. "내 자신 안에"라는 말을 덧보태는 것은 우리 자신이 붓다라는 것을 분명히 합니다. 우리가 붓다에게 귀의할 때, 우리는 반드시 "붓다가 나에게 귀의합니다."라는 것도 이해해야 합니다. 두 번째 부분 없이는 첫 번째 부분이 완전하지 않습니다. 우리가 나무나 식물들을 심을 때 낭독할 수 있는 게송이 있습니다.

나는 나 자신을 땅에 맡기네.
땅은 그 자신을 나에게 맡기네.
나는 나 자신을 붓다에게 맡기네.
붓다는 그 자신을 나에게 맡기네.

씨앗이나 묘목을 심는 것은 그것을 땅에 맡기는 것입니다. 식물은 땅 덕분에 살거나 죽을 것입니다. 하지만 땅도 또한 식물에게 자신을 맡깁니다. 떨어져 흩어진 잎들은 흙이 살아 있도록 도울 것입니다. 붓다에게 귀의할 때, 우리는 이해의 흙에 자신을 맡깁니다. 그리고 붓다는 이해, 사랑, 그리고 자비가 세상에 살아 있게 하기 위해서 그 자신을 우리에게 맡깁니다. 누군가가 "나는 붓다에 귀의합니다."라고 낭독하는 것을 들을 때마다, 나는 또한 "붓다는 나에게 귀의합니다."라는 말을 듣습니다.

돌아가 내 자신 안에 있는 붓다에 귀의할 때

나는 모든 존재들과 함께,

가장 고귀한 마음(보리심)을 일으키기 위해

위대한 길을 깨닫기를 서원합니다.

돌아가 내 자신 안에 있는 법에 귀의할 때

나는 모든 존재들과 함께,

바다만큼 큰 이해와 지혜를 깨닫기를 서원합니다.

돌아가 내 자신 안의 공동체에 귀의할 때

나는 모든 존재들과 함께,

아무런 장애 없이 공동체 만들기를 도울 것을 서원합니다.

붓다는 생애의 마지막 몇 달 동안 언제나 "다른 어떤 것이 아니라 자기 자신에 귀의하라. 그대 안에 붓다, 법, 그리고 공동체가 있다. 멀리 있는 것들을 찾지 말라. 모든 것이 그대 자신의 마음속에 있다. 스스로에게 섬이 되라."라고 가르쳤습니다. 혼란스럽고, 화가 나고, 혹은 길을 잃었다고 느낄 때마다 마음챙김의 호흡을 수행하고 자신의 섬으로 돌아간다면, 우리는 따뜻한 햇볕, 서늘한 그늘을 드리우는 나무들, 그리고 아름다운 새와 꽃이 가득한 안전한 곳에 있게 될 것입니다. 법은 의식적인 호흡입니다. 공동체는 조화 속에서 작용하는 우리의 다섯 무더기[五蘊]*1입니다.

---

1. 우리 "자아"의 구성 요소인 다섯 무더기(skandhas)에 대한 설명은 23장 참조.

만일 내가 비행기 안에 있고 조종사가, 비행기가 곧 충돌할 것이라는 안내 방송을 한다면 나는 세 가지 귀의를 독송하며 마음챙김의 호흡을 수행할 것입니다. 나는 여러분이 나쁜 소식을 들을 때도 이와 같이 하기를 바랍니다. 하지만 자신의 섬으로 돌아가기 위해 결정적인 순간까지 기다리지 마십시오. 매일 마음챙김으로 살며 그곳으로 돌아가십시오. 수행이 하나의 습관이 된다면 어려움이 일어날 때 자신 안에 있는 세 가지 보물에 접촉하는 것은 쉬운 일일 것입니다. 마음챙김으로 걷고, 숨쉬고, 앉고, 먹는 것은 모두 다 귀의를 위한 길입니다. 이것은 눈 먼 믿음이 아닙니다. 그것은 우리의 실제적인 경험에 바탕을 둔 믿음입니다.

법을 담고 있는 책이나 테이프들은 소중합니다. 하지만 진정한 법은 우리의 삶과 수행을 통해서 드러납니다. 네 가지 고귀한 진리 그리고 고귀한 여덟 가지 길을 수행할 때, 살아 있는 법이 거기 있습니다. 흔히 팔만 사천 개의 법의 문이 있다고 일컬어집니다. 앉기 명상은 하나의 문입니다. 그리고 걷기 명상은 또 다른 문입니다. 법에 귀의하는 것은 가장 적절한 문을 선택하는 것입니다. 법은 커다란 자비, 이해, 그리고 사랑입니다.*2 이 자리들을 실현하기 위해서 우리에게는 공동체가 필요합니다.

공동체는 비구, 비구니, 남성 재가자, 여성 재가자의 네 부분으로 구성되어 있습니다. 거기에는 수행을 뒷받침하는 다른 요소들, 즉 방석, 걷기 명상을 하는 길, 나무, 하늘, 그리고 꽃들도 들어 있습니다. 베트남에는 호랑이가 산을 떠나 낮은 지대로 가면 사람들에게 잡혀 죽을 것이라는 말이 있습니다. 수행자가 공동체를 떠나면 그는 자신의 수행을 버리고 수행자로서 "죽을" 수도 있습니다. 공동체와 함께 수행하는 것은 필수적입니다. 설령 우리가 수행에 대한 깊은 인식을 갖고 있다 할지라도 벗들의 뒷받침 없이 수행을 계속하는 것은 어려울 것입니다.

공동체에 자신을 바치는 것은 매우 가치가 있습니다. 만일 우리가 메마른 땅에 씨앗을 뿌린다면 아주 적은 수의 씨앗들만이 싹을 틔울 것입니다, 하지만 비옥한 땅을 골라 훌륭한 씨앗을 심는다면 그 수확은 풍성할 것입니다. 공동체를 만드는 것, 공동체를 뒷받침하는 것, 공동체와 함께 있는 것, 공동체의 지지와 안내를 받는 것은 곧 수행입니다. 우리에게는 개인의 눈과 공동체의 눈이 있습니다. 공동체가 개인적인 견해에 빛을 비출 때, 우리는 더 분명하게 볼 수 있습니다. 공동체 안에서 우리는 부정적인 습관에 빠지지 않을 것입니다. 공동체 가까이 있으십시오. 공동체에 귀의하십시오. 그러면 우리가 필요로 하는 지혜와 지지를 얻을 것입니다.

공동체의 구성원들이 조화로움 속에서 살 때, 그 공동체는 성스럽습니다. 성스러움이 오직 교황이나 달라이 라마만을 위한 것이라고 생각하지 마십시오. 성스러움은 우리 안에, 그리고 우리의 공동체 안에 있습니다. 공동체가 마음챙김 안에서 함께 앉고, 숨쉬고, 걷고, 먹을 때, 성스러움이 거기에 있습니다. 행복, 기쁨, 그리고 평화로움이 있는 공동체를 만들 때, 우리는 공동체 안에서 성스러움의 요소들을 볼 것입니다. 붓다의 가까운 친구이자 제자였던 프라세나지트

---

2.   두 번째 보물인 법에 대한 더 자세한 설명은 20장 "붓다의 세 가지 몸" 참조.

(Prasenajit) 왕은 붓다에게 말했습니다. "내가 공동체를 볼 때, 나에게는 붓다와 법에 대한 믿음이 일어납니다." 고요하고, 평화롭고, 기쁘고, 자유로운 스님들을 볼 때, 그리고 마음챙김 안에서 걷고, 머물고, 앉는 사람들을 볼 때, 그는 그들 안에서 붓다와 법을 보았습니다. 법과 공동체는 붓다의 마음으로 들어갈 수 있는 문입니다.

어느 날 붓다는 아난다와 함께 코살라에 있는 한 사원에 갔습니다. 이질에 걸린 한 스님을 제외하고는 모든 스님들이 탁발을 하러 나 갔습니다. 그 스님은 지친 채로 누워 있었고, 그의 승복과 침구는 오물로 덮여 있었습니다. 붓다가 이것을 보고 물었습니다. "다른 스님들은 어디로 갔는가? 왜 그 어떤 이도 그대를 돌보지 않는가?" 몸이 좋지 않은 스님은 대답했습니다. "세존이시여, 제 도반들은 모두 탁발을 하러 나갔습니다. 처음에는 도반들이 나를 돌보았지만, 제 병이 더 이상 나아지지 않아서 제가 스스로 돌보겠다고 말했습니다." 붓다와 아난다는 그 스님을 씻겨주고 방을 치우고 승복을 빨았습니다. 그리고 갈아입을 새 승복을 주었습니다. 스님들이 돌아오자 붓다는 말했습니다. "벗들이여, 만일 우리가 서로를 돌보지 않는다면 누가 우리를 돌볼 것인가? 그대들이 서로를 돌볼 때, 그대들은 여래를 돌보는 것이다."•3

전정한 보물과 그렇지 않은 보물이 있습니다. 어떤 사람이 무상, 무아, 그리고 열반이라는 세 가지 법의 도장을 거스르는 정신적 가르침을 준다면 그것은 진정한 법이 아닙니다. 공동체에 마음챙김, 평화, 기쁨, 그리고 해탈이 있으면 그것은 진정한 공동체입니다. 마음챙김을 수행하지 않는 공동체, 그리고 자유롭지 않고 평화롭지 않고 기쁘지 않은 공동체는 진정한 공동체라고 할 수 없습니다. 붓다 또한 참될 수도 있고 거짓될 수도 있습니다. 『금강경』에서, 붓다는 "만일 모양과 소리 가운데서 나를 찾는다면, 결코 여래를 볼 수 없을 것이다."라고 말합니다.

세 가지 보물 가운데 어느 하나를 볼 때 우리는 다른 두 가지를 보는 것입니다. 붓다, 법, 그리고 공동체는 서로 연결되어 존재합니다. 만일 우리가 공동체를 돌본다면 그것은 붓다를 돌보는 것입니다. 공동체가 행복하고 수행에서 앞으로 나아간다면 공동체의 성스러움은 커집니다. 그리고 진정한 붓다와 진정한 법은 더욱 분명해집니다. 마음챙김 가운데서 걸을 때 우리는 법을 잘 보살피고 있는 것입니다. 공동체의 다른 구성원들과 평화를 일굴 때 그것은 붓다를 보살피고 있는 것입니다. 법당으로 가서 향을 피우고 불단을 깨끗이 하는 것은 붓다를 보살피는 유일한 길이 아닙니다. 누군가의 손을 잡거나 고통을 겪고 있는 이를 돌보는 것 또한 붓다를 돌보는 것입니다. 진정한 공동체에 접촉할 때 우리는 붓다와 법에 접촉합니다. 법은 붓다와 공동체 없이는 존재할 수 없습니다. 수행자가 없다면 법이 어떻게 존재할 수 있겠습니까? 붓다는 법이 그 사람 안에 있을 때 붓다입니다. 각각의 보물은 다른 두 가지를 품고 있습니다. 하나의 보물에 귀의하면 세 가지 모두에 귀의하는 것입니다. 우리 삶의 모든 순간에 이것을 깨달을 수 있습니다.

---

3.   20장 각주 3번 참조.

전통적으로 우리는 세 가지 귀의를 세 번 독송합니다. 첫 번째 독송할 때, 우리는 더 큰 마음챙김, 이해, 그리고 사랑의 방향으로 향합니다. 두 번째 독송할 때, 세 가지 보물을 체화하기 시작합니다. 세 번째로 독송할 때, 다른 사람들이 이해와 사랑의 길을 깨닫고 평화의 원천이 되도록 도우리라고 서원합니다.

오늘날 우리의 문제는 더 이상 붓다가 마주쳤던 문제들만큼 단순하지 않습니다. 21세기에 우리는 명상 수행을 집단적으로, 즉 가족끼리, 도시에서, 나라에서, 그리고 전세계적으로 해야 할 것입니다. 21세기의 붓다인 미륵불, 사랑의 붓다는 아마도 한 사람의 개인이기보다는 공동체일 것입니다. 사랑과 자비를 수행하는 공동체들은 우리가 필요로 하는 붓다입니다. 우리 자신과 셀 수 없이 많은 다른 존재들을 위해서, 고통을 변화시키고 공동체를 더욱 잘 만드는 데 힘씀으로써 우리는 그 붓다에게 생명을 불어넣기 위한 토대를 마련할 수 있습니다. 그것은 우리가 할 수 있는 가장 중요한 일입니다.

붓다는 길을 보여주는 스승이고
완전히 깨달은 존재라네.
아름답게 앉아 평화로이 미소 짓는
이해와 자비의 살아 있는 원천이여.

법은 분명한 길이네.
무명에서 벗어나도록 우리를 이끌고
깨어난 삶으로

우리를 다시 데려가네.

공동체는 기쁨을 수행하는
아름다운 이들이네.
그것은 해탈을 이루고,
삶에 평화와 행복을 가져오네.

✄

나는 붓다에 귀의하네,
이 생에 길을 보여주신 분.

나는 법에 귀의하네,
이해와 사랑의 길.

나는 공동체에 귀의하네.
조화와 자각 속에 사는 이들.

붓다의 귀의처에 머물며,
나는 세상에 있는 빛과 아름다움의 길을 분명히 보네.
법의 귀의처에 머물며,
나는 변화의 길에 있는 많은 문을 여는 법을 배우네.
공동체의 귀의처에 머물며,
나는 장애로부터 수행을 보호하는 그 밝은 빛에 감싸이네.

내 안에 있는 붓다에 귀의하며,
나는 모든 사람들이 자신의 깨달은 본성을 인식하고
사랑의 마음을 깨달을 수 있도록 도우리라 서원하네.
내 안에 있는 법에 귀의하며,
나는 모든 사람들이 수행의 길을 이해하고
해탈의 길에서 함께 걸을 수 있도록 도우리라 서원하네.
내 안에 있는 공동체에 귀의하며,
나는 모든 사람들이 네 부분으로 이루어진 공동체를 만들고
온 존재들의 변화를 격려하도록 도우리라 서원하네.

22장

네 가지 한량없는 마음[四無量心]

붓다 당시 바라문교 신자들은 죽은 후 범천인 브라흐마와 영원토록 머물기 위해 천상에 가기를 기도했습니다. 어느 날 한 바라문이 붓다에게 물었습니다. "죽은 뒤 확실하게 범천과 함께 있으려면 내가 무엇을 해야 합니까?" 붓다가 대답했습니다. "범천은 사랑의 원천이기 때문에, 그와 함께 머물기 위해서는 '범천이 머무는 곳(Brhmaviharas)' 혹은 네 가지 한량없는 마음인 사랑[慈], 자비[悲], 기쁨[喜], 그리고 평정심[捨]을 수행해야 한다." 사랑은 범어로는 maitri, 빨리어로는 metta 입니다. 자비는 두 언어 모두 karuna입니다. 기쁨은 mudita입니다. 평정심은 범어로는 upeksha, 빨리어로는 upekkha입니다. vihara는 거처, 혹은 머무는 곳입니다. 네 가지 한량없는 마음은 진정한 사랑의 거처입니다. 이 주소는 별 네 개짜리 호텔보다 훨씬 더 훌륭합니다. 그것은 별 천 개짜리 거처입니다. 범천이 머무는 네 곳은 "한량없는"이라고 일컬어집니다. 왜냐하면 만일 그것을 수행하면 우리가 온 세상을 끌어안을 때까지 그것들이 우리 안에서 매일 자랄 것이기 때문입니다. 우리는 더욱 행복해질 것입니다. 그리고 우리 주변에 있는 모든 사람들 또한 더 행복해질 것입니다.

붓다는 사람들이 자신의 고유한 믿음을 수행하고 싶어 하는 것을 존중했습니다. 그렇기 때문에 바라문에게 바라문의 언어로 격려했던 것입니다. 만일 걷기 명상을 좋아한다면 걷기 명상을 수행하십시오. 앉기 명상을 좋아한다면 앉기 명상을 수행합니다. 하지만 유대교, 기독교, 또는 이슬람교의 뿌리는 그대로 간직하십시오. 그것이 붓다의 정신을 구현하는 최선의 길입니다. 만일 뿌리를 잃는다면 결코 행복할 수 없습니다.

사랑, 자비, 기쁨, 그리고 평정심을 수행하는 것을 배운다면 화, 비탄, 불안, 슬픔, 미움, 외로움, 그리고 건강하지 못한 집착과 같은 병들을 치유하는 법을 알게 될 것입니다.

어떤 경전의 논사들은 범천이 머무는 네 곳은 붓다의 가장 높은 가르침이 아니며, 그것들은 모든 고통과 번뇌를 끝낼 수 없다고 말했습니다. 하지만 그것은 옳지 않습니다. 한 번은 붓다가 아난다에게 말했습니다. "이 네 가지 한량없는 마음을 젊은 스님들에게 가르치라. 그러면 몸과 마음의 번뇌 없이 안전하고, 강하고, 기쁘다고 느낄 것이다. 그리고 전 생애 동안 승려의 순수한 길을 수행하기 위한 준비가 잘 되어 있을 것이다."[1] 다른 때에, 한 무리의 붓다의 제자들이 근처에 있는 종파의 사원을 방문했습니다. 그곳에 있는 승려들이 물었습니다. "우리는 여러분들의 스승 고타마가 사랑, 자비, 기쁨, 그리고 평정심의 네 가지 한량없는 마음을 가르친다고 들었습니다. 우리의 스승도 이것을 가르칩니다. 그 차이가 무엇입니까?" 붓다의 제자들은 어떻게 대답해야 할지 몰랐습니다. 그들이 사원으로 돌아오자 붓다가 말했습니다. "일곱 가지 깨달음의 요소(칠각지), 네 가지 고귀한 진리(사성제), 그리고 고귀한 여덟 가지 길(팔정도)과 함께 네 가지 한량없는 마음(사무량심)을 수행하는 사람들은 누구나 깨달음에 깊이 이를 것이다."•2 사랑, 자비, 기쁨, 그리고 평정심은 깨달은 존재의 본성 그 자체입니다. 그것들은 우리 안에, 그리고 모든 사람과 모든 것 안에 있는 진정한 사랑의 네 가지 측면입니다.

진정한 사랑의 첫 번째 측면은 마이트리(maitri), 즉 기쁨과 행복을 줄 수 있는 의도와 능력입니다. 그 능력을 계발하기 위해서는 깊이 보고 듣는 것을 수행해야 합니다. 그럼으로써 다른 이들을 행복하게 하기 위해서 해야 할 것과 하지 말아야 할 것을 압니다. 만일 사랑하는 사람에게 필요 없는 것을 준다면, 그것은 사랑이 아닙니다. 우리는 그 사람의 실제 상황을 알아야만 합니다. 그렇지 않으면 우리가 주는 어떤 것이 그 사람에게 불행을 가져올 수도 있습니다.

동남아시아 사람들은 두리안이라고 하는 가시 달린 커다란 열매를 매우 좋아합니다. 두리안에 중독되어 있다고까지 말할 수 있습니다. 두리안의 향은 아주 강렬합니다. 어떤 사람들은 열매를 다 먹고 난 후 계속해서 그 향을 맡으려고 껍질을 침대 밑에 둡니다. 나에게 두리안의 향은 끔찍한 것입니다. 어느 날 내가 베트남에 있는 우리 절에서 독경 수행을 하고 있을 때 불단에 부처님께 올려진 두리안이 하나 있었습니다. 나는 목탁, 커다란 그릇 모양의 종과 함께 『법화경』을 독송하려고 노력했지만 전혀 집중할 수가 없었습니다. 나는 결국 종

---

1. *Madhyma Agama*(중아함경) 86.
2. *Samyukta Agama*(잡아함경) 744.

을 불단으로 가져간 뒤 뒤집어서 두리안을 덮었습니다. 그리고 나서야 경전을 독송할 수 있었습니다. 독송을 끝내고 난 후 나는 붓다에게 절을 하고 두리안을 해방시켜주었습니다. 만일 여러분이 나에게 "스님, 저는 스님을 정말로 존경합니다. 스님이 이 두리안을 좀 드시면 좋겠습니다."라고 말한다면 나는 고통스러울 것입니다. 여러분은 나를 좋아하고 내가 행복하기를 바랍니다. 하지만 여러분은 내가 두리안을 먹도록 강요합니다. 그것은 이해가 없는 사랑의 한 예입니다. 의도는 선한 것이지만 올바른 이해를 갖고 있지 않은 것입니다.

이해가 없다면 그것은 진정한 사랑이 아닙니다. 우리는 사랑하는 사람의 필요와 바람, 그리고 고통을 알고 이해하기 위하여 깊이 보아야만 합니다. 우리는 모두 사랑을 필요로 합니다. 사랑은 우리에게 기쁨과 행복을 가져옵니다. 그것은 공기만큼이나 자연스러운 것입니다. 우리는 공기의 사랑을 받습니다. 행복하고 건강하기 위해서 공기를 필요로 합니다. 우리는 나무의 사랑을 받습니다. 건강하기 위해서는 나무가 필요합니다. 사랑받기 위해서는 사랑해야만 합니다. 그것은 이해해야 한다는 것을 의미합니다. 사랑을 지속시키기 위해서 우리는 공기, 나무, 그리고 사랑하는 사람들을 보호하는 적절한 행동 혹은 무위를 실천해야 합니다.

마이트리는 "사랑" 또는 "자애"라고 번역될 수 있습니다. 어떤 불교 스승들은 "자애"라는 말을 선호합니다. 왜냐하면 그들은 "사랑"이라는 말이 너무 위험하다고 생각하기 때문입니다. 하지만 나는 "사랑"이라는 말을 더 좋아합니다. 말은 때때로 병이 듭니다. 그리고 우리는 그것들을 치유해야 합니다. "나는 햄버거를 사랑해."라는 표현에서처럼 우리는 사랑을 욕구나 욕망을 의미하는 말로 써왔습니다. 우리는 언어를 좀 더 신중하게 써야 합니다. "사랑"은 아름다운 말입니다. 우리는 그 의미를 되살려야 합니다. "마이트리"라는 말은 그 뿌리를 미트라(mitra)에 두고 있습니다. 그것은 친구를 의미합니다. 불교에서, 사랑의 주된 의미는 우정입니다.

우리는 모두 우리 안에 사랑의 씨앗을 갖고 있습니다. 우리는 그 어느 것도 되돌려 받으려고 기대하지 않는 무조건적인 사랑에 자양을 주는, 이 경이로운 에너지의 원천을 계발할 수 있습니다. 누군가를 깊이 이해할 때, 심지어 그가 우리에게 해를 끼친 사람이라도, 우리는 그 사람에 대한 사랑을 멈출 수 없습니다. 석가모니 붓다는 이 다음에 올 영겁의 붓다가 "미륵, 사랑의 붓다"라고 불릴 것이라고 선언했습니다.

진정한 사랑의 두 번째 측면은 카루나(karuana), 고통을 덜어주고 변화시키며 큰 슬픔을 가볍게 해주는 의도와 능력입니다. 카루나는 대개 "자비(Compassion)"로 번역됩니다. 하지만 그것이 정확히 옳은 것은 아닙니다. "자비"는 com("-과 함께"), 그리고 passion("고통")으로 이루어져 있습니다. 하지만 다른 사람의 고통을 덜어주기 위해서 고통을 겪을 필요는 없습니다. 예를 들어 의사들은 환자들에게 있는 병을 똑같이 경험하지 않고도 그들의 고통을 덜어줄 수 있습니다. 만일 우리가 고통을 너무 많이 겪는다면, 꺾일 수도 있고 돕지 못할 수도 있습니다. 그럼에도 불구하고 더 나은 말을 발견할 때까지, 카루나의 번역어로 "자비"라는 말을 쓰기로 하겠습니다.

우리 안에서 자비를 계발하기 위해서는 마음챙김의 호흡, 깊이 듣기, 그리고 깊이 보기를 수행해야 합니다. 『법화경』은 관세음보살을 "자비의 눈으로 보고 세상의 울음을 깊이 듣는 것"을 수행하는 보살로 묘사합니다. 우리는 상대방이 고통을 겪고 있다는 것을 압니다. 그래서 그 사람 가까이에 앉습니다. 우리는 그의 고통에 접촉할 수 있도록 그를 깊이 보고 들으며 그 사람과의 깊은 소통, 깊은 교감 가운데 있습니다. 그러면 그것 자체만으로도 어떤 위안을 가져올 수 있습니다.

하나의 자비로운 말과 행동, 생각은 다른 사람의 고통을 덜어주고 그에게 기쁨을 가져올 수 있습니다. 한마디의 말은 편안함과 자신감을 주고, 의심을 없애고, 어떤 사람이 실수를 하지 않도록 돕고, 갈등을 화해시키고, 혹은 해탈의 문을 열 수 있습니다. 하나의 행위는 한 사람의 삶을 구할 수 있고, 혹은 그가 드문 기회를 잘 이용할 수 있도록 도울 수 있습니다. 하나의 생각도 똑같은 일을 할 수 있습니다. 왜냐하면 생각은 언제나 말과 행동으로 이어지기 때문입니다. 우리 마음속 자비와 함께 모든 생각과 말, 그리고 행위는 기적을 가져올 수 있습니다.

내가 행자였을 때, 나는 세상이 고통으로 가득 차 있다면 붓다는 어떻게 그토록 아름다운 미소를 지을 수 있는지 이해할 수 없었습니다. 붓다는 왜 어떤 고통에도 방해를 받지 않을까요? 나중에 나는 붓다에게 충분한 이해, 고요함, 그리고 강인함이 있다는 것을 발견했습니다. 바로 그 이유 때문에 고통이 그를 압도하지 않는 것입니다. 그는 고통을 보살피고 고통을 변화시키도록 돕는 방법을 알기 때문에 미소 지을 수 있습니다. 우리는 고통을 자각해야만 합니다. 하지만 상황을 바꾸도록 돕기 위해서 분명함, 고요, 그리고 강인함을 유지해야 합니다. 만약 카루나가 거기에 있다면 눈물의 바다는 우리를 삼켜버릴 수 없습니다. 바로 그 이유 때문에 붓다의 미소는 가능합니다.

진정한 사랑의 세 번째 요소는 무디타(mudita), 기쁨입니다. 진정한 사랑은 언제나 우리 자신, 그리고 우리가 사랑하는 사람에게 기쁨을 가져옵니다. 만일 우리의 사랑이 우리 두 사람에게 기쁨을 가져오지 않는다면 그것은 진정한 사랑이 아닙니다.

논자들은 행복이 몸과 마음 둘 다와 관련이 있는 반면 기쁨은 주로 마음과 관계가 있다고 설명합니다. 이런 예가 종종 주어집니다. 사막에서 여행하고 있는 어떤 사람이 시원한 물줄기를 보고 기쁨을 경험합니다. 물을 마시면 그는 행복을 경험합니다. 지금 여기의 삶에 즐겁게 깃드는 것[現法樂住, Drishta dharma suhka viharin]은 "현재의 순간에 행복하게 머무는 것"을 의미합니다. 우리는 미래로 치달려가지 않습니다. 우리는 모든 것이 여기 현재의 순간에 있다는 것을 압니다. 수많은 작은 것들, 이를테면 건강한 눈을 가졌다는 것에 대한 자각 같은 것이 커다란 기쁨을 가져올 수 있습니다. 우리는 그저 눈을 뜨고 있기만 하면 됩니다. 그리고 파란 하늘, 보랏빛 꽃, 아이들, 나무, 그리고 다른 아주 많은 모양과 색깔들을 볼 수 있습니다. 마음챙김에 머물 때, 우리는 이 경이롭고 신선한 것들에 접촉할 수 있습니다. 그리고 기쁨의 마음은 저절로 일어납니다. 기쁨은 행복을 포함하고 행복은 기쁨을 포함합니다.

어떤 논자들은 무디타가 "동감적 기쁨" 혹은 "이타적 기쁨", 즉 다른 이들이 행복할 때 우리가 느끼는 행복을 의미한다고 말해왔습니다. 하지만 그것은 너무 제한적입니다. 그것은 자아와 타자를 분별합

249

니다. 무디타의 더 깊은 정의는 평화와 만족으로 가득 찬 기쁨입니다. 우리는 다른 사람이 행복한 것을 볼 때 기뻐하지만 우리의 행복 또한 기뻐합니다. 우리가 자신을 위해서 기쁨을 느끼지 못한다면 어떻게 다른 사람을 위해서 기쁨을 느낄 수 있겠습니까? 기쁨은 모두를 위한 것입니다.

진정한 사랑의 네 번째 요소는 우펙샤(upeksha)입니다. 그것은 평정심, 집착하지 않음, 차별하지 않음, 편견이 없음 또는 내려놓음을 의미합니다. Upa는 "위"를 의미하고 iksh는 "보다"를 의미합니다. 한쪽이나 또 다른 한쪽에 치우치지 않은 산 전체를 보려면 산에 올라갑니다. 만일 사랑에 집착, 차별, 선입견 또는 매달림이 있다면 그것은 진정한 사랑이 아닙니다. 불교를 이해하지 못하는 사람들은 때때로 우펙샤가 무관심을 의미한다고 생각합니다. 하지만 진정한 평정심은 차갑지도 무관심하지도 않습니다. 만일 여러분에게 아이가 하나 이상 있다면 그 아이들은 모두 여러분의 아이들입니다. 우펙샤는 사랑하지 않는다는 것을 의미하지 않습니다. 여러분은 모든 아이들이 차별 없이 사랑받을 수 있는 방식으로 사랑합니다.

우펙샤는 "평등에 대한 지혜[平等性智, samatajñana]", 우리 자신과 다른 이들을 차별하지 않으며 모든 사람을 동등하게 바라볼 수 있는 능력이라고 하는 표시를 갖고 있습니다. 갈등 속에 있을 때, 비록 우리가 깊이 염려한다고 해도, 우리는 치우치지 않을 수 있습니다. 그리고 양쪽을 다 이해하고 사랑할 수 있습니다. 우리는 모든 차별과 선입견을 버리고, 우리 자신과 다른 이들 사이의 경계를 없애야 합니다. 우리가 우리 자신을 사랑하는 사람이라고 보고 다른 이를 사랑받는 사람이라고 보는 한, 우리 자신을 다른 이들보다 더 소중히 여기는 한, 혹은 우리 자신을 다른 이들과 다른 존재로 보는 한, 우리에게 진정한 평정심은 없습니다. 어떤 사람을 이해하고 진정으로 사랑하기를 원한다면, 우리는 우리 자신을 "다른 사람의 입장 속에" 놓고 그와 하나가 되어야 합니다. 그렇게 될 때, 거기에는 "자아"도 없고 "타자"도 없습니다.

우펙샤가 없다면 우리의 사랑은 소유하고 싶어 하는 것이 될 수 있습니다. 여름날의 바람은 매우 신선할 수 있습니다. 하지만 우리가 그것을 전적으로 가지기 위해 그것을 깡통에 담으려고 한다면 그 바람은 죽고 말 것입니다. 우리가 사랑하는 사람도 마찬가지입니다. 그는 구름과 바람, 꽃과 같습니다. 만일 그를 깡통 안에 가둔다면 그는 죽을 것입니다. 그런데 많은 사람들이 그렇게 합니다. 그들은 사랑하는 사람의 자유를 빼앗습니다. 그 사람이 더 이상 그 자신으로 존재할 수 없을 때까지… 사람들은 자신을 만족시키기 위해서 삽니다. 그리고 사랑하는 사람을 이용하여 그것을 성취하려고 합니다. 그것은 사랑이 아닙니다. 그것은 파괴입니다. 여러분은 그를 사랑한다고 말합니다. 하지만 여러분이 그의 바람, 그의 필요, 그의 어려움을 이해하지 못한다면 그것은 사랑이라고 불리는 감옥입니다. 진정한 사랑은 우리의 자유, 그리고 우리가 사랑하는 사람의 자유를 지키게 합니다. 그것이 우펙샤입니다.

사랑이 진정한 사랑이기 위해서, 그것은 반드시 자비, 기쁨, 그리고 평정심을 갖고 있어야 합니다. 자비가 진정한 자비이기 위해서, 그것은 반드시 사랑, 기쁨, 그리고 평정심을 그 안에 갖고 있어야 합니다. 진정한 기쁨은 사랑, 자비, 그리고 평정심을 포함하고 있어야 합니다. 그리고 진정한 평정심은 사랑, 자비, 그리고 기쁨을 그 안에 갖고 있어야 합니다. 이것은 네 가지 한량없는 마음의 서로 연결되어 있는 본성입니다. 붓다가 한 바라문에게 네 가지 한량없는 마음을 수행하라고 말했을 때, 그는 우리 모두에게 매우 중요한 가르침을 주었습니다. 하지만 사랑의 이 네 가지 측면을 자신의 삶과 사랑하는 사람들의 삶으로 가져오기 위해서는 그것을 깊이 들여다보고 수행해야 합니다. 붓다는 많은 경전에서, 네 가지 한량없는 마음을 네 가지 고귀한 진리 그리고 고귀한 여덟 가지 길과 함께 수행한다면 결코 다시는 고통의 세계로 떨어지지 않을 것이라고 말하고 있습니다.•3

---

3. 네 가지 한량없는 마음 그리고 그와 관련 있는 가르침에 대한 온전한 설명은 Thich Nhat Hanh, *Teachings on Love*(Berkeley: Parallax Press, 1997) 참조.

23장

다섯 무더기[五蘊]

불교에 따르면 인간은 다섯 무더기[五蘊, skandhas]로 이루어져 있습니다. 그것은 형상, 느낌, 지각, 정신적 형성, 그리고 의식입니다. 이 다섯 무더기는 우리 자신, 자연 그리고 사회의 안과 밖 모두를 포함하고 있습니다.

형상[色, rupa]은 다섯 가지 감각기관과 신경계를 포함한 우리 몸을 의미합니다. 몸에 대한 마음챙김을 수행하기 위해서, 여러분은 누운 채로 완전한 이완을 수행하고 싶을지도 모릅니다. 여러분의 몸이 쉽게 하십시오. 그런 다음 이마를 자각하십시오. "숨을 들이쉬며, 나는 내 이마를 자각하네. 숨을 내쉬며, 나는 내 이마에 미소 짓네." 자신의 이마, 뇌, 눈, 귀, 그리고 코를 끌어안기 위해서 마음챙김의 에너지를 이용하십시오. 숨을 들이쉴 때면 언제나 몸의 한 부분을 자각하십시오. 그리고 숨을 내쉴 때면 언제나 몸의 그 부분에 미소를 지으십시오. 몸의 각 부분을 끌어안기 위해서 마음챙김과 사랑의 에너지를 이용하십시오. 심장, 폐, 그리고 배를 끌어안으십시오. "숨을 들이쉬며, 나는 나의 심장을 자각하네. 숨을 내쉬며, 나는 나의 심장을 끌어안네." 마음챙김의 빛과 함께 몸을 훑어보는 수행을 하십시오. 그리고 몸의 각 부분에 자비와 관심으로 미소를 보내십시오. 이와 같은 방식으로 다 훑어보고 나면 기분이 아주 좋을 것입니다. 그러려면 30분만 있으면 되고 여러분의 몸은 그 30분 동안 깊이 쉴 것입니다. 부디 몸이 쉴 수 있게 하고 부드러움, 자비, 마음챙김, 그리고 사랑으로 몸을 끌어안고 잘 보살피십시오.

몸을 하나의 강으로 바라보는 것을 배우십시오. 그 안에서 모든 세포는 한 방울의 물입니다. 매 순간마다 세포들은 태어나고 죽습니다. 태어남과 죽음은 서로를 뒷받침합니다. 몸에 대한 마음챙김을 수행하기 위해서, 호흡을 따르고, 머리끝부터 발끝까지 몸의 각 부분에 주의를 기울이십시오. 마음챙김으로 숨쉬고, 알아차림, 그리고 사랑으로 몸의 각 부분에 미소를 보내며 마음챙김의 에너지와 함께 그것을 끌어안으십시오. 붓다는 우리 몸에 알아차리고 끌어안아야 할 서른두 부분이 있다고 말했습니다. 몸 안에서 형상의 요소들인 땅, 물, 바람, 그리고 불을 확인하십시오. 몸의 안과 밖에서 이 네 가지 요소들의 연결을 보십시오. 조상들과 미래 세대들의 살아 있는 현존을 보십시오. 뿐만 아니라 동물, 식물, 그리고 무기물의 영역에 있는 모든 존재들의 현존을 보십시오. 서고, 앉고, 걷고, 눕는 몸의 자세, 그리고 구부리고, 펴고, 샤워를 하고, 옷을 입고, 먹고, 일하는 등의 그 움직임을 자각하십시오. 이 수행에 능숙해지면 느낌과 지각이 일어날 때 그것을 자각할 수 있을 것입니다. 그리고 그것을 깊이 들여다보는 것을 수행할 수 있을 것입니다.

몸의 무상, 그리고 서로 연결되어 있는 본성을 보십시오. 몸이 영원한 실체를 갖고 있지 않다는 것을 관찰하십시오. 그러면 더 이상 자신을 몸과 전적으로 동일시하거나 몸을 "자아"라고 여기지 않을 것입니다. "자아"라고 불릴 수 있는 어떤 실체도 없는 하나의 형성으로서 몸을 바라보십시오. 숨겨진 파도와 바다 괴물들로 가득 찬 큰 바다로 몸을 바라보십시오. 그 바다는 때때로 고요할 수 있을 것입니다. 하지만 또 어떤 때에는 폭풍에 갇힐 수도 있습니다. 파도를 가라앉히고 괴물을 잠재우는 법을, 그것들에 휩쓸려가거나 사로잡히지 않게 하면서 배우십시오. 깊이 바라보면 몸은 집착의 무더기[取蘊, upadana skandha]가 되기를 멈춥니다. 그리고 자유로움에 머물고 더 이상 두려움에 갇히지 않습니다.

✄

두 번째 무더기는 느낌[受, vedana]입니다. 우리 안에는 느낌의 강이 있습니다. 그리고 그 강에 있는 모든 물방울은 하나의 느낌입니다. 느낌을 관찰하기 위해서 우리는 강둑에 앉아 느낌이 흘러갈 때 그 각각의 느낌을 확인합니다. 그것은 즐거운 것, 즐겁지 않은 것, 혹은 중립적인 것일 수 있습니다. 하나의 느낌은 잠시 머뭅니다. 그리고 또 다른 느낌이 옵니다. 명상은 각각의 느낌을 자각하는 것입니다. 그것을 인식하고, 그것에 미소를 짓고, 그것을 깊이 들여다보고, 온 마음으로 그것을 끌어안으십시오. 만일 계속해서 깊이 들여다본다면 그 느낌의 진정한 본성을 발견할 것입니다. 그리고 더 이상 두렵지 않을 것입니다. 심지어 고통스러운 느낌까지도… 우리는 우리가 느낌 그 이상이라는 것을 압니다. 그리고 우리는 각각의 느낌을 끌어안고 그것을 보살필 수 있습니다.

각각의 느낌을 깊이 들여다볼 때, 우리는 그 뿌리가 우리 몸, 자각, 혹은 깊은 의식 속에 있는 것을 확인합니다. 느낌을 이해하는 것은 그것을 변화시키는 시작입니다. 강한 감정까지도 그것들이 고요해질 때까지 마음챙김의 에너지로 끌어안는 것을 배웁니다. 우리는 배가 부풀어오르고 꺼지는 것에 주의를 기울이고, 아기인 동생을 잘 보살펴주듯이 우리의 감정을 잘 돌보고 마음챙김의 호흡을 수행합니다. 느낌과 감정을 깊이 들여다보는 것을 수행하고 그것들을 존재하게 한 영양소를 확인합니다.[1] 우리는 자신에게 더 청정한 영양소를 공급할 수 있다면 느낌과 감정을 변화시킬 수 있다는 것을 압니다. 우리의 느낌은 형성입니다. 그리고 그것은 무상하고 그 어떤 실체도 갖고 있지 않습니다. 우리는 자신을 느낌과 동일시하지 않고, 그것들을 자아라고 여기지 않는 것을 배웁니다. 그리고 거기서 도피처를 찾지 않고 그것들 때문에 죽지 않는 것을 배웁니다. 이 수행은 우리가 두려움 없음을 계발하도록 돕습니다. 그리고 그것은 심지어 고통에까지도 매달리는 습관으로부터 우리를 자유롭게 합니다.

✳

세 번째 무더기는 지각[想, samjña]입니다. 우리 안에는 지각의 강이 있습니다. 지각은 일어나고, 일정한 시간 동안 머물다 사라집니다. 지각의 무더기는 알아차림, 이름 붙임, 그리고 개념화하는 것, 그뿐만 아니라 지각하는 사람과 지각되는 것을 포함합니다. 지각할 때 우리는 종종 왜곡합니다. 그것은 많은 고통스러운 느낌을 가져옵니다. 우리의 지각은 종종 그릇된 것이고 우리는 고통을 겪습니다. 그 어떤 것도 지나치게 확신하지 않으면서 지각의 본성을 깊이 들여다보는 것은 매우 유용합니다. 너무 확신할 때, 우리는 고통을 겪습니다. "나는 확신하는가?"라고 묻는 것은 매우 좋은 질문입니다. 이렇게 묻는다면, 우리는 다시 보고 지각이 잘못된 것인지를 볼 수 있는 좋은 기회를 갖게 될 것입니다. 지각하는 사람과 지각되는 것은 분리할 수 없는 것입니다. 지각하는 사람이 그릇되게 지각할 때, 지각되는 것도 역시 바르지 않습니다.

한 남자가 상류로 배를 젓고 있을 때, 그는 갑자기 다른 배가 자신을 향해 오는 것을 보았습니다. 그는 "조심하세요! 조심하세요!"라고 소리쳤습니다. 하지만 그 배는 바로 그에게 돌진했고 그의 배를 거의 가라앉혔습니다. 그 남자는 화가 나서 소리치기 시작했습니다. 하지만 가까이서 보니 다른 배에는 아무도 없었습니다. 그 배는 혼자서 하류로 표류하고 있었습니다. 그는 크게 웃었습니다. 지각이 옳을 때, 우리는 기분이 나아집니다. 하지만 지각이 옳지 않을 때, 그것들은 우리에게 즐겁지 않은 많은 느낌을 가져올 수 있습니다. 우리는 고통과 힘든 느낌들로 이끌리지 않도록 사물을 깊이 들여다보아야 합니다. 지각은 행복에 매우 중요합니다.

지각은 우리 안에 있는 많은 번뇌에 의해 조건 지어집니다. 그것들은 무명, 갈망, 미움, 화, 질투, 두려움, 습관 에너지 등입니다. 우리는 무상, 서로 연결되어 있음을 통찰하지 못한 상태에서 현상들을 지각합니다. 마음챙김, 집중, 그리고 깊이 보는 것을 수행할 때, 우리는

---

1. 7장 pp. 54~66 참조.

지각의 오류를 발견하고 우리 자신을 두려움과 집착에서 자유롭게 할 수 있습니다. 모든 고통은 잘못된 지각에서 옵니다. 이해, 명상의 열매는 잘못된 지각을 없애고 우리를 자유롭게 할 수 있습니다. 우리는 언제나 깨어 있어야 합니다. 그리고 결코 지각에서 피난처를 찾지 말아야 합니다. 『금강경』에 이런 말이 있습니다. "지각이 있는 곳에 속임수가 있다." 우리는 지각을 프라즈냐[般若, prajña], 즉 진정한 비전, 진정한 앎으로 대체할 수 있어야 합니다.•2

✕

네 번째 무더기는 정신적 형성[行, samskara]입니다. 또 다른 요소들로 만들어진 것은 무엇이나 "형성"입니다. 한 송이의 꽃은 형성입니다. 왜냐하면 그것은 햇빛, 구름, 씨앗, 흙, 무기물, 뜰을 가꾸는 사람 등으로 만들어졌기 때문입니다. 두려움 또한 형성입니다. 그것은 하나의 정신적 형성입니다. 우리의 몸도 형성입니다. 그것은 물질적 형성입니다. 느낌과 지각은 정신적 형성입니다. 하지만 느낌과 지각은 매우 중요하기 때문에, 그것들은 자신들의 고유한 범주를 갖고 있습니다. 북전의 유식(vijñanavada) 학파에 따르면 정신적 형성에는 51가지의 범주가 있습니다.

이 네 번째 무더기는 이들 49개의 정신적 형성(느낌과 지각을 제외한)으로 구성되어 있습니다. 51가지의 모든 정신적 형성은 의식의 창고에 씨앗(bijas)의 형태로 존재합니다. 하나의 씨앗이 접촉될 때마다 그것은 의식의 윗부분[意識]에 정신적 형성으로서 나타납니다. 우리의 수행은 정신적 형성들의 나타남과 그 존재를 자각하는 것입니다. 그리고 그것들의 진정한 본성을 보기 위하여 깊이 들여다보는 것입니다. 모든 정신적 형성이 무상하고 진정한 실체를 갖고 있지 않다는 것을 알기 때문에, 우리는 그것들과 우리 자신을 동일시하거나 그들에게서 도피처를 찾지 않습니다. 일상적인 수행을 통해 우리는 청정한 정신적 형성에 자양을 주고 그것들을 계발합니다. 그리고 청정하지 못한 정신적 형성들을 변화시킬 수 있습니다. 자유, 두려움 없음, 그리고 평화는 이 수행의 결과입니다.

✻

다섯 번째 무더기는 의식[識, vijñana]입니다. 여기에서 의식은 의식의 창고를 의미합니다. 그것은 존재의 모든 것의 근원에 있고, 모든 정신적 형성의 토대입니다. 정신적 형성이 나타날 때, 그것들은 의식의 창고에서 기쁨, 평화, 이해, 자비, 망각, 질투, 두려움, 절망 등의 씨앗의 형태로 머뭅니다. 정신적 형성에 51가지의 범주가 있는 것처럼 의식의 깊은 곳에는 51가지 종류의 씨앗들이 묻혀 있습니다. 그 씨앗 가운데 하나에 자신이나 다른 누군가가 물을 주면 언제나 그 씨앗이 나타날 것입니다. 그리고 그것은 하나의 정신적 형성이 될 것입니다. 우리는 자신과 다른 사람들이 어떤 씨앗에 물을 주는지에 주의를 기울여야 합니다. 만일 우리 안에 있는 부정적인 씨앗에 물을 준다면 우리는 그것들에 압도될 수 있습니다. 다섯 번째 무더기인 의식은 다른 모든 무더기들을 포함하고 있으며 그들 존재의 토대입니다.

2.　지각에 대한 더 상세한 설명은 pp. 83~86 참조.

의식은 집단적인 것이기도 하고 동시에 개별적인 것이기도 합니다. 집단적인 것은 개별적인 것으로 이루어져 있습니다. 그리고 개별적인 것은 집단적인 것으로 이루어져 있습니다. 모든 소비를 마음챙김으로 하고 감각을 마음챙김으로 지키고, 깊이 들여다봄으로써 의식은 그 토대부터 변화될 수 있습니다. 그 수행은 의식의 개별적인 측면과 집단적인 측면 둘 다를 변화시킬 것을 목표로 해야 합니다. 그와 같은 변화를 만들어내기 위해서는 반드시 공동체와 함께 수행해야 합니다. 우리 안의 번뇌가 변화되면 의식은 지혜가 되어 널리 비추고, 개인과 전체 사회가 자유로워질 수 있는 길을 보여줄 것입니다.

✕

이 다섯 무더기[五蘊]는 서로 연결되어 존재합니다. 고통스러운 느낌이 있을 때, 이 느낌을 가져온 것이 무엇인지를 보기 위해 몸, 지각, 정신적 형성, 그리고 의식을 깊이 들여다보십시오. 두통이 있다면 고통스러운 느낌은 첫 번째 무더기에서 온 것입니다. 고통스러운 느낌은 또한 정신적 형성이나 지각으로부터 올 수 있습니다. 예를 들어 우리는 실제로는 우리를 사랑하는 어떤 사람이 우리를 미워한다고 생각할지 모릅니다.

자신의 다섯 개의 강을 깊이 들여다보십시오. 그리고 그 각각의 강이 어떻게 다른 네 개의 강을 포함하고 있는지를 보십시오. 형상의 강을 보십시오. 처음에는 형상이 그저 물질적인 것일 뿐이고 정신적인 것은 아니라고 생각할지도 모릅니다. 하지만 몸 안에 있는 모든 세포는 우리의 모든 측면을 포함하고 있습니다. 이제는 몸의 세포 하나를 취해서 몸 전체를 만들어낼 수 있습니다. 그것을 "복제(cloning)"라고 합니다. 하나가 모두를 포함합니다. 우리 몸 안의 한 세포는 우리 몸 전체를 포함하고 있습니다. 그것은 또한 우리의 느낌, 지각, 정신적 형성, 그리고 의식을 포함하고 있습니다. 그리고 단지 우리의 것뿐만 아니라 우리의 부모와 조상들의 것까지도 포함하고 있습니다. 각각의 무더기는 다른 모든 무더기들을 포함합니다. 각각의 느낌은 모든 지각, 정신적 형성, 그리고 의식을 포함합니다. 하나의 느낌을 들여다보면 모든 것을 발견할 수 있습니다. 서로 연결되어 있음으로 비추어보십시오. 그러면 그 하나 속에서 모든 것을, 그리고 모든 것 속에서 그 하나를 볼 수 있을 것입니다. 형상이 느낌의 바깥에 존재한다거나 느낌이 형상의 바깥에 존재한다고 생각하지 마십시오.

『가르침의 수레바퀴에 대한 경』에서 붓다는 "다섯 무더기[五蘊]에 집착하면 그것은 고통이다."라고 말했습니다. 붓다는 다섯 무더기가 그 자체로 고통이라고 말하지 않았습니다. 『대보적경(大寶積經, Ratnakuta Sutra)』에 이런 비유가 있습니다. 한 남자가 흙덩어리를 개에게 던집니다. 개는 문제가 흙덩어리에 있는 것이 아니라 그 남자에게 있다는 것을 깨닫지 못합니다. 경전은 계속됩니다. "마찬가지로, 보통 사람은 다섯 무더기가 자신의 고통의 원인이라고 생각하는 이원론적인 개념에 갇혀 있다. 하지만 실제로 그의 고통의 뿌리는 무상, 무아, 그리고 서로 의존하는 다섯 무더기의 본성에 대한 이해를 결여하고 있다는 것에 있다."•3 우리를 고통스럽게 하는 것은 다섯 무더기가 아

---

3. 『대보적경(*Ratnakuta Sutra*)』 23.

니라 우리가 그것들과 관계를 맺는 방식입니다. 모든 것들의 무상, 무아, 그리고 서로에게 의존하는 본성을 관찰할 때, 우리는 삶에 대해 싫은 마음을 느끼지 않을 것입니다. 사실 이것을 알면 모든 삶의 소중함을 볼 수 있을 것입니다.

바르게 이해하지 않으면 사물에 집착하고 그것들에 의해 갇힙니다. 『대보적경』에서는, "무더기[蘊, skandha]", 그리고 "집착의 무더기[取蘊, upadana skandha]"라는 용어가 쓰입니다. 스칸다(skandha, 온)는 삶을 생성하는 다섯 무더기입니다. 우빠다나 스칸다(upadana skandha, 취온)는 우리가 집착하는 대상으로서의 마찬가지 다섯 무더기입니다. 우리 고통의 뿌리는 무더기 자체가 아니라 집착입니다. 고통의 뿌리가 무엇인지에 대한 잘못된 이해 때문에 자신들의 집착을 다루는 대신 여섯 가지 감각의 대상을 두려워하고 다섯 무더기에 대해 싫어하는 마음을 느끼는 사람들이 있습니다. 붓다는 평화, 기쁨, 그리고 자유 속에서 사는 사람입니다. 그는 그 어느 것도 두려워하지 않고 그 어느 것도 싫어하지 않습니다.

우리가 숨을 들이쉬고 내쉬며 우리 안에 있는 다섯 무더기와 조화를 이룰 때, 이것은 진정한 수행입니다. 하지만 수행한다는 것은 우리 안에 있는 다섯 무더기에 우리 자신을 가두지 않는 것입니다. 우리는 우리 안에 있는 다섯 무더기가 그 뿌리를 사회, 자연, 그리고 함께 살아가는 사람들 가운데 두고 있다는 것도 또한 자각합니다. 자신과 우주가 하나임을 볼 수 있을 때까지, 자신 안에 있는 다섯 무더기의 모음에 대해 명상하십시오. 관세음보살이 다섯 무더기의 현실을 깊이 들여다볼 때, 그는 자아가 비어 있음[空性]을 보았습니다. 그리고 고통으로부터 해방되었습니다. 만일 우리가 부지런히 다섯 무더기에 대해 명상한다면, 우리도 또한 고통으로부터 해방될 것입니다. 만일 다섯 무더기가 그 근원으로 돌아간다면 자아는 더 이상 존재하지 않습니다. 모든 것 속에서 하나를 보는 것은 자아의 잘못된 견해에 대한 집착, 스스로 존재할 수 있는 변하지 않는 실체로서의 자아에 대한 믿음을 깨고 나아가는 것입니다. 이 잘못된 견해를 깨고 나아가는 것은 모든 형태의 고통으로부터 자유로워지는 것입니다.

24장

다섯 가지 힘[五力]

나는 어린 시절, 베트남 중부에서 형제, 자매와 함께 비가 올 때면 언제나 마당으로 뛰어나가곤 했습니다. 그렇게 우리는 샤워를 했습니다. 우리는 무척 행복했습니다! 얼마 있으면 어머니는 우리를 불러 콩나물 절임이나 짭짤한 생선 반찬과 밥 한 그릇을 주곤 하셨습니다. 우리는 그릇을 받아들고 문 앞에 앉아서 내리는 비를 계속 바라보며 먹곤 했습니다. 우리는 모든 걱정과 불안으로부터 자유로웠고, 과거나 미래, 혹은 그 어떤 것에 대해서도 생각하지 않았습니다. 그리고 그저 우리 자신과 음식, 그리고 서로를 마음껏 누렸습니다. 설날이면 어머니는 특별한 떡을 주셨습니다. 그러면 우리는 밖으로 나가 고양이, 개와 뛰어놀며 떡을 먹었습니다. 때때로 우리의 설빔에는 풀이 잔뜩 먹여져 있어서 걸을 때마다 사그락거리는 소리가 났습니다. 우리는 우리가 낙원에 있다고 생각했습니다.

자라나면서 우리는 숙제, 제대로 된 옷, 좋은 직업, 그리고 가족을 부양하는 것에 대해 걱정하기 시작했습니다. 전쟁, 사회 정의, 그리고 다른 많은 어려움들은 말할 것도 없습니다. 우리는 낙원을 잃어버렸다고 생각했습니다. 하지만 그렇지 않았습니다. 우리는 우리 안에 있는 낙원의 씨앗에 물을 주는 법을 기억하기만 하면 되었습니다. 그리고 다시 진정한 행복을 만들 수 있었습니다. 지금도 여러분과 내가 마음챙김으로 숨을 들이쉬고 내쉬면 낙원으로 돌아갈 수 있습니다. 우리의 진정한 집은 과거 속에만 있는 것이 아닙니다. 그것은 현재에 존재합니다. 마음챙김은 낙원을 다시 가져올 수 있도록, 우리가 일상의 삶에서 만들어낼 수 있는 에너지입니다.

다섯 가지 기능 혹은 토대[五根, indriyani]는 우리 안에 있는 이 에너지를 일으킬 수 있도록 돕는 발전소입니다. 다섯 가지 힘[五力, balani]은 그 에너지가 영향력을 발휘하는 것입니다. 다섯 가지 기능과 힘은 믿음, 에너지, 마음챙김, 집중 그리고 통찰입니다. 기능이라는 측면에서 수행될 때, 그것들은 전기를 만들어내는 공장과도 같습니다. 힘이라는 측면에서 수행될 때, 그것들은 전기가 빛이나 열로 나타나는 것과 같이, 여덟 가지 길의 모든 요소들을 가져오는 역량을 갖습니다.

다섯 가지 가운데 첫 번째는 믿음[信, shraddha]입니다. 믿음을 가지면 우리 안에 있는 커다란 에너지가 촉발됩니다. 만일 우리의 믿음이 믿을 만하지 않거나 거짓된 것이라면, 혹은 통찰에 의한 것이 아니라면 머지않아 그것은 우리를 의심과 의혹의 상태로 이끌 것입니다. 하지만 우리의 믿음이 통찰과 이해로 이루어진 것이라면 우리는 선하고 아름답고 의지할 수 있는 것들에 접촉할 것입니다. 믿음은 우리가 어려움을 극복하고 어떤 변화를 성취할 수 있도록 돕는 가르침을 실천에 옮길 때 갖게 되는 자신감입니다. 그것은 마치 농부가 농사 짓는 법에 대해 가지는 자신감과도 같은 것입니다. 그것은 앞을 볼 수 없는 맹목적인 믿음이 아닙니다. 그것은 일련의 생각에 대한 믿음이 아니고

독단도 아닙니다.•1

두 번째 힘은 부지런함[勤, virya], 우리의 수행에 기쁨을 가져오는 에너지입니다. 믿음은 부지런함을 낳습니다. 그리고 이 부지런함은 계속해서 우리의 믿음을 강하게 만듭니다. 우리는 부지런한 에너지로 활기를 얻고 진정으로 살아 있게 됩니다. 우리의 눈은 빛납니다. 그리고 우리의 발걸음은 굳셉니다.•2

세 번째 힘은 마음챙김[念, smriti]입니다. 깊이 들여다보기 위해, 깊은 통찰을 갖기 위해, 우리는 바른 마음챙김의 에너지를 이용합니다. 명상은 마음챙김을 위한 발전소입니다. 앉거나 식사를 하거나 혹은 설거지를 할 때, 마음을 챙기는 것을 배울 수 있습니다. 마음챙김을 통해 우리는 깊이 보고 무슨 일이 일어나고 있는지 알 수 있습니다. 마음챙김은 쟁기, 괭이, 그리고 통찰에 물을 주는 물 대기용 수원입니다. 우리는 쟁기질을 하고 씨를 뿌리고 이로운 씨앗에 물을 주며 뜰을 가꾸는 사람입니다.•3

네 번째 힘은 집중[定, samadhi]입니다. 깊이 보고 분명히 알기 위해서는 집중이 필요합니다. 마음챙김 가운데서 먹고 설거지를 하고, 걷고 서고, 앉고 눕고, 숨을 쉬고 일을 할 때, 우리는 집중을 계발합니다. 마음챙김은 집중으로 이어지고, 집중은 통찰과 믿음으로 이어집니다. 이 네 가지 자질과 함께 우리의 삶은 기쁨과 살아 있음의 에너지로 가득 찹니다. 그것은 두 번째 힘입니다.•4

다섯 번째 힘은 통찰, 혹은 지혜[慧, prajña], 깊이 바라보고 분명히 보는 능력, 그리고 이 수행에서 나온 이해입니다. 분명히 볼 수 있을 때 우리는 거짓된 것을 버립니다. 그리고 우리의 믿음은 바른 믿음이 됩니다.[5] 다섯 가지 발전소가 모두 작동하고 전기를 생산할 때, 그것들은 더 이상 단지 기능이 아닙니다. 그것들은 다섯 가지 힘이 됩니다. 어떤 것을 생산하는 것과 그것이 일으킨 힘을 갖는 것 사이에는 차이가 있습니다. 만일 우리의 몸과 마음에 충분한 에너지가 없다면, 다섯 가지 발전소에 수리가 필요합니다. 발전소가 제대로 작동할 때 우리는 수행과 행복을 위해 필요한 에너지를 일으킬 수 있습니다.

우리 의식의 창고는 이 모든 에너지들의 씨앗을 포함하고 있습니다. 의식 안에 기쁨이나 화가 없을 때, 우리는 어쩌면 "나에게는 그것이 없어."라고 말할지 모릅니다. 하지만 우리에게는 그것이 있습니다. 그것은 저 아래 의식의 창고 안에 있습니다. 알맞은 조건 속에서 그 씨앗은 나타날 것입니다. 우리는 어쩌면 "나는 화가 나지 않았어. 나는 내 안에 화가 없어."라고 말하지 모릅니다. 하지만 화는 여전히 우리 의식의 창고에 있습니다. 모든 사람은 잠든 채로 누워 있는 화의 씨앗을 의식의 창고 안에 갖고 있습니다. 수행을 한다는 것은 긍정적인 씨앗들에 물을 주고 부정적인 씨앗들이 잠들어 있게 하는 것입니다. 우리는 "모든 나쁜 씨앗들을 없앨 때까지 나는 수행할 수 없어."라고 말하지 않습니다. 만일 우리가 청정하지 못한 모든 씨앗들을 없앤다면, 여러분에게는 수행할 그 어떤 것도 없을 것입니다. 우리는 우리 안에

---

1.   믿음에 대한 더 상세한 설명은 21장, pp. 232~233 참조.
2.   virya, 부지런함에 대한 더 상세한 설명은 14장, 그리고 26장 pp. 308~309 참조.
3.   마음챙김에 대한 더 상세한 설명은 11장 참조.
4.   집중에 대한 더 상세한 설명은 15장 참조.
5.   지혜에 대한 더 상세한 설명은 25장 pp. 300~301 참조.

있는 청정하지 못한 모든 씨앗과 함께 지금 수행해야 합니다. 그렇게 하지 않는다면 부정적인 씨앗들이 자라나고 커다란 고통을 가져올 것입니다.

다섯 가지 힘을 수행하는 것은 우리 의식의 창고라는 땅을 경작하고, 좋은 씨앗을 뿌리고 물을 주는 문제입니다. 그런 다음 그것들이 의식으로 올라오고 꽃과 열매가 될 때, 그것들은 의식의 창고 전체에 더 많은 좋은 씨앗들을 뿌릴 것입니다. 만일 청정한 씨앗들이 의식에 있기를 바란다면 지속성의 조건이 필요합니다. "똑같은 본성의 열매"는 우리 안에 청정한 씨앗을 다시 뿌릴 것입니다.•6

『법화경』은 "모든 살아 있는 존재들은 불성[佛性, Buddhata]을 갖고 있다."라고 말합니다. 알맞은 조건 속에서 우리 안의 불성의 씨앗이 자라날 것입니다. 우리는 그 씨앗을 바른 마음챙김의 씨앗, 또는 통찰, 지혜의 씨앗, 혹은 바른 믿음의 씨앗이라고도 부를 수 있을 것입니다. 이것들은 사실 하나의 씨앗입니다. 수행한다는 것은 그 훌륭한 씨앗이 나타나도록 돕는다는 것을 의미합니다. 우리가 마음을 챙길 때 집중은 이미 거기 있습니다. 우리가 집중하고 있을 때, 거기에는 통찰과 지혜가 있습니다. 우리에게 믿음이 있을 때, 거기에는 에너지가 있습니다. 마음챙김은 우리 안에 있는 붓다의 씨앗입니다. 그러므로 집중은 이미 우리 안에 있는 이 마음챙김의 씨앗 안에 존재합니다.

"붓다"라는 이름은 budh라는 동사의 어근에서 옵니다. 그것은 깨어나다, 이해하다, 매우 깊은 방식으로 무엇이 일어나는지를 안다는 것을 의미합니다. 앎, 이해, 그리고 현실에 깨어남 안에는 마음챙김이 있습니다. 왜냐하면 마음챙김은 무엇이 일어나고 있는지를 보고 아는 것을 의미하기 때문입니다. 우리가 보는 것이 깊은지 피상적인지 는 우리의 깨어남의 정도에 달려 있습니다. 우리들 각자 안에 있는 붓 다의 씨앗, 깨어날 수 있고 이해할 수 있는 능력은 불성이라고 불립니 다. 그것은 마음챙김, 즉 현재의 순간에 무엇이 일어나고 있는지에 대 한 자각의 씨앗입니다. 만일 내가 "붓다가 될 당신을 위한 연꽃 한 송 이"라고 말한다면, 그것은 "나는 당신 안에 있는 불성을 분명히 봅니 다."라는 것을 의미합니다. 여러분은 자신 안에 붓다의 씨앗이 있다는 것을 받아들이기 어려울지도 모릅니다. 하지만 우리는 모두 믿음, 깨 어남, 이해, 그리고 자각의 가능성을 갖고 있습니다. 그리고 그것이 곧 불성입니다. 붓다가 될 수 있는 가능성을 갖고 있지 않은 사람은 단 한 사람도 없습니다.

하지만 우리가 찾고 있는 보물은 우리 안에 숨겨져 있습니다. 『법 화경』속에 등장하는 남자, 이미 자신의 주머니 속에 있던 보물을 찾 기 위해 온 세상을 헤맸던 그 사람처럼 사는 것을 멈추십시오. 돌아오 십시오. 그리고 진정한 유산을 받으십시오. 바깥에서 행복을 찾지 마 십시오. 자신에게 그것이 없다는 생각을 내려놓으십시오. 그것은 우 리 안에 열려 있습니다.

남을 결코 경멸하지 않는 상불경(常不輕) 보살은 그 누구도 싫어할 수가 없었습니다. 왜냐하면 우리들 각자가 붓다가 될 수 있는 가능성 을 갖고 있다는 것을 알았기 때문입니다. 그는 모든 아이와 어른들에 게 절하며 이렇게 말하곤 했습니다. "나는 당신을 감히 과소평가하지

---

6. 27장 pp. 319~320 참조.

않습니다. 당신은 미래의 부처이십니다." 어떤 사람들은 이 말을 듣자마자 바로 자신 안에 믿음이 일어날 정도로 매우 기뻤습니다. 하지만 또 어떤 사람들은 그가 자기를 놀린다고 생각했습니다. 그래서 상불경 보살에게 소리치고 돌을 던졌습니다. 상불경 보살은 평생 동안 이 수행을 계속했고, 다른 이들에게 깨어날 수 있는 가능성이 있다는 것을 상기시켰습니다. 여러분은 이미 가지고 있는 것을 찾아서 왜 온 세상을 헤맵니까? 여러분은 이미 지구상에서 가장 부유한 사람입니다.

우리는 자신을 사랑할 수 없다고 느끼는 사람을 어떻게 도울 수 있을까요? 우리는 그 사람이 자기 안에 이미 있는 사랑의 씨앗에 접촉할 수 있도록, 그래서 그것이 꽃으로 나타나고, 그 사람이 미소 지을 수 있도록 어떻게 도울 수 있을까요? 좋은 친구로서, 우리는 자신의 의식과 다른 사람의 의식을 깊이 들여다보는 것을 배워야 합니다. 우리는 친구가 그 씨앗을 계발할 수 있도록, 그리고 사랑할 수 있는 자신의 가능성을 깨달을 수 있도록 도울 수 있습니다. "능력" 혹은 "모든 것을 포함함[忍, kshanti]"이라고 불리는 여섯 번째 힘이 있습니다. 행복할 수 있는 능력은 매우 소중합니다. 설령 어려움에 직면할 때도 행복할 수 있는 사람은 자기 자신과 자신을 둘러싼 사람들에게 빛과 기쁨의 느낌을 줄 수 있는 능력을 갖고 있습니다. 우리가 이런 사람 가까이에 있을 때, 우리도 또한 행복하다고 느낍니다. 설령 지옥에 들어갈 때조차도, 그 사람은 자신의 웃음으로 지옥을 밝게 만들 것입니다. 지장(地藏, Kshitigarbha) 보살이라는 보살이 있습니다. 지장 보살의 수행은 가장 깊은 고통 속으로 들어가는 것입니다. 그리고 다른 이들에게 빛과 웃음을 가져오는 것입니다. 만일 우리 공동체에 그와 같은 사람이 있다면, 미소 지을 수 있고, 행복할 수 있고, 모든 상황에서 믿음을 가질 수 있는 그런 사람이 있다면, 그것은 좋은 공동체입니다.

스스로에게 "나는 그와 같은 사람인가?"라고 물어보십시오. 처음 에는 자신이 아마도 그런 사람이 아니라고 생각할 것입니다. 우리에게는 어쩌면 열등 콤플렉스가 있을 수도 있습니다. 그것은 두 번째 종류의 자만심입니다.[7] 상불경 보살의 충고를 따르십시오. 그리고 행복의 씨앗과 사랑하고 행복할 수 있는 능력이 거기에 있다는 것을 받아들이기 위해서 의식의 창고를 깊이 들여다보십시오. 기쁨을 수행하십시오. 우리는 어쩌면 설거지가 하찮은 일이라고 생각할지 모릅니다. 하지만 소매를 걷어올리고, 물을 틀고, 세제를 부을 때, 매우 행복할 수 있습니다. 마음챙김으로 설거지를 하면 삶이 얼마나 경이로운지를 볼 수 있습니다. 모든 순간은 자신 안에 있는 행복의 씨앗에 물을 주는 기회입니다. 만일 모든 환경에서 행복할 수 있는 능력을 계발한다면 우리는 자신의 행복을 다른 이들과 나눌 수 있을 것입니다.

그렇지 않다면 여러분은 아마도, 이것은 불행한 상황이다, 나는 다른 어딘가로 가야만 한다고 생각할지 모릅니다. 그리고 방탕한 사람처럼 떠돌며 여기저기를 다닐 것입니다. 그 어디에서도 행복할 수 있는 자신의 능력을 깨달을 때, 우리는 현재의 순간에 뿌리를 내릴 수 있을 것입니다. 현재 순간의 조건이 무엇이든 그것을 받아들이고, 그것

---

7. 세 가지 종류의 자만은 (1) 내가 다른 사람(들)보다 더 낫다고 생각하는 것, (2) 내가 다른 사람(들)보다 못하다고 생각하는 것, (3) 내가 다른 사람(들)만큼 좋다고 생각하는 것이다.

을 자신의 삶과 행복의 토대로 만들 것입니다. 햇살이 비칠 때 우리는 행복합니다. 비가 내릴 때도 우리는 행복합니다. 우리는 다른 어느 곳에도 갈 필요가 없습니다. 우리는 미래로 여행하거나 과거로 돌아가지 않아도 됩니다. 현재의 순간에 있는 모든 것은 우리의 진정한 집에 속해 있습니다. 행복을 위한 모든 조건들이 여기에 있습니다. 우리는 그저 이미 우리 안에 있는 행복의 씨앗들에 접촉하기만 하면 됩니다.

잘 가꾸어진 뜰에 가서 싱그럽고 아름다운 장미를 보면 그 향기를 맡고 싶어 합니다. 하지만 그러려면 가시에 닿아야 합니다. 장미는 거기에 있습니다. 하지만 거기에는 가시 덤불도 있습니다. 장미 향기를 맡기 위해서는 가시를 이해할 수 있는 길을 찾아야 합니다. 수행도 마찬가지입니다. 가시가 있기 때문에 행복할 수 없다고 말하지 마십시오. 가슴에 여전히 화나 슬픔이 있기 때문에 그 어떤 것도 누릴 수 없다고 말하지 마십시오. 우리는 기쁨의 꽃을 잃지 않기 위해 화와 슬픔을 다루는 법을 알아야 합니다.

우리의 내적인 형성(samyojana)과 고통이 의식의 창고에 잠들어 있을 때는 긍정적인 씨앗들에 물 주는 수행을 하기에 좋은 시간입니다. 고통의 느낌이 우리의 의식적인 마음으로 들어올 때, 우리는 그런 느낌들을 다룰 수 있기 위해서 마음챙김과 함께 숨을 쉬고 걷기 명상을 수행해야 합니다. 행복의 씨앗에 물을 주는 기회를 잃지 마십시오. 그러면 더 많은 행복의 씨앗들이 의식의 창고로 들어갈 것입니다.

붓다가 막 열반에 들려고 할 때, 제자 아난다는 울고 또 울었습니다. 붓다는 "과거의 붓다들은 훌륭한 시자(侍子)들을 두었다. 하지만 그 누구도 아난다 그대만큼 훌륭하지는 않았노라."라고 말하며 위로 하였습니다. 붓다는 아난다 안에 있는 행복의 씨앗에 물을 주고 있었습니다. 왜냐하면 아난다가 온 마음을 다하여 붓다를 보살폈기 때문입니다. 그는 말했습니다. "아난다여, 그대는 황금빛 벼가 지평선까지 펼쳐져 있는 아름다운 논을 보았는가? 그것들은 매우 아름답다." 아난다는 대답하였습니다. "그렇습니다, 세존이시여. 그것들은 매우 아름답습니다." 붓다는 언제나 아난다에게 아름다운 것들을 알아차리라고 상기시켜주었습니다. 아난다는 붓다를 잘 보살피는 것에 대해서 염려하였고, 자신의 일상의 삶에 깃든 장미를 누릴 수 없었습니다. 하늘에 있는 구름 한 조각을 볼 때 친구에게 물으십시오. "너에게 저 구름이 보이니? 그것이 경이롭지 않니?" 어떻게 우리 안에 있는 행복의 씨앗에 매일 물을 주며 살 수 있을까요? 그것은 기쁨을 계발하는 것이고, 사랑을 수행하는 것입니다. 우리에게 마음챙김이 있을 때 우리는 이것들을 쉽게 수행할 수 있습니다. 하지만 마음챙김이 없다면 어떻게 아름다운 논을 볼 수 있겠습니까? 어떻게 즐거운 비를 느낄 수 있겠습니까? 숨을 들이쉬며, 나는 비가 내리고 있다는 것을 아네. 숨을 내쉬며 나는 비에게 미소를 보내네. 숨을 들이쉬며, 나는 비가 삶에 꼭 필요한 부분이라는 것을 아네. 숨을 내쉬며, 나는 다시금 미소 짓네. 마음챙김은 우리가 잃어버렸다고 생각했던 낙원을 다시 찾도록 도와줍니다.

우리는 진정한 집으로 돌아가기를 원합니다. 하지만 달아나는 습관 가운데 있습니다. 우리는 연꽃 위에 앉기를 원합니다. 하지만 불타는 석탄 위에 앉아 있습니다. 그리고 뛰어내리기를 원합니다. 만일 우리가 현재의 순간에 깊이 앉는다면 그것은 연꽃 위에 앉아 있는 것과 같습니다. 붓다는 언제나 연꽃 위에 평화롭게 앉아 있는 것으로 그려집니다. 그것은 붓다가 언제나 집에 있었기 때문입니다. 붓다는 더이상 달아날 필요가 없었습니다. 현재의 순간에 앉아 있음을 즐기는 것은 "그저 앉는 것[只管打坐]" 혹은 "아무 일도 하지 않음[無爲]"이라고 불립니다. 틱꽝득(Thich Quang Duc) 스님은 불길이 자신을 온통 휘감고 타오를 때조차도 평화롭게 앉아 있을 수 있었습니다. 그는 불타고 있었습니다. 하지만 그는 여전히 연꽃 위에 앉아 있었습니다. 그것은 그어느 것도 상실되지 않는다는 것을 알면서, 그 어떤 상황에서도 평화롭게 앉아 있을 수 있는 궁극적인 능력입니다.

어디에서나 평화를 느낄 수 있는 능력은 긍정적인 씨앗입니다. 달아나는 에너지는 긍정적인 씨앗이 아닙니다. 만일 우리가 마음챙김을 수행한다면, 달아나고 싶은 에너지가 일어날 때마다 그것에 미소짓고, "안녕, 나의 오랜 친구야. 나는 너를 알아."라고 말할 수 있습니다. 마라가 나타날 때면 붓다는 언제나 "나는 너를 알아, 나의 오랜 친구."라고 말했습니다. 그러면 마라는 달아났습니다.

『산도타경』(잡아함경 1078)은 행복이 지금 여기에 깃들 수 있도록 수행하라는 가르침을 줍니다. 낙원이라 불리지만 행복의 그림자일 뿐인 환상의 집을 찾기 위해 현재의 집을 버리고 떠날 필요는 없습니다. 우리 내면의 발전소에서 믿음, 에너지, 마음챙김, 집중, 그리고 통찰을 만들어낼 때, 우리는 진정한 집이 이미 빛과 힘으로 가득 차 있음을 깨닫습니다.

25장

〰〰〰〰〰〰〰〰〰〰〰〰〰〰〰〰〰〰〰〰〰〰〰〰〰〰

여섯 가지 바라밀[六波羅蜜]

육바라밀은 대승불교의 가르침입니다. 바라밀은 "완성" 혹은 "완전한 깨달음"으로 번역될 수 있습니다. 한자 바라밀(波羅蜜)은 "저 편 언덕으로 건너감"을 의미합니다. 그것은 평화, 두려움 없음 그리고 해탈의 언덕입니다. 바라밀의 수행은 우리 일상의 삶의 수행일 수 있습니다. 우리는 고통과 화, 그리고 절망의 언덕에 있습니다. 그리고 행복의 언덕으로 건너가기를 원합니다. 건너가기 위해서 우리는 무엇인가를 해야 합니다. 그리고 그것은 바라밀이라고 불립니다. 우리는 우리 자신으로 돌아가고 고통과 화, 그리고 절망을 바라보며 마음챙김의 호흡을 수행합니다. 그리고 미소 짓습니다. 이렇게 함으로써 고통을 극복하고 건너갑니다. 우리는 매일 "완성"을 수행할 수 있습니다.

마음챙김으로 한 걸음을 내딛을 때마다 우리는 슬픔의 땅에서 기쁨의 땅으로 갈 수 있는 기회를 갖습니다. 정토는 바로 지금 여기에 열려 있습니다. 신의 왕국은 우리 안에 있는 씨앗입니다. 우리가 촉촉한 흙에 그 씨앗을 어떻게 심을지를 안다면 그것은 나무가 될 것입니다. 그리고 새들이 찾아와 깃드는 곳이 될 것입니다. 필요하다고 느낄 때마다 저편 언덕으로 건너가는 것을 수행하십시오. 붓다는 "그저 저편 언덕이 그대에게 오기를 바라지 마라. 저편 언덕으로, 안전, 행복, 두려움 없음, 그리고 화 없음으로 건너가기를 원한다면, 수영을 하거나 노를 저어서 건너가야만 한다. 그대는 노력을 해야 한다."라고 말했습니다. 이 노력은 육바라밀의 수행입니다.

육바라밀

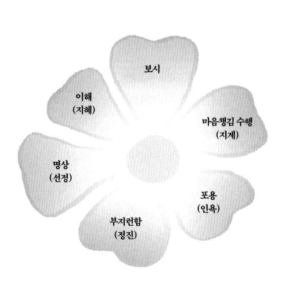

—
표 4

(1) 보시 바라밀: 주는 것, 공양하는 것, 너그러움.

(2) 지계 바라밀: 계율 또는 마음챙김 수행.

(3) 인욕 바라밀: 포용. 우리의 적 그리고 우리가 사랑하는 사람들이 우리에게 가한 고통을 받아들이고, 견디고, 변화시키는 능력.

(4) 정진 바라밀: 부지런함, 에너지, 인내.

(5) 선정 바라밀: 명상.

(6) 지혜 바라밀: 지혜, 통찰, 이해.

육바라밀 수행은 우리가 자유, 조화, 그리고 좋은 관계들의 언덕인 저 편 언덕에 이르도록 돕습니다.

⚸

건너가는 첫 번째 수행은 주는 것의 완성, 보시 바라밀입니다. 준다는 것은 무엇보다도, 기쁨, 행복, 그리고 사랑을 주는 것을 의미합니다. 아시아에서 잘 알려진 한 식물이 있는데 그것은 양파 과에 속하고 수프, 볶음밥 그리고 오믈렛으로 만들면 맛이 좋습니다. 그것은 자를 때마다 24시간이 채 되지 않아서 다시 자랍니다. 그리고 더 많이 자르면 자를수록 더 크고 더 강하게 자랍니다. 이 식물은 보시 바라밀을 나타냅니다. 우리는 우리 자신을 위해서는 그 어느 것도 남겨두지 않습니다. 오직 주기를 바랄 뿐입니다. 우리가 주면 상대방은 행복해질 수도 있고 아닐 수도 있습니다. 하지만 우리는 틀림없이 행복해집니다. 붓다의 전생에 관한 수많은 이야기들 속에서, 붓다는 보시 바라밀을 수

행했습니다.[1]

우리가 누군가에게 줄 수 있는 가장 큰 선물은 우리의 진정한 존재입니다. 내가 아는 어린 소년에게 아버지가 이렇게 물었습니다. "생일 선물로 무엇을 원하니?" 소년은 망설였습니다. 소년의 아버지는 부유했고 아들이 원하는 것은 무엇이든 줄 수 있었습니다. 하지만 아버지는 돈을 버느라 바빠서 집에 있는 시간이 거의 없었습니다. 소년은 말했습니다. "아빠, 저는 아빠를 원해요." 소년의 메시지는 분명했습니다. 만일 누군가를 사랑한다면 우리는 그 사람을 위해 우리의 진정한 존재를 만들어야 합니다. 그 선물을 줄 때 여러분은 그와 동시에 기쁨이라는 선물을 받습니다. 명상 수행을 통해 진정한 존재를 만드는 법을 배우십시오. 마음챙김으로 숨을 쉴 때, 우리는 몸과 마음을 하나로 가져옵니다. "사랑하는 이여, 나는 당신을 위해 여기에 있습니다."라는 것은 우리가 이 바라밀을 수행할 때 말할 수 있는 만트라입니다.

우리는 또 어떤 것을 줄 수 있을까요? 우리의 안정입니다. "숨을 들이쉬며, 나는 나 자신을 산으로 보네. 숨을 내쉬며, 나는 단단함을 느끼네." 우리가 사랑하는 그 사람은 우리가 단단하고 안정적이기를 원합니다. 우리는 마음챙김으로 걷기, 마음챙김으로 앉기를 수행하며 숨을 들이쉬고 내쉼으로써 안정을 계발할 수 있습니다. 그리고 매 순간 속에 깊이 살 수 있습니다. 단단함은 열반의 특성 가운데 하나입니다.

우리는 또 무엇을 줄 수 있을까요? 우리의 자유입니다. 탐욕, 화, 질투, 절망, 두려움, 그리고 잘못된 지각과 같은 번뇌로부터 자유롭지 않다면 행복은 가능하지 않습니다. 자유는 열반의 특성 가운데 하나입니다. 어떤 종류의 행복은 실제로 우리의 몸, 마음, 그리고 관계를 파괴합니다. 탐욕으로부터의 자유는 중요한 수행입니다. 행복을 가져올 것이라고 생각하는 대상의 본성을 깊이 들여다보십시오. 그리고 실은 그것이 우리가 사랑하는 사람에게 고통을 야기하고 있지는 않은지 살펴보십시오. 진정으로 자유롭기를 원한다면 이것을 알아야만 합니다. 현재의 순간으로 돌아오십시오. 그리고 거기 열려 있는 삶의 경이로움에 접촉하십시오. 거기에는 바로 지금 우리를 행복하게 만들 수 있는 청정한 것들이 아주 많이 있습니다. 그것들은 아름다운 해돋이, 파란 하늘, 산, 강, 그리고 우리 주변의 온갖 사랑스러운 얼굴들입니다.

우리는 또 어떤 것을 줄 수 있을까요? 우리의 새로움입니다. "숨을 들이쉬며, 나는 나 자신을 한 송이 꽃으로 보네. 숨을 내쉬며, 나는 새로움을 느끼네." 우리는 세 번 숨을 들이쉬고 내쉴 수 있습니다. 그러면 우리의 꽃다움을 바로 되찾을 수 있습니다. 얼마나 귀한 선물입니까!

또 어떤 것을 줄 수 있을까요? 평화입니다. 평화로운 사람 가까이에 앉는 것은 경이롭습니다. 그 사람의 평화가 우리에게 도움이 됩니다. "숨을 들이쉬며, 나는 나 자신을 고요한 물로 보네. 숨을 내쉬며, 나는 사물을 있는 그대로 비추네." 우리는 사랑하는 사람들에게 우리

---

1. 자타카 이야기의 다양한 번역 참조.

의 평화와 맑음을 줄 수 있습니다.

또 어떤 것을 줄 수 있을까요? 공간입니다. 우리가 사랑하는 사람은 행복하기 위해서 공간이 필요합니다. 꽃꽂이에서 각각의 꽃은 진정한 아름다움을 빛내기 위해 주변에 공간이 필요합니다. 사람도 한 송이 꽃과 같습니다. 그의 내면에 그리고 주변에 공간이 없다면 그 사람은 행복할 수 없습니다. 우리는 이런 선물을 시장에서 살 수 없습니다. 그것들은 우리의 수행을 통해서 만들어내야 합니다. 더 많이 주면 줄수록 우리는 더 많이 갖게 됩니다. 사랑하는 사람이 행복할 때 행복은 곧바로 우리에게 돌아옵니다. 우리는 그 사람에게 줍니다. 하지만 동시에 우리 자신에게 주고 있는 것입니다.

주는 것은 경이로운 수행입니다. 붓다는 누군가에게 화가 날 때, 모든 것을 시도했는데도 여전히 화가 난다면, 보시 바라밀을 수행하라고 말했습니다. 화가 나면 우리는 상대방에게 화풀이를 하곤 합니다. 하지만 그렇게 하면 그저 고통만 커질 뿐입니다. 붓다는 대신 그 사람에게 선물을 보내라고 했습니다. 화가 나면 그 사람을 위한 선물을 사고 싶지 않을 것입니다. 그러므로 지금, 화가 나지 않았을 때, 선물을 준비할 기회를 가지십시오. 그런 다음 다른 모든 노력이 실패할 때 가서 그 선물을 그 사람에게 부치십시오. 그러면 놀랍게도 바로 기분이 좋아질 것입니다. 국가 간에도 마찬가지입니다. 이스라엘의 평화와 안전을 위해서 이스라엘 사람들은 팔레스타인 사람들의 평화와 안전을 보장할 길을 찾아야 합니다. 그리고 팔레스타인 사람들의 평화와 안전을 위해서 팔레스타인 사람들 또한 이스라엘 사람들의 평화와 안전을 보장할 길을 찾아야 합니다. 우리는 자신이 주는 것을 얻습니다. 상대방을 벌주려고 하지 말고 그가 필요로 하는 바로 그것을 주십시오. 주는 수행은 우리를 행복의 언덕으로 매우 빨리 데려갈 수 있습니다.

다른 사람이 우리를 고통스럽게 할 때, 그것은 그가 내면에서 깊이 고통을 겪고 있기 때문입니다. 그리고 그의 고통이 흘러넘치고 있기 때문입니다. 그에게는 벌이 필요하지 않습니다. 그에게는 도움이 필요합니다. 그것이 바로 그가 보내는 메시지입니다. 만일 우리가 그것을 볼 수 있다면 그에게 필요한 것, 위안을 그에게 주십시오. 행복과 안전은 개인적인 문제가 아닙니다. 그의 행복과 안전은 우리의 행복과 안전에 필수적입니다. 온 마음을 기울여 그의 행복과 안전을 기원하십시오. 그러면 우리도 역시 행복하고 안전할 것입니다.

또 어떤 것을 줄 수 있을까요? 이해입니다. 이해는 수행의 꽃입니다. 집중된 주의를 하나의 대상에 기울이고, 그것을 깊이 들여다보십시오. 그러면 통찰과 이해를 갖게 될 것입니다. 우리가 다른 이들에게 우리의 이해를 준다면 그들은 곧바로 고통을 멈출 것입니다.

바라밀 꽃의 첫 번째 잎은 보시 바라밀, 주는 것의 수행입니다. 우리가 주는 것은 우리가 받는 것입니다. 그것은 인공위성이 보낸 신호보다 더 빠릅니다. 우리가 우리의 존재, 우리의 안정, 우리의 새로움, 우리의 확신, 우리의 자유를 주든지, 혹은 우리의 이해를 주든지, 그 선물은 기적을 일으킬 수 있습니다. 보시 바라밀은 사랑의 수행입니다.

두 번째 수행은 계율의 완성, 또는 마음챙김의 수행, 지계 바라밀입니
다. 다섯 가지 마음챙김의 수행은 우리의 몸, 마음, 가족, 그리고 사회
를 지켜줍니다.

첫 번째 마음챙김의 수행은 인간, 동물, 식물, 그리고 무기물들의
생명을 보호하는 것에 관한 것입니다. 다른 존재를 보호하는 것은 우
리 자신을 보호하는 것입니다. 두 번째 마음챙김의 수행은 인간이 다
른 살아 있는 존재들과 자연을 착취하지 못하게 하는 것입니다. 그것
은 또한 너그러움의 수행입니다. 세 번째는 아이들과 어른들을 성적
인 학대로부터 보호하고, 개인과 가족의 행복을 지키는 것입니다. 너
무 많은 가족이 잘못된 성적 행위로 인해 깨졌습니다. 세 번째 마음챙
김을 수행하면 자기 자신과 가족과 커플을 지킬 수 있습니다. 우리는
다른 사람들이 안전하다고 느끼도록 돕습니다. 네 번째 마음챙김의
수행은 깊은 듣기와 다정한 말을 수행하는 것입니다. 다섯 번째 마음
챙김의 수행은 마음챙김으로 소비하는 것에 관한 것입니다.[2]

다섯 가지 마음챙김의 수행은 사랑의 한 모습입니다. 그리고 주
는 것의 한 형태입니다. 그것은 건강을 지켜주고 우리 가족과 사회를
확실하게 보호해줍니다. 지계 바라밀은 우리가 우리 사회, 우리 가족,
그리고 우리가 사랑하는 사람들에게 만들어줄 수 있는 큰 선물입니
다. 우리가 우리 사회에 줄 수 있는 가장 소중한 선물은 다섯 가지 마
음챙김을 수행하는 것입니다. 만일 우리가 다섯 가지 마음챙김에 따
라서 산다면 그것은 우리 자신과 사랑하는 사람을 지키는 것입니다.
지계 바라밀을 수행할 때, 우리는 삶의 소중한 선물을 줍니다.

우리 고통의 원인을 개인적으로 그리고 집단적으로 함께 깊이 들여다봅시다. 만일 그렇게 한다면 나는 다섯 가지 마음 수행이 우리 시대의 문제를 해결하기 위한 올바른 약임을 알 수 있을 것이라고 확신합니다. 모든 전통은 다섯 가지 마음 수행에 상응하는 어떤 것을 갖고 있습니다. 나는 다섯 가지 마음챙김의 수행을 받아들이고 수행하는 사람을 볼 때마다 매우 행복합니다. 그를 위해서, 그의 가족을 위해서, 그리고 나 자신을 위해서… 그것은 내가 다섯 가지 마음챙김의 수행이 마음챙김을 수행하는 가장 구체적인 길임을 알기 때문입니다. 우리는 그것들을 깊이 수행하기 위해 우리 주변에 공동체를 필요로 합니다.

✼

그 꽃의 세 번째 잎은 포용, 인욕 바라밀입니다. 포용은 받아들이고 끌어안고 변화시키는 능력입니다. 크샨티(Kshanti)는 주로 참을성 혹은 인내라고 번역됩니다. 하지만 나는 "포용"이라는 번역이 붓다의 가르침을 더 잘 전한다고 믿습니다. 포용을 수행할 때, 우리는 고통을 겪거나 참을 필요가 없습니다. 설령 우리가 고통이나 불의를 끌어안아야 할 때조차도… 상대방은 우리를 화나게 만드는 말을 하거나 행동을 합니다. 그는 정의롭지 않은 어떤 것으로 우리를 괴롭힙니다. 하지만 우리의 마음이 충분히 크다면 우리는 고통을 겪지 않습니다.

---

2.   다섯 가지 마음챙김에 대한 더 상세한 설명은 12장과 13장의 바른 말과 바른 행위 참조. Thich Nhat Hanh, *For a Future to Be Possible*과 *The Mindfulness Survival Kit*도 참조.

붓다는 이런 훌륭한 비유를 제시했습니다. 한 줌의 소금을 집어 작은 물그릇에 넣으면, 그 그릇의 물은 너무 짜서 마실 수가 없을 것입니다. 하지만 똑같은 양의 소금을 큰 강에 넣는다면 사람들은 그대로 그 강물을 마실 수 있을 것입니다. (기억하십시오, 이 가르침은 2,600년 전의 말씀입니다. 그때는 강물을 마실 수 있었습니다!) 강은 거대하기 때문에 받아들이고 변화시킬 수 있습니다. 강은 한 줌의 소금으로 인해 전혀 고통을 겪지 않습니다. 만일 우리의 마음이 작다면 한마디의 부당한 말이나 행위가 우리를 고통스럽게 만들 것입니다. 하지만 마음이 크다면, 만일 우리가 이해와 자비를 갖고 있다면, 그 말이나 행위는 우리를 고통스럽게 만들 힘을 갖지 않을 것입니다. 우리는 그것을 곧바로 받아들이고, 끌어안고, 변화시킬 수 있을 것입니다. 여기에서 중요한 것은 우리의 능력입니다. 우리의 고통을 변화시키기 위해서는 마음이 바다만큼이나 커야 합니다. 다른 사람은 고통을 겪을 수도 있지만, 만일 똑같은 불친절한 말을 보살이 듣는다면 전혀 고통을 겪지 않을 것입니다. 그것은 받아들이고, 끌어안고, 변화시키는 우리의 방식에 달려 있습니다. 만일 우리가 고통을 너무 오래 갖고 있다면, 그것은 포용의 수행을 아직 배우지 못했기 때문입니다.

붓다의 아들 라훌라가 열여덟 살 때, 붓다는 라훌라에게 포용을 수행하는 방법에 대한 훌륭한 법문을 해주었습니다. 라훌라의 스승 사리불이 거기 있었습니다. 그리고 사리불도 역시 그 가르침을 듣고 받아들였습니다. 그리고 12년이 흐른 후에, 사리불은 스님들 전체를 대상으로 이 가르침을 다시 펼칠 기회를 가졌습니다. 그것은 석달 동안의 우기 안거가 끝난 다음날이었습니다. 모든 스님들은 머물던 곳을 떠나 다른 이들에게 가르침을 주기 위해 열 군데의 방향으로 떠날 준비를 하고 있었습니다. 그때 한 스님이 붓다에게 말했습니다. "세존이시여, 오늘 아침 사리불 존자가 떠날 때, 나는 그에게 어디로 가는지 물었습니다. 그러자 사리불 존자는 제 질문에 대답을 하기는커녕 나를 땅으로 밀고 '미안합니다.'라는 말조차도 하지 않았습니다."

붓다는 아난다에게 "사리불이 벌써 멀리 갔느냐?"라고 물었습니다. 아난다는 "아닙니다, 세존이시여. 그는 단지 한 시간 전에 떠났습니다."라고 대답했습니다. 그러자 붓다는 한 행자에게 사리불을 찾아 다시 돌아오게 하라고 시켰습니다. 행자가 사리불을 데려오자 아난다는 아직 거기 있던 모든 스님들을 모이게 했습니다. 붓다는 방으로 들어와 사리불에게 정식으로 물었습니다. "사리불이여, 오늘 아침 그대가 사원을 떠날 때, 한 사제가 질문을 하고 싶어 했는데, 그에게 아무런 대답을 하지 않았다는 것이 사실인가? 오히려 그를 땅바닥으로 떠밀고 미안하다는 말조차 하지 않았다는 것이 사실인가?" 그러자 사리불은 모든 동료 스님들 앞에서 붓다에게 대답했습니다.•3

"세존이시여, 저는 12년 전에 세존께서 라훌라 비구에게 하셨던 법문을 기억합니다. 그때 그는 열여덟 살이었습니다. 세존께서는 그에게 사랑, 자비, 기쁨, 그리고 평정심의 미덕을 닦고 그것들에 자양을 주기 위해 땅, 물, 불, 그리고 바람의 본성에 대해 명상하라고 가르치

---

3. *Sariputra's Lion's Roar*(『사리불의 사자후』), *Angutttara Nikaya* IX, 11.
그리고 *Mahaparinirvana Sutra*(『대반열반경』).

셨습니다.*4 세존께서는 라훌라에게 말씀하셨지만 저도 또한 거기서 배웠고 그 가르침을 지키고 수행하려고 노력해왔습니다.

세존이시여, 저는 땅처럼 수행하려고 노력해왔습니다. 땅은 넓고 열려 있습니다. 그리고 받아들이고 끌어안고 변화시키는 능력을 갖고 있습니다. 사람들이 꽃, 향수, 또는 신선한 우유와 같은 깨끗하고 향기로운 것들을 던지거나, 혹은 대변, 소변, 피, 점액, 그리고 침과 같은 깨끗하지 않고 악취가 나는 것들을 던지거나, 땅은 집착이나 싫어함이 없이 그것들을 모두 평등하게 받아들입니다. 그 어떤 것을 던질지라도 땅은 그것을 받아들이고 끌어안고 변화시키는 힘을 갖고 있습니다. 저는 땅처럼 저항이나 불평, 혹은 고통 없이 받아들이는 수행을 하기 위해 최선을 다합니다.

세존이시여, 저는 마음챙김과 자애를 수행합니다. 몸에서 몸에 대한 마음챙김을, 몸의 행위에서 몸의 행위에 대한 마음챙김을 수행하지 않는 승려는 도반 스님을 땅으로 떠밀 수도 있을 것입니다. 그리고 사과도 하지 않고 그가 거기 그대로 넘어져 있도록 내버려두지도 모릅니다. 하지만 도반 스님에게 무례하고, 그를 땅으로 떠밀고, 사과도 없이 계속 걸어가는 것은 저의 길이 아닙니다.

세존이시여, 저는 물과 같이 수행하라며 라훌라에게 주셨던 가르침을 배웠습니다. 누군가가 물속에 향기로운 것이나 깨끗하지 않은 것을 부으면 물은 집착이나 싫어함이 없이 그것들을 모두 평등하게 받아들입니다. 물은 거대하며 또한 흐르고 있습니다. 그리고 이 모든 것을 받아들이고 간직하고 변화시키고 정화하는 능력을 갖고 있습니다. 저는 물과 같이 수행하기 위해 최선을 다해왔습니다. 마음챙김을 수행하지 않는 승려, 물과 같아지기를 수행하지 않는 이는 도반 스님을 땅으로 떠밀고 '미안합니다.'라는 말도 없이 제 갈 길을 갈지도 모릅니다. 하지만 저는 그와 같은 승려가 아닙니다.

세존이시여, 저는 불과 같아지기 위해서 수행해왔습니다. 불은 모든 것을 태웁니다. 순수하지 않은 것뿐만 아니라 순수한 것도, 혐오스러운 것뿐만 아니라 아름다운 것도, 집착이나 싫어함이 없이 태웁니다. 만일 불에 꽃이나 비단을 던진다면, 그것은 불탑니다. 만일 낡은 천이나 악취가 나는 다른 것을 불에 던진다면, 불은 모든 것을 받아들이고 태울 것입니다. 불은 차별하지 않습니다. 왜일까요? 불은 자신에게 주어진 모든 것을 받아들이고, 소멸시키고, 태울 수 있기 때문입니다. 저는 불과 같이 수행하려고 노력해왔습니다. 저는 부정적인 것들을 변화시키기 위해 그것들을 태울 수 있습니다. 바라보고, 듣고, 고요히 바라보는 마음챙김을 수행하지 않는 승려는 도반 스님을 땅으로 떠밀고 사과하지 않고 계속 갈지도 모릅니다. 세존이시여, 저는 그런 승려가 아닙니다.

세존이시여, 저는 공기와 같아지는 것을 수행하려고 노력해왔습니다. 공기는 집착이나 싫어함이 없이 좋고 나쁜 모든 냄새를 실어 나릅니다. 공기는 변화시키고 정화하고 놓아주는 능력을 가졌습니다.

---

4. 붓다는 우리의 마음이 더 커지도록 돕고 그럼으로써 다른 사람들이 우리에게 고통과 불의를 가할 때마다 우리가 고통을 겪지 않도록 하기 위해 네 가지 한량없는 마음, 즉 사랑, 자비, 기쁨, 그리고 평정심도 가르쳤다. 22장 참조. Thich Nhat Hanh, *Teachings on Love*도 참조.

세존이시여, 저는 몸에서 몸을, 몸의 움직임에서 몸의 움직임을, 몸의 자세에서 몸의 자세를, 느낌에서 느낌을, 그리고 마음에서 마음을 고요히 바라보아왔습니다. 마음챙김을 수행하지 않는 승려는 도반 스님을 땅으로 떠밀고 사과도 하지 않은 채 계속 갈지도 모릅니다. 저는 그와 같은 승려가 아닙니다.

세존이시여, 저는 입을 것이 하나도 없고, 누더기가 된 옷에 붙일 아무런 이름도 명패도 없는 불가촉천민 아이와도 같습니다. 저는 겸손을 수행하려고 노력해왔습니다. 그것은 겸손이 변화시킬 수 있는 힘을 갖고 있다는 것을 알기 때문입니다. 저는 매일 배우려고 노력해왔습니다. 마음챙김을 수행하지 않는 승려는 어쩌면 도반 스님을 땅으로 떠밀고 사과하지 않은 채 계속 갈지도 모릅니다. 세존이시여, 저는 그와 같은 승려가 아닙니다."

사리불은 그의 "사자후"를 계속해서 전했습니다. 하지만 상대방 스님은 더 이상 그것을 듣고 있을 수 없었습니다. 그는 오른쪽 어깨를 드러내고 무릎을 꿇고 용서를 빌었습니다. "세존이시여, 저는 비나야(vinaya, 승가의 계율)를 어겼습니다. 화와 질투 때문에, 사형(師兄)인 사리불을 불명예스럽게 하려고 거짓말을 했습니다. 제가 다시 새로워질 수 있도록 공동체의 허락을 빕니다." 붓다와 전체 공동체 앞에서, 그는 사리불에게 세 번 절을 했습니다. 사리불은 사제가 절 하는 것을 보고 자신도 절을 하며 말했습니다. "저도 세심하지 못했습니다. 그러니 오해를 산 것입니다. 이에 대해 저도 책임이 있습니다. 저의 사제가 저를 용서하기를 빕니다." 그리고 그는 상대방 스님에게 세 번 절을 했습니다. 그리고 그들은 화해했습니다. 아난다는 사리불에게 다시 길을 떠나기 전에 잠시 차 한잔 하고 가라고 청했습니다.

고통을 억누르는 것은 포용에 대한 가르침이 아닙니다. 우리는 그것을 받아들여야 하고 끌어안아야 하고 변화시켜야 합니다. 이것을 실천하는 유일한 길은 우리 마음을 크게 만드는 것입니다. 우리는 이해하고 용서하기 위해 깊이 들여다봅니다. 그러지 않으면 화와 미움에 갇힐 것입니다. 그리고 오직 상대방에게 벌을 준 후에야 기분이 나아질 것이라고 생각합니다. 복수는 청정하지 못한 영양소입니다. 다른 이들을 도우리라는 의도는 청정한 영양소입니다.

인욕 바라밀을 수행하기 위해서 우리에게는 다른 바라밀이 필요합니다. 만일 포용에 대한 수행에 이해하는 것, 주는 것, 그리고 명상이 포함되지 않는다면, 우리는 단지 고통을 억누르고, 그것을 의식의 저 밑바닥으로 쫓아 보내려고 하고 있는 것입니다. 이것은 위험합니다. 그와 같은 에너지는 나중에 폭발하고, 우리 자신과 다른 이들을 망가뜨릴 것입니다. 만일 우리가 깊이 보기를 수행한다면 마음은 끝없이 성장할 것입니다. 그리고 고통을 덜 겪을 것입니다.

내가 계를 준 첫 번째 제자는 틱낫찌(Thich Nhât Tri) 스님이었습니다. 낫찌 스님은 찬콩(Chân Không) 스님과 나와 함께 중부 베트남의 홍수 희생자들을 구하기 위한 수많은 과업에 참여했습니다. 그리고 나의 요청으로 가난한 작은 마을에서 여러 달을 보냈습니다. 우리는 사회 봉사를 위한 청년 학교(The School of Youth for Social Service)를 세우고 있었습니다. 그리고 시골 사람들의 실제적인 상황을 배워야만 했습니다. 우리는 가난한 사람들의 생활 수준 향상을 돕기 위해 비폭력과 자애를 적용할 방법을 찾고 싶었습니다. 그것은 더 나은 사회를 위한 아름다운 운동이었습니다. 마침내 우리는 만 명의 일꾼이 되었습니다. 공산주의자들은 우리의 불교 운동이 친미라고 말했습니다. 그리고 대중 매체는 불교 승려들이 공산주의자의 전복을 준비하는 위장 공산주의자들이라고 말했습니다. 우리는 그저 우리 자신이려고 노력하고 있었고, 전쟁을 하고 있는 그 어떤 파벌과도 연결되어 있지 않았습니다. 1967년, 낫찌 스님과 다른 일곱 명의 사회 복지사들은 극우 집단에 의해 납치되었습니다. 그 이후로 그의 소식은 전혀 들리지 않았습니다.

어느 날 낫찌 스님은 사이공의 거리를 걷고 있었습니다. 그때 군용 트럭에 타고 있던 미국 군인이 그의 머리에 침을 뱉었습니다. 낫찌 스님은 절로 돌아와서 울고 또 울었습니다. 혈기왕성한 젊은이였기에 그에게는 반격하고 싶은 마음이 일어났습니다. 그런 까닭에 나는 깊이 상처받은 그 느낌을 변화시키기 위해서 그를 30분 동안 두 팔로 안아주었습니다. 나는 말했습니다. "나의 제자여, 너는 총을 들기 위해 태어난 것이 아니란다. 너는 스님이 되기 위해 태어났어. 그리고 너의 힘은 이해와 사랑의 힘이다. 그 미국 군인은 너를 적으로 여겼지만 그것은 그의 잘못된 지각이었단다. 우리에게는 오직 이해와 사랑으로 무장한 채 전선으로 나갈 수 있는 '전사들'이 필요하단다." 그는 사회 봉사 청년 학교에 계속해서 머물렀습니다. 그러다가 그 후에 납치되었습니다. 그리고 아마도 살해되었을 것입니다. 틱낫찌는 플럼 빌리지 스님들의 맨 위 형입니다. 그의 글씨체는 나의 것과 거의 똑같아 보였습니다. 그리고 그는 소떼를 모는 소년들이 시골에서 부를 수 있는 아름다운 노래들을 지었습니다.

우리는 그와 같은 불의를 어떻게 없앨 수 있을까요? 우리는 어떻게 온갖 나라들이 겪은 불의를 변화시킬 수 있을까요? 캄보디아 사람들, 보스니아 사람들, 팔레스타인 사람들, 이스라엘 사람들, 티베트의 사람들, 우리 모두가 불의와 불관용으로 인해 고통을 겪었습니다. 우리는 서로에게 형제자매가 되는 대신 총을 겨누었습니다. 화에 사로잡힐 때, 우리는 유일한 응답이 상대방을 응징하는 것이라고 생각합니다. 화의 불은 우리 안에서 계속해서 타오릅니다. 그리고 그것은 우리의 형제자매들을 계속해서 불태웁니다. 이것이 세상의 상황입니다. 바로 이 때문에 우리 모두가 희생자라는 것을 이해하기 위해 깊이 보는 것이 필요합니다.

나는 낫찌 스님에게 "만일 네가 뉴저지나 캘리포니아 해안 어디쯤의 가족으로 태어났다면, 그리고 그 군인들이 읽는 것과 같은 신문이나 잡지의 기사를 읽었다면, 너 또한 모든 불교 승려들이 공산주의자라고 믿었을 거야. 그리고 너도 역시 스님의 머리에 침을 뱉었겠지."라고 말했습니다. 나는 그에게 미국 군인들은 모든 베트남 사람들을 적으로 보게끔 훈련받았다고 말했습니다. 그들이 베트남에 오면 누군가를 죽이거나 아니면 자신이 죽어야 했습니다. 그들은 베트남의 군인이나 민간인과 똑같은 희생자입니다. 총을 들고 우리에게 총을 쏘는 사람들이나 우리에게 침을 뱉은 사람들은 전쟁을 시작한 사람들이 아닙니다. 전쟁을 시작한 사람들은 북경, 모스크바, 그리고 워싱턴의 안락한 사무실에 있습니다. 전쟁은 잘못된 이해에서 나온 잘못된 정책에 의해 시작되었습니다. 1966년에 워싱턴에 갔을 때, 나는 로버트 맥나마라(Robert McNamara)와 만났습니다. 그리고 진짜 전쟁이 어떤 것인지에 대해 이야기해주었습니다. 반 년 후, 그는 국무부장관을 사임했습니다. 그리고 최근에 책을 썼고 베트남에서의 전쟁이 끔찍한 실수였다고 고백했습니다. 아마도 내가 그의 내면에 이해의 씨앗을 심는 데 도움이 되었던 듯합니다.

잘못된 지각은 잘못된 정책을 낳았습니다. 그리고 잘못된 정책은 수천 명의 미국과 베트남의 군인, 그리고 수백 만의 베트남 민간인의 죽음을 몰고 왔습니다. 시골 사람들은 자신들이 왜 그렇게 죽어가야 하는지, 왜 폭탄이 밤낮 없이 떨어지는지 이해할 수 없었습니다. 사회 청년 봉사 학교의 법당에 로케트가 발사되었을 때 나는 그 법당 옆에 있는 내 방에서 자고 있었습니다. 하마터면 죽을 뻔했습니다. 만일 미움과 화에 자양을 준다면, 그것은 스스로를 불태울 것입니다. 이해는 유일한 탈출의 길입니다. 이해한다면 우리는 덜 고통을 겪을 것이고 불의의 뿌리에 어떻게 닿을 수 있는지를 알 것입니다. 붓다는 화살 한 대를 맞는다면 고통스러울 것이라고 말했습니다. 하지만 같은 자리에 화살을 한 번 더 맞는다면 아마 백 배 더 고통스러울 것입니다.[5] 불의의 희생을 당했는데 화까지 낸다면 우리는 백 배 더 고통을 겪을 것입니다. 몸 안에 어떤 고통이 생기면 숨을 들이쉬고 내쉬며 스스로에게 말하십시오. "이것은 오직 몸의 고통일 뿐이다." 만일 그것이 암이고 자신이 곧 죽을 것이라고 상상한다면, 그 고통은 백 배 악화될 것입니다. 두려움이나 미움은 무명에서 나오고 고통을 증폭시킵니다. 반야 바라밀은 구원자입니다. 만일 사물을 그 이상이 아니라 있는 그대로 보는 법을 안다면 우리는 살아남을 수 있습니다.

나는 베트남 사람들을 사랑합니다. 그리고 전쟁 동안 그들을 돕기 위해 최선을 다했습니다. 하지만 나는 베트남에 있던 미국 소년들 또한 보았습니다. 나는 그들을 원한을 품고 바라보지 않았습니다. 그래서 나는 훨씬 덜 고통스러웠습니다. 이것은 우리들 가운데 많은 사람들이 극복했던 그런 고통입니다. 그리고 가르침은 학문적인 공부에서가 아니라 그 고통에서 나옵니다. 나는 용서, 사랑, 그리고 이해의 메시지를 전하기 위해서 죽었던 낫찌 스님과 수많은 다른 이들을 위해서 살아남았습니다. 나는 그들이 헛되이 죽지 않게 하기 위해서 이것을 나눕니다.

깊이 바라보기를 수행하십시오. 그러면 우리 안에 있는 병, 불의, 혹은 작은 아픔들로부터 훨씬 덜 고통을 겪을 것입니다. 깊이 바라보기는 이해로 이어집니다. 그리고 이해는 언제나 사랑과 받아들임으로 이어집니다. 아기가 아프면 우리는 당연히 아기를 돕기 위해 최선을 다합니다. 하지만 우리는 그 아기가 필요로 하는 면역을 얻기 위해서 여러 번 아파야 한다는 것 또한 알고 있습니다. 우리는 우리도 살아남을 수 있다는 것을 압니다. 왜냐하면 우리가 항체를 만들었기 때문입니다. 걱정하지 마십시오. "완벽한 건강"은 단지 하나의 생각일 뿐입니다. 우리가 갖고 있는 병이 무엇이든 그것과 함께 평화롭게 사는 법을 배우십시오. 그것들을 변화시키도록 노력하십시오. 하지만 너무 많은 고통을 겪지는 마십시오.

붓다 또한 평생 동안 고통을 겪었습니다. 그와 경쟁하려는 음모, 심지어는 그를 죽이려는 음모가 있었습니다. 한번은 붓다가 다리에

---

5. *Samyutta Nikaya* V, 210.

상처를 입자 사람들이 그들 도우려 했는데, 붓다는 그것이 단지 작은 상처에 불과하다고 말했습니다. 그리고 고통을 최소화하기 위해 최선을 다했습니다. 또 어떤 때는 500명의 스님들이 새로운 공동체를 세우겠다며 떠나버렸습니다. 붓다는 그것을 매우 의연하게 받아들였습니다. 마침내 그 어려움들은 극복되었습니다.

붓다는 포용을 계발하는 법인 마이트리(사랑), 카루나(자비), 무디타(기쁨), 그리고 우펙샤(평정심)에 대한 매우 구체적인 가르침을 주었습니다.*6 만일 이 네 가지 한량없는 마음을 수행한다면 우리는 아주 큰 마음을 갖게 될 것입니다.

보살은 대자비를 갖고 있기 때문에, 그들에게는 받아들이고 끌어안고 변화시키는 능력이 있습니다. 그들에게는 큰 이해가 있기 때문에 고통을 겪을 필요가 없습니다. 이것은 세상을 위한, 그리고 우리가 사랑하는 사람들을 위한 큰 선물입니다.

✼

그 꽃의 네 번째 잎은 정진(virya) 바라밀, 부지런함, 에너지, 혹은 지속적인 수행의 완성입니다. 붓다는 우리 의식의 심층인 아뢰야식에 온갖 종류의 긍정적이고 부정적인 씨앗들, 즉 화, 미혹, 두려움의 씨앗, 그리고 이해, 자비, 용서의 씨앗들이 있다고 말했습니다. 이 씨앗들 가운데 많은 것들은 조상들이 우리에게 전해준 것입니다. 우리는 부지런함을 수행하기 위해 우리 안에 있는 이 모든 씨앗들 하나하나를 인식하는 것을 배워야 합니다. 만일 그것이 부정적인 씨앗이라면, 화, 두려움, 질투, 혹은 차별과 같은 번뇌의 씨앗이라면, 일상의 삶에서 그것에 물을 주지 않도록 해야 합니다. 그런 씨앗에 물을 주게 되면 언제든 지, 그것이 우리 의식의 윗부분에 나타날 것입니다. 그러면 우리는 고통을 겪을 것이고, 그와 동시에 우리가 사랑하는 사람이 고통을 겪게 될 것입니다. 수행은 우리 안에 있는 부정적인 씨앗들에 물을 주는 것을 삼가는 것입니다.

우리는 또한 사랑하는 사람들 안에 있는 부정적인 씨앗을 인식하고 거기에 물을 주지 않도록 최선을 다합니다. 만일 우리가 그 씨앗에 물을 준다면 그들은 매우 불행할 것입니다. 그리고 우리도 또한 불행할 것입니다. 이것은 "선택적인 물주기"의 수행입니다. 만일 여러분이 행복하기를 원한다면 자신의 부정적인 씨앗에 물을 주지 않도록 하십시오. 그리고 다른 이들에게 자신 안에 있는 그 씨앗에 물을 주지 말라고 부탁하십시오. 그리고 다른 이들 안에 있는 부정적인 씨앗에 물을 주지 않도록 하십시오.

우리는 또한 우리 안에 있는 긍정적인 씨앗들을 인식하도록 노력합니다. 그리고 그것들에 접촉하고 그것들이 의식의 윗부분에 나타날 수 있게 일상의 삶을 살려고 노력합니다. 그것들이 나타나고 의식의 윗부분에 한동안 머물 때는 언제나 더 강해집니다. 만일 우리 안에 있는 긍정적인 씨앗들이 밤낮으로 더 강해진다면, 우리는 행복할 것이고 우리가 사랑하는 사람들을 행복하게 만들 것입니다. 사랑하는 사람 안에 있는 긍정적인 씨앗을 인식하고, 그 씨앗에 물을 주십시오. 그

6.   네 가지 한량없는 마음에 대해서는 22장 참조.

러면 그 사람은 훨씬 더 행복해질 것입니다. 플럼 빌리지에서 우리는 "꽃에 물주기"를 수행합니다. 그것은 다른 사람 안에 있는 가장 좋은 씨앗을 알아차리고 그것에 물을 주는 것입니다. 시간이 있을 때면 언제나, 물을 줄 필요가 있는 씨앗들에 물을 주십시오. 그것은 경이롭고 매우 즐거운 부지런함의 수행입니다. 그리고 그것은 즉각적인 결과를 가져옵니다.

둘로 나누어진 원을 상상해보십시오. 아래는 의식의 창고(아뢰야식)이고 위는 의식입니다. 모든 정신적 형성은 의식의 창고 깊은 곳에 깃들어 있습니다. 의식의 창고에 있는 모든 씨앗은 접촉될 수 있고, 의식이라고 하는 윗부분에 자신을 드러낼 수 있습니다. 지속적인 수행은 일상의 삶에서 의식의 창고에 있는 부정적인 씨앗들이 접촉되지 않도록, 그 씨앗들이 스스로를 드러낼 기회를 주지 않도록 최선을 다하는 것을 의미합니다. 화, 차별, 절망, 질투, 그리고 탐욕의 씨앗들이 모두 거기에 있습니다. 우리는 그것들이 위로 올라오지 않도록 막기 위해 할 수 있는 것을 합니다. 우리는 함께 사는 사람들에게 "당신이 나를 정말로 사랑한다면, 내 안에 있는 이 씨앗에 물을 주지 마세요. 그것은 나의 건강이나 당신의 건강에 좋지 않아요."라고 말합니다. 우리는 물을 주어서는 안 되는 씨앗들을 알아차려야만 합니다. 부정적인 씨앗, 번뇌의 씨앗에 물을 주고 그것이 스스로를 드러낸다면, 우리는 마음챙김으로 그것을 끌어안고, 그것이 왔던 곳으로 돌아갈 수 있도록 최선을 다합니다. 그런 씨앗들이 의식에 더 오래 머물면 머물수록 그것들은 더욱더 강해집니다.

붓다는 "말뚝 바꾸기"라는 수행을 제안했습니다. 말뚝의 크기가 맞지 않거나 썩거나 부서졌다면 목수는 그 자리에 다른 말뚝을 놓고 낡은 것에 새 것을 박아넣어서 대체할 것입니다. 만일 청정하지 않은 것이라고 여기는 정신적 형성이 일어난다면, 수행할 수 있는 한 가지 길은 다른 정신적 형성이 그것을 대체하도록 초대하는 것입니다. 우리의 의식의 창고에 있는 많은 씨앗들은 청정하고 아름답습니다. 그저 숨을 들이쉬고 내쉬십시오. 그리고 그것들 가운데 하나가 올라오도록 초대하십시오. 그리고 다른 씨앗이 내려가게 하십시오. 이것이 "말뚝 바꾸기"입니다.

세 번째 수행은 가능한 한 많은 의식의 창고 속의 긍정적인 씨앗에 접촉하고 그것들이 의식에 나타날 수 있게 하는 것입니다. 우리가 텔레비전에서 어떤 특정한 프로그램을 원하면 그 프로그램을 불러오기 위해서 버튼을 누릅니다. 오직 즐거운 씨앗들이 올라오도록 초대하십시오. 그리고 의식의 거실에 앉아 있게 하십시오. 슬픔과 번뇌를 가져오는 손님은 절대 초대하지 마십시오. 그리고 친구들에게 말하십시오. "만일 나를 사랑한다면 부디 매일 내 안에 있는 청정한 씨앗에 물을 줘." 경이로운 씨앗 가운데 하나가 마음챙김입니다. 마음챙김은 우리 안에 있는 붓다입니다. 그 씨앗에 접촉하고 그것이 의식의 윗부분에 나타나도록 도울 수 있는 모든 기회를 이용하십시오.

네 번째 수행은 청정한 씨앗이 한번 나타나면 그것을 가능한 한 오래 간직하는 것입니다. 만약 마음챙김이 15분 동안 지속된다면 마음챙김의 씨앗이 강해질 것입니다. 그러면 다음에 마음챙김의 에너지가 필요할 때, 그것을 불러오기가 더 쉬울 것입니다. 마음챙김, 용서, 그리고 자비의 씨앗들이 자라도록 돕는 것은 매우 중요합니다. 그리

마음챙김의 씨앗들

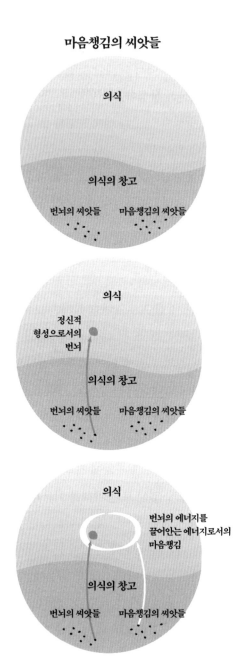

표5

298

고 이것을 실천하는 방법은 그것들이 의식 안에 가능한 한 오래 머물도록 돕는 것입니다. 이것은 토대에서의 변화[轉依, ashraya paravritti]라고 불립니다. 이것이 정진 바라밀, 부지런함의 완성의 진정한 의미입니다.

✳

다섯 번째 건너감은 선정(禪定, dhyana) 바라밀, 명상의 완성입니다. 댜나(dhyana)는 일본어로 젠(zen), 중국어로 찬(chan), 베트남어로 티엔(thien), 그리고 한국어로 선이라고 발음합니다. 댜나 혹은 명상은 두 부분으로 이루어져 있습니다.[7] 첫 번째는 멈춤[止, shamatha]입니다. 우리는 행복에 대한 하나의 생각 혹은 또 다른 생각을 쫓아 평생을 달립니다. 멈춤은 달리는 것, 망각, 과거나 미래에 갇혀 있는 것을 그치는 것입니다. 우리는 현재 순간의 집으로 돌아옵니다. 그곳은 삶이 열려 있는 곳입니다. 현재의 순간은 모든 순간을 포함합니다. 여기에서 우리는 우리의 조상들, 아이들, 그리고 그 아이들의 아이들에 접촉할 수 있습니다. 설령 그들이 아직 태어나지 않았다고 할지라도 말입니다. 멈춤은 마음챙김의 호흡, 마음챙김의 걷기, 그리고 마음챙김의 앉기를 통해 몸과 감정을 고요하게 하는 수행입니다. 멈춤은 또한 집중의 수행이기도 합니다. 그럼으로써 우리는 삶의 매 순간을 깊이 살고 존재의 가장 깊은 차원에 접촉할 수 있습니다.

---

7. 6장 참조.

명상의 두 번째 측면은 사물의 진정한 본성을 이해하기 위해 깊이 보는 것[觀, vipashana]입니다. 우리는 사랑하는 사람을 들여다보고 그 사람 안에 어떤 종류의 고통과 어려움이 있는지, 그 사람이 어떤 바람을 간직하고 있는지를 알게 됩니다. 이해는 큰 선물입니다. 하지만 마음챙김 가운데서 사는 일상의 삶 또한 큰 선물입니다. 모든 것을 마음챙김과 함께 하는 것은 명상의 수행입니다. 그것은 마음챙김이 언제나 집중과 이해에 자양을 주기 때문입니다.

✄

그 꽃의 여섯 번째 잎은 지혜(Prajña) 바라밀, 이해의 완성입니다. 이것은 가장 높은 종류의 이해입니다. 그리고 지식, 개념, 생각, 견해로부터 자유롭습니다. 지혜는 우리 안에 있는 불성의 본질입니다. 그것은 우리를 자유와 해방, 그리고 평화의 저편 언덕으로 데려가는 힘을 갖고 있는 이해입니다. 대승불교에서 지혜 바라밀은 모든 붓다의 어머니로 묘사됩니다. 선하고, 아름답고, 진정한 모든 것은 우리의 어머니, 지혜 바라밀에서 태어납니다. 지혜 바라밀은 우리 안에 있습니다. 우리는 다만 그것이 스스로를 드러낼 수 있도록 그것에 접촉하기만 하면 됩니다.

지혜 바라밀에 대해서는 방대한 저술들이 있습니다. 그리고 『반야심경』은 그 모음 가운데서 더 짧은 법문들 가운데 하나입니다. 『금강경(Diamond Sutra)』과 『팔천송 반야경(Ashtasahasrika Prajñaparamita)』은 그 모음에서 가장 초기의 법문들에 해당합니다. 지혜 바라밀은 분별하지 않는 지혜입니다.

우리가 사랑하는 사람을 깊이 들여다본다면 그 사람의 고통, 그 사람의 어려움, 그리고 그 사람의 가장 깊은 바람을 이해할 수 있을 것입니다. 그리고 그 이해로부터 진정한 사랑이 가능할 것입니다. 누군가가 우리를 이해할 수 있을 때, 우리는 아주 행복하다고 느낍니다. 만일 우리가 누군가에게 이해를 줄 수 있다면, 그것은 진정한 사랑입니다. 우리의 이해를 받는 사람은 한 송이 꽃처럼 피어날 것입니다. 그리고 그와 동시에 우리는 보람을 느낄 것입니다. 이해는 수행의 열매입니다. 깊이 들여다본다는 것은 거기에서 마음챙김과 함께 집중하여 존재한다는 것입니다. 그 어떤 대상이든 깊이 들여다본다면 이해가 꽃필 것입니다. 붓다의 가르침은 우리가 현실을 깊이 이해하도록 돕는 것입니다.

바다의 표면에 있는 파도를 바라보십시오. 파도는 파도입니다. 파도에는 시작과 끝이 있습니다. 그것은 높을 수도 있고 낮을 수도 있습니다. 그리고 다른 파도보다 더 아름답거나 덜 아름다울 수도 있습니다. 하지만 파도는 동시에 물입니다. 물은 파도라는 존재의 근원입니다. 파도가 자신이 물이라는 것, 그리고 단지 파도이기만 한 것이 아니라는 것을 아는 것은 중요합니다. 우리도 역시 개인으로서 우리의 삶을 삽니다. 우리는 우리에게 시작과 끝이 있다고 믿습니다. 그리고 다른 살아 있는 존재들로부터 분리되어 있다고 믿습니다. 바로 그 이유 때문에 붓다는 우리에게 존재의 근원에 접촉하기 위해서 더 깊이 보라고 조언했습니다. 그 근원은 열반입니다. 모든 것은 열반의 본성을 깊이 지니고 있습니다. 모든 것은 "열반화"되었습니다. 그것은 『법화경』의 가르침입니다. 우리는 깊이 봅니다. 그리고 현실의 본성에 접촉합니다. 우리가 조약돌, 꽃 또는 자신의 기쁨, 평화, 슬픔, 두려움을 깊이 들여다볼 때 존재의 궁극적인 차원에 접촉합니다. 그리고 그 차원은 존재의 근원이 태어남도 없고 죽음도 없는 본성을 갖고 있다는 것을 우리에게 드러낼 것입니다.

우리는 열반을 얻을 필요가 없습니다. 왜냐하면 우리 자신이 언제나 열반에 머물고 있기 때문입니다. 파도는 물을 찾지 않아도 됩니다. 그것은 이미 물입니다. 우리는 존재의 근원과 하나입니다. 파도가 자신이 물이라는 것을 깨닫고 나면 모든 두려움이 사라집니다. 우리가 존재의 근원에 한번 접촉하고 나면, 신이나 열반에 한번 접촉하고 나면, 우리도 역시 두려움 없음이라는 선물을 받습니다.

두려움이 없는 것은 진정한 행복의 토대입니다. 우리가 다른 사람들에게 줄 수 있는 가장 큰 선물은 우리에게 두려움이 없는 것입니다. 우리 삶의 모든 순간을 깊이 사는 것, 우리 존재의 가장 깊은 차원에 접촉하는 것, 이것은 지혜 바라밀의 수행입니다. 지혜 바라밀은 이해를 통해서, 통찰을 통해서 건너가는 것입니다.

완전한 이해는 다른 모든 완성들 속에 존재합니다. 완전한 이해는 그릇과도 같습니다. 만일 그 그릇이 가마에서 잘 구워지지 않았다면, 거기에는 금이 가 있을 것이고, 그 그릇에 담긴 액체는 밖으로 새어나올 것입니다. 지혜 바라밀은 모든 바라밀의 어머니, 모든 붓다들의 어머니입니다. 지혜 바라밀은 어디로든 새를 데려갈 수 있는 새의 날개와도 같은 것입니다. 바른 이해 없이는, 다른 어떤 바라밀도 아주 멀리 갈 수 없습니다.

이것들은 붓다가 제시한 육바라밀의 수행입니다. 여섯 개의 바라밀 각각은 다른 다섯 개의 바라밀을 포함합니다. 이해는 주는 것이고, 명상도 주는 것입니다. 지속적인 수행은 주는 것이고, 포용도 주는 것입니다. 그리고 마음챙김의 수행 또한 주는 것입니다. 만일 주는 것을 깊이 수행한다면, 이해와 명상 등도 수행하는 것입니다. 같은 측면에서, 우리는 주는 것이 마음챙김의 수행이고, 이해가 마음챙김의 수행이며, 명상이 마음챙김의 수행이고, 지속적인 수행이 마음챙김의 수행이라는 것, 그리고 포용이 마음챙김의 수행이라는 것을 봅니다. 어느 한 바라밀을 깊이 수행한다면, 여섯 바라밀 모두를 수행하는 것입니다. 우리에게 이해와 통찰이 있을 때, 명상은 진정한 명상이 되고, 지속적인 수행은 진정한 지속적인 수행이 될 것입니다. 또한 포용은 진정한 포용이 되고, 마음챙김의 수행은 진정한 마음챙김의 수행이 될 것입니다. 그리고 주는 것은 진정한 주는 것이 될 것입니다. 이해는 다른 다섯 가지 수행의 질이 높아지도록 합니다.

스스로를 들여다보고 자신이 내면에서 얼마나 부유한지 보십시오. 우리가 현재의 순간에 갖고 있는 것이 선물임을 보십시오. 더 이상 오래 기다리지 말고, 바로 수행을 시작하십시오. 수행을 시작하는 그 순간, 우리는 곧바로 행복하다고 느낄 것입니다. 법은 시간의 문제가 아닙니다. 스스로 와서 보십시오. 법은 우리의 삶을 변화시킬 수 있습니다.

슬픔, 고통, 우울, 화 혹은 두려움에 갇혀 있을 때, 고통의 언덕에 머물지 마십시오. 자유의 언덕, 두려움도 화도 없는 언덕으로 발을 내

딛으십시오. 그저 마음챙김의 호흡, 마음챙김의 걷기, 그리고 깊은 바라봄을 수행하십시오. 그러면 자유와 행복의 저편 언덕으로 발을 내딛을 것입니다. 저편 언덕으로 가기 위해서 5년, 10년 혹은 20년 동안 수행하지 않아도 됩니다. 우리는 바로 지금 저편 언덕으로 갈 수 있습니다.

26장

깨달음의 일곱 가지 요소[七覺支]

깨달음의 일곱 가지 요소[七覺支, sapta-bodhyanga]는 마음챙김[念], 현상에 대한 탐구[擇法], 정진(精進), 기쁨[喜], 평안[輕安], 집중[定], 그리고 내려놓음[捨]입니다. Bodhyanga는 bodhi와 anga의 두 단어로 이루어져 있습니다. Bodhi("깨어남", "깨달음")는 budh-라는 어근에서 왔습니다. 그것은 "깨어나는 것", 우리 안에서 그리고 우리를 둘러싼 모든 것에서 일어나고 있는 일을 자각하는 것입니다. 붓다는 "깨어난 자입니다." Anga는 가지를 의미합니다. Sapta-bodhyanga는 깨달음의 일곱 가지들, 요소들이라고 번역될 수 있습니다.

붓다는 불자들에게 보리수로 알려진, 보리수 고무나무(ficus religiosa) 아래서 명상하며 앉아 있다가 새벽별이 밝아올 때 깨달음을 얻었습니다. 그리고 "모든 살아 있는 존재들이 깨달음의 기본적 본성을 갖고 있다는 것은 얼마나 놀라운가? 하지만 그들은 그것을 알지 못한다. 그래서 여러 생 동안 큰 고통의 바다에서 떠다닌다."라고 말했습니다. 그것은 깨달음의 일곱 가지 요소라는 잠재력이 이미 우리 안에 있다는 것을 의미합니다. 하지만 우리는 그것을 알지 못합니다.

처음에 붓다는 자신이 보리수 아래서 경험했던 통찰을 전할지 말지 주저했었다고 전해집니다. 명상을 계속 한 후에 그는 많은 존재들이 깨어나도록 도울 수 있는 구체적인 길을 제시한다면, 그들에게 도움이 될 것임을 비로소 깨달았습니다. 깨달음의 일곱 가지 요소는 깨달음의 특성과 깨달음에 이르는 길 둘 다에 대한 설명을 제시합니다. 일곱 개의 커다란 가지가 있는, 그리고 그 하나하나가 깨달음의 한 요소를 나타내고 있는 나무 한 그루를 상상하십시오. 매년 이 가지들 하나하나는 더 길게 자라나고 새잎과 새순을 낼 것입니다. 깨달음은 언제나 자라나고 있습니다. 그것은 한 번 일어나고, 그때 완성되는 어떤 것이 아닙니다. 붓다가 이 일곱 가지 요소들 가운데서 기쁨과 평안을 중요시하고 있다는 것은 고무적입니다.

깨달음의 요소 가운데 첫 번째이자 중심이 되는 보리수의 첫 번째 가지는 마음챙김[念, smriti]입니다. smriti는 문자 그대로 "기억하는 것", 우리가 어디에 있는지, 우리가 무엇을 하고 있는지, 그리고 우리가 누구와 함께 있는지를 잊지 않는 것을 의미합니다. 마음챙김은 언제나 우리 자신, 다른 사람들, 혹은 다른 것들과의 관계라는 맥락 속에서 일어납니다. 그것은 우리가 주머니 속에 넣어두고 필요할 때 꺼내는 어떤 것이 아닙니다. 우리가 길에서 한 친구를 보고 그를 알아볼 때, 우리는 "알아차림"을 주머니에서 꺼내지 않습니다. 그것은 상황이라는 맥락에서 일어납니다. 우리의 호흡, 걷기, 움직임, 느낌, 그리고 우리를 둘러싼 현상들은 그 안에서 마음챙김이 일어나는 "관계"의 모든 부분들입니다. 수행하면서 숨을 들이쉬고 내쉴 때면 언제나 마음챙김이 거기 있을 것입니다. 그럼으로써 우리의 호흡은 마음챙김이 일어나기 위한 원인과 조건이 됩니다.

여러분은 아마도 "나는 마음챙김이 존재하게 하는 원인이다."라고 생각할지 모릅니다. 하지만 주위를 둘러본다면, 결코 "나"를 발견하지 못할 것입니다. 전화벨, 시계 소리, 우리의 스승, 우리의 공동체가 마음챙김이 존재하게 하는 좋은 원인일 수 있을 것입니다. 해변에서 걷기 명상을 하고 있는 자신을 상상해보십시오. 그때 갑자기 "나는 은행에 충분한 돈이 있는가?"라는 생각이 떠오릅니다. 만일 그때 모래와 접촉하고 있는 발에 대한 자각으로 돌아간다면, 그것은 우리를 현재의 순간으로 돌아오게 하는 데 충분합니다. 우리가 이전에 걷기 명상을 수행했기 때문에 이렇게 할 수 있습니다. 하지만 우리가 존재하도록 상기시킨 것은 "나"가 아니라 우리의 발입니다.

『네 가지 마음챙김의 확립에 대한 경[四念處經]』에서 붓다는 "만일 그대가 네 가지 마음챙김의 확립을 수행한다면, 깨닫게 될 때까지 얼마나 오래 걸리겠는가?"라고 묻습니다. 처음에는 "7년"이라고 대답합니다. 하지만 곧이어 "그것은 보름 만에도 될 수 있다."라고 말합니다. 그것은 깨달음이 언제나 열려 있다는 것을 의미합니다. 그것은 오직 좋은 조건들을 필요로 할 뿐입니다. 태양은 설령 구름 뒤에 있을 때조차도 여전히 거기에 있습니다. 붓다는 "네 가지 마음챙김의 확립을 수행함으로써, 일곱 가지 깨달음의 요소들을 깨달을 수 있다."라고 말했습니다.[1]

현상에 대한 탐구[擇法, dharma-pravichaya]는 깨달음의 두 번째 요소

---

1. *Satipatthana Sutta*. Thich Nhat Hanh, *Transformation and Healing* 참조.

입니다. 우리 인간들은 사물을 탐구하기를 좋아합니다. 그리고 종종 탐구의 결과가 특정한 틀에 맞거나 특정한 이론을 증명하기를 바랍니다. 하지만 가끔, 우리는 열려 있고 사물이 그저 자신들을 드러내게 합니다. 후자의 경우에 우리의 지식과 경계가 확장됩니다. 우리가 나뭇가지에 있는 싹을 탐구하기를 원한다면, "너는 어디에서 왔니? 너는 어디로 가고 있니? 너는 정말로 그렇게 작니?"라고 물을 것입니다. 싹은 아마도 "나는 잎으로 자랄 거야. 여름에는 초록으로, 가을에는 오렌지 빛깔로. 그런 다음에 땅으로 떨어질 거야. 그리고 2년 후에는 땅의 일부가 될 거야. 나는 정말로 작지 않아. 나는 지구만큼 크단다."라고 대답할 것입니다. 탐구는 마음챙김과 함께 우리를 삶 속으로, 그리고 현실 속으로 깊이 데려갑니다.

깨달음의 세 번째 요소는 정진(精進, virya)입니다. 그것은 에너지, 노력, 부지런함, 혹은 인내를 의미합니다. 에너지는 많은 요소들로부터 생겨납니다. 어떤 때는 단순히 미래에 무엇을 얻을 것인지를 생각하는 것이 우리에게 에너지를 줍니다. 불교에서, 우리 에너지의 원천은 마음챙김과 탐구, 그리고 수행에 대한 믿음입니다. 깊이 들여다볼 때 우리는 삶이 우리의 이해를 초월하는 기적임을 봅니다. 하지만 오늘날에는 수많은 젊은 사람들에게 삶이 무의미합니다. 수천 명의 젊은 사람들이 매년 스스로 목숨을 끊습니다. 어떤 나라에서는 교통사고보다 자살로 인해서 더 많은 젊은이들이 죽습니다. 우리는 젊은 사람들이 삶의 경이로움을 경험함으로써 얻는 생명의 에너지를 일구도록 도와야 합니다. 우리는 그들이 삶의 의미를 발견하도록 도와야 합니다.

비록 우리가 고통 속에 있을지라도 삶 속에서 의미를 볼 수 있다면, 에너지와 기쁨을 가질 수 있을 것입니다. 에너지는 단순한 건강의 결과가 아닙니다. 또한 물질적이거나 정신적인 어떤 목표를 성취하기를 바라는 것도 아닙니다. 그것은 삶에 대해 어떤 의미를 느끼는 것의 결과입니다. 잘못된 시간 혹은 잘못된 곳에서 애를 쓰면 에너지가 흩어지게 됩니다. 좋은 집중을 계발하기 전에 오랫동안 명상하며 앉아 있어야 한다면 명상을 좋아하지 않게 될지도 모릅니다. 심지어는 앉는 것을 모두 그만두게 될 수도 있습니다. 싯다르타가 보리수 아래서 명상 수행을 할 때, 그의 집중은 이미 높은 상태로 계발되어 있었습니다. 가섭이 아난다에게, 아난다가 충분히 높은 수준의 깨달음을 얻지 못했기 때문에 붓다의 제자들의 첫 번째 결집에 동참하지 못할 것이라고 하자 아난다는 밤새 명상을 하며 앉아 있었습니다. 그리고 새벽이 되었을 때, 그는 "아라한의 열매[果]"•2를 얻었습니다. 아난다가 결집 장소에 도착하자 가섭과 다른 이들은 그에게 깨달음이 있었다는 것을 알아차렸습니다. 그의 빛나는 현존은 충분한 증거였습니다.

깨달음의 네 번째 요소는 평안[輕安, prashrabdhih]입니다. 정진은 언제나 평안을 수반합니다. 우리는 종종 제1 세계라는 "지나치게 개발"된 나라에서보다 소위 제3 세계에서 더 평안을 느낍니다. 제1 세계에서는 모든 사람이 엄청난 압박 아래 있습니다. 그래서 사람들에게 스트레스 완화 프로그램이 필요합니다. 그들의 스트레스는 지속적인 생

---

2.   "아라한의 열매": 모든 번뇌의 변화

각과 걱정, 그리고 생활 방식에서 옵니다. 우리는 머리에서 배로 에너지를 가져갈 수 있는 방법을 배워야 합니다. 그리고 최소한 15분마다 한 번은 내려놓는 것을 수행해야 합니다.

우리가 아플 때는 침대에서 머물며 아무것도 하지 않습니다. 종종 먹거나 마시는 것조차 하지 않습니다. 우리의 모든 에너지는 치유로 향합니다. 아프지 않을 때도 우리는 쉬는 것을 수행해야 합니다. 앉기 명상, 걷기 명상, 그리고 마음챙김으로 먹기는 휴식을 위한 좋은 기회입니다. 마음이 동요되는 것을 느낄 때 공원이나 뜰로 갈 수 있다면, 그것은 쉴 수 있는 기회입니다. 만일 천천히 걷고 마음을 편하게 갖는 것을 기억한다면, 때때로 앉고 아무것도 하지 않을 수 있다면, 우리는 깊이 쉴 수 있고 진정한 평안의 상태에 들어갈 수 있습니다.

깨달음의 다섯 번째 요소는 기쁨[喜, priti]입니다. 기쁨은 행복(sukha)과 함께 갑니다. 하지만 거기에는 차이가 있습니다. 목마를 때 누군가 한 잔의 물을 준다면 그것은 기쁨입니다. 우리가 실제로 물을 마실 수 있을 때, 그것은 행복입니다. 비록 몸이 건강하지 않을 때에도, 마음에서 기쁨을 일구는 것은 가능합니다. 이것은 결국 몸에 도움이 될 것입니다. 기쁨은 우리의 내면과 바깥에 있는 새롭고 아름다운 것들에 접촉하는 것으로부터 옵니다. 대개 우리는 오직 잘못된 것에만 접촉합니다. 만일 우리가 우리의 비전을 확장하고 옳은 것도 볼 수 있다면, 이 더 큰 그림은 언제나 기쁨을 가져옵니다.

깨달음의 여섯 번째 요소는 집중[定, samadhi]입니다. Sam-은 함께를, a-는 어떤 특정한 곳으로 가져감을, 그리고 -dhi는 마음의 에너지를 의미합니다. 우리는 마음의 에너지를 모으고 그것을 어떤 대상으로 향하게 합니다. 집중을 통해서 마음은 한곳으로 향하고 고요해집니다. 그리고 매우 자연스럽게 그것은 하나의 대상에 초점을 맞춘 채 머뭅니다. 마음챙김을 위해서, 우리에게는 집중이 필요합니다. 마음챙김을 닦을 때, 집중은 결과적으로 더 강해집니다.

집중은 그 자체로 청정한 것은 아닙니다. 도둑이 어떤 집에 침입하기 위해서는 집중을 해야 합니다. 집중을 이로운 것이나 이롭지 않은 것으로 만드는 것은 집중의 대상입니다. 만일 현실로부터 달아나기 위해서 명상적인 집중을 이용한다면 그것은 이로운 것이 아닙니다. 붓다 시절 이전에도, 많은 명상가들이 세상으로부터 자신들을 유리시키기 위해서 명상을 수행했습니다. 붓다는 이와 같은 집중 수행으로는 자신을 고통에서 해방시킬 수 없었습니다. 그래서 자신의 고통을 비추기 위해 집중을 이용하는 법을 배웠습니다. 그리고 삶 속으로 깊이 들어가고 이해와 자비, 그리고 해탈을 일굴 수 있었습니다.

깨달음의 일곱 번째 요소는 평정심, 혹은 내려놓음[捨, upeksha]입니다. 평정심은 진정한 사랑의 한 측면입니다.*3 그것은 무관심과는 거리가 먼 것입니다. 평정심을 수행할 때, 우리는 모든 사람을 동등하게 사랑합니다.

『톱에 대한 비유의 경[鋸喩經, Kakacupama Sutta]』에서, 붓다는 "설령 강도들이 톱을 가지고 그대의 사지를 자른다고 할지라도, 자신 안에 화가 일어난다면, 그대는 나의 가르침을 따르는 자가 아니다. 붓다

---

3.   네 가지 한량없는 마음에 대해서는 22장 참조.

의 제자가 되기 위해서, 마음속에 그 어떤 미움도 가져서는 안 되고, 그 어떤 친절하지 않은 말도 해서는 안 된다. 그대는 그 어떤 적대감이나 악의도 없이 자비로움을 유지해야 한다."라고 말합니다.•4 젊은 시절 나는 이 말들을 암기했고 심지어 거기에 곡을 붙이기까지 했습니다. 이 가르침은 우리의 가장 고귀한 의도에 접촉합니다. 하지만 그것은 가장 강한 습관 에너지의 정반대입니다. 이 습관 에너지들을 바꾸기 위해서, 그리고 우리의 가장 고귀한 의도를 실현하기 위해서, 붓다와 사리불 존자는 우리에게 다음의 가르침을 주었습니다. (1) 거친 말을 들을 때 평정심을 수행할 것, (2) 짜증, 씁쓸함, 혹은 낙담을 느끼지 않는 법을 배울 것, (3) 칭찬을 받을 때 우쭐함을 느끼지 않을 것. 그것은 그 어떤 칭찬도 우리 개인을 위한 것이 아니고 부모, 스승, 친구, 그리고 온갖 생명을 포함한 많은 존재들을 위한 것임을 알기 때문입니다.

사리불은 『코끼리 발자국에 대한 긴 경[象跡喩大經, Mahāhatthipado-pama Sutta]』•5에서, 평정심을 수행하기 위한 네 가지 큰 요소[四大]에 대한 명상의 길을 보여줍니다. 몸의 안과 밖에 있는 땅, 물, 불, 그리고 바람의 요소들에 대해 명상할 때, 우리는 그것들과 우리가 같다는 것을 봅니다. 우리가 분리된 자아에 대한 생각을 초월할 때, 우리와 타자들이 진정으로 똑같다는 것을 알기에 우리의 사랑에는 평정심이 깃들어 있을 것입니다.

이 일곱 가지 요소는 똑같은 나무의 가지들입니다. 만일 마음챙김이 계발되고 유지된다면, 현상에 대한 탐구가 성공하게 될 것입니다. 기쁨과 평안은 정진에 의해서 길러지는 훌륭한 느낌들입니다. 집중은 이해를 낳습니다. 이해가 있을 때 우리는 비교하고, 차별하고, 반응하는 것을 뛰어넘습니다. 그리고 내려놓음을 깨닫습니다. 내려놓음에 이르는 사람들은 반쯤 미소를 머금은 꽃봉오리를 갖고 있습니다. 그것은 이해뿐만 아니라 자비를 증명합니다. 부지런히 수행한다면 깨달음의 일곱 가지 요소는 진정한 이해와 해방으로 이어집니다. 붓다는 깨달음의 일곱 가지 요소와 함께 수행하는 사랑의 네 가지 한량없는 마음이 온전하고 완전한 깨달음을 가져온다고 말했습니다. 그러므로 깨달음의 일곱 가지 요소는 곧 사랑의 수행입니다.

4.   *Majjhima Nikaya* 21.
5.   *Majjhima Nikaya* 28.

27장

연기의 고리들[十二緣起]

연기(緣起, pratitya samupada, 말 그대로 "의존 가운데 사물이 일어남")는 깊고 경이로운 가르침입니다. 그리고 모든 불교 공부와 수행의 토대입니다. 연기는 때때로 인과의 가르침이라고 불립니다. 하지만 그것은 오해의 소지가 있을 수 있습니다. 그 까닭은 우리가 원인과 결과를 대개 분리된 실체로 생각하기 때문입니다. 즉 원인이 언제나 결과에 선행하고, 하나의 원인이 하나의 결과로 이어진다고 생각하는 것입니다. 연기의 가르침에 따르면 원인과 결과는 함께 일어납니다(samupada). 그리고 모든 것은 여러 가지 원인과 조건의 결과입니다. 달걀은 닭 속에 있습니다. 그리고 닭은 달걀 속에 있습니다. 닭과 달걀은 서로 의존하는 가운데 일어납니다. 그 어느 것도 독립적이지 않습니다. 연기는 공간과 시간이라는 개념을 초월합니다. "하나는 모든 것을 포함합니다."

원인에 해당하는 한자 인(因)은 사각형 안에 "큰[大]"이라는 글자를 갖고 있습니다. 원인은 큽니다. 하지만 그와 동시에 제한적입니다. 붓다는 연기를 매우 간단하게 표현했습니다. "이것은 존재한다. 왜냐하면 저것이 존재하기 때문이다. 이것은 존재하지 않는다. 왜냐하면 저것이 존재하지 않기 때문이다. 이것은 존재하게 된다. 왜냐하면 저것이 존재하게 되기 때문이다. 이것은 존재하기를 멈춘다. 왜냐하면 저것이 존재하기를 멈추기 때문이다." 이 문장들은 북전과 남전의 경전에서 수백 번 나타납니다. 그것은 불교의 기원입니다. 나는 이 문장에 덧보태고 싶습니다. "이것은 이와 같다. 왜냐하면 저것이 저와 같기 때문이다."

경전에는 이런 비유가 나옵니다. "꺾은 갈대 세 개는 오직 서로에게 기대서만 설 수 있다. 하나를 제거하면 다른 둘은 쓰러질 것이다." 하나의 탁자가 존재하기 위해서는 나무, 목수, 시간, 숙련, 그리고 많은 다른 원인들이 필요합니다. 그리고 이들 각각의 원인이 존재하기 위해서는 다른 원인들이 필요합니다. 나무에는 숲과 햇빛, 비 등이 필요합니다. 목수에게는 그의 부모, 아침 식사, 신선한 공기 등이 필요합니다. 그리고 그들 각각은 차례차례로 다른 조건들에 의해서 존재하게 되었습니다. 만일 우리가 계속해서 이런 방식으로 바라본다면, 그 어느 것도 빠지지 않았다는 것을 보게 될 것입니다. 우주에 있는 모든 것이 우리에게 이 탁자를 가져다주기 위해 하나로 모였습니다. 햇빛, 나뭇잎, 그리고 구름을 깊이 들여다보면 그 탁자를 볼 수 있습니다. 하나는 전체 속에서 보일 수 있고, 전체는 하나 속에서 보일 수 있습니다. 하나의 원인은 하나의 결과를 가져오는 데 결코 충분하지 않습니다. 원인은 반드시, 동시에 결과이어야만 합니다. 그리고 모든 결과는 또한 반드시 다른 어떤 것의 원인이어야만 합니다. 원인과 결과는 서로 연결되어 존재합니다. 첫 번째 또는 유일한 원인이라는 생각, 원인을 필요로 하지 않는 어떤 것이라는 생각은 적용될 수 없습니다.

붓다가 열반에 든 후에, 불교의 많은 분파들은 연기를 더 분

315

석적으로 설명하기 시작했습니다. 상좌부의 『청정도론(淸淨道論, Visuddhimagga)』에서, 붓다고사는 24가지 종류의 "조건들(빨리: paccaya)", 즉 어떤 것이 일어나기 위해 필요하고 충분한 조건들을 열거했습니다. 그것들은 (1) 근본 원인, (2) 대상, (3) 지배, (4) 틈 없이 뒤따름, (5) 더욱 틈 없이 뒤따름, (6) 함께 생김, (7) 상호 의존, (8) 의지함, (9) 강하게 의지함, (10) 먼저 생김, (11) 뒤에 생김(원인이 결과 이후에 생겨날 수 있다), (12) 반복, (13) 업, (14) 과보, (15) 자양, (16) 기능, (17) 선정, (18) 도, (19) 서로 관련됨, (20) 서로 관련되지 않음, (21) 존재, (22) 존재하지 않음, (23) 사라짐, 그리고 (24) 사라지지 않음입니다.

설일체유부는 네 가지의 조건(pratyaya)과 여섯 가지의 원인을 가르쳤습니다. 그리고 이것은 나중에 불교 심리학의 유식 학파의 가르침의 일부가 되었습니다. 이 분석에 따르면 네 가지의 조건은 존재하는 모든 것을 위해 반드시 있어야 합니다.

네 가지의 조건 가운데 첫 번째는 "원인 조건", "씨앗 조건", 혹은 "뿌리 조건(hetu-pratyaya)"입니다. 그것은 마치 씨앗이 꽃의 원인 조건인 것과 같습니다. 거기에는 여섯 가지의 "원인 조건"이 있다고 일컬어집니다.

(1) 동기가 되는 혹은 창조적인 힘(karana-hetu). 각각의 조건 지어진 현상은 그 자신을 제외한 모든 것들을 위한 "일반적인 조건"입니다. 그것은 함께 존재하는 원인이며, 어떤 장애도 되지 않습니다. 왜냐하면 그 어떤 현상도 일어나기 쉬운 현상들의 발생에 장애가 되지 않기 때문입니다. 이

조건은 능력을 부여하며 제약하지 않는 기능을 갖습니다.

(2) 함께 일어나는 조건(sahabhu-hetu). 때로는 두 개의 뿌리 조건이 동시에 존재해야만 합니다. 만일 "AB"라는 선을 그으려 한다면 A와 B 둘 다 있어야 합니다. 등과 등불의 경우도 마찬가지입니다. 모든 반대되는 것들의 짝도 그와 같습니다. 하나는 다른 하나 없이는 존재할 수 없습니다. 위와 아래는 동시에 존재하게 됩니다. "존재"와 "비존재"라는 생각의 경우도 마찬가지입니다. 이 공존하는 현상들은 상호적으로 서로를 조건 짓습니다.

(3) 똑같은 종류의 씨앗 조건(sabhaga-hetu). 비슷한 것들은 비슷한 것들을 일으킵니다. 쌀은 쌀을 만듭니다. 청정한 원인은 청정한 결과를 가져옵니다. 예를 들면 믿음과 기쁨은 안정적인 수행을 가능하게 만듭니다. 그리고 청정하지 못한 원인들은 청정하지 못한 결과를 가져옵니다.

(4) 연관된 조건(samprayukta-hetu). 청정한 씨앗과 청정하지 못한 씨앗은 어떤 것이 일어나게 하는 데 있어서 서로를 뒷받침합니다. 이것은 "연관" 혹은 "상응"이라고 불립니다. 그리고 그것은 정신적 사건들에만 적용됩니다. 어떤 사람이 죄책감을 느껴 교회에 돈을 냅니다. 잘못된 생계로 인한 죄책감의 씨앗은 청정하지 않지만 주는 것은 청정하다고 생각했기 때문이지요. 하지만 교회의 장로는 그 사람의 돈보다 그가 생계를 바꾸는 것을 더 원한다고 말합니다. 그러면 그는 자존심에 상처를 입을 것입니다. 하

317

지만 그것은 미래에 더 큰 행복으로 이어질 수 있고 그의 죄책감을 덜도록 도울 수 있습니다.

(5) 보편적인 조건(sarvatraga-hetu). 원인은 모든 곳에, 우리 몸의 모든 부위와 우주 전체에 존재합니다. 땅, 물, 불, 바람, 공간, 그리고 의식의 여섯 가지 요소들은 보편적인 원인들의 예입니다.

(6) 익어가는 조건(vipaka-hetu). 우리 의식의 창고에서는 모든 것이 동시에 익지 않습니다. 우리가 집에 바나나 다발을 가져오면 어떤 것들은 다른 것들보다 먼저 익습니다. 우리가 법문을 들을 때, 이미 뿌려진 씨앗 가운데 어떤 것은 바로 무르익습니다. 반면에 다른 것들은 몇 년이 걸릴 수도 있습니다. 한 종류의 씨앗은 다른 어떤 것으로 변화하고 익어갈 수 있습니다. 오렌지는 처음에 하나의 꽃에서 시작합니다. 그런 다음 그것은 초록색의 신맛이 나는 어떤 것입니다. 그리고 나중에는 달콤한 과일로 익습니다. 사랑의 씨앗은 화의 씨앗으로 무르익을 수 있습니다. 앉기 명상을 시작할 때, 우리는 갇혀 있는 것 같고 불안하다고 느낄 수 있습니다. 얼마 후에 우리의 명상은 상당히 편안하고 즐거운 것으로 익어갈 수 있습니다.

설일체유부론자에 따르면, 두 번째 종류의 조건은 "발달을 위한 조건(adhipati-pratyaya)"이라고 불립니다. 이것은 특정한 씨앗들이 발달하도록 돕거나 혹은 그것들의 발달을 방해할 수 있습니다. 예를 들면 모든 사람은 믿음이나 확신의 씨앗을 갖고 있습니다. 만일 우리 안에 있는 이 씨앗에 물을 주는 친구들이 있다면, 그 씨앗들은 강하게 자랄 것입니다. 하지만 우리가 오직 좋은 조건들만을 만난다면, 이 씨앗들이 얼마나 소중한지를 깨닫지 못할 것입니다. 그 길에서 만나는 장애가 우리의 결심과 자비를 자라게 할 수 있습니다. 장애는 우리에게 우리의 강점과 약점에 대해서 가르쳐줍니다. 그럼으로써 우리는 자신을 더 잘 알 수 있고 우리가 진정 어떤 방향으로 가기 원하는지를 볼 수 있습니다. 어떤 이는 붓다의 고행이 그의 길의 발전에 좋지 않은 것이었다고 말합니다. 하지만 만일 붓다가 고행을 선택해서 실패하지 않았다면 중도를 배우지 못했을 것이고 나중에 그것을 가르치지도 않았을 것입니다. 의도가 강하면 좋지 않은 조건들이 여러분을 낙담시키지 못할 것입니다. 어려운 순간들 속에서, 우리는 친구들에게 의지하고, 자신의 확신을 강화시킬 것입니다. 그리고 나면 포기하지 않을 것입니다.

세 번째 종류의 조건은 "지속성의 조건(samanantara-pratyaya)"입니다. 어떤 것이 존재하기 위해서는 순간순간 계속되는 연속이 있어야 합니다. 수행이 발전하려면 매일 수행해야 합니다. 거기에는 걷기 명상, 법문을 듣는 것, 모든 활동에서 네 가지 마음챙김의 토대를 수행하는 것, 같은 공동체와 함께 머무는 것, 그리고 같은 가르침을 수행하는 것이 포함됩니다. 개구리를 접시 위에 놓는다면 개구리는 곧바로 뛰쳐나갈 것입니다. 꾸준히 수행하지 않는다면 우리는 접시 위의 개구리와 같을 것입니다. 하지만 자신의 수행이 온전히 성장할 때까지 한 곳에 머물겠다고 결심한다면, 우리는 "개구리 같지 않은" 상태에 도달했고 "지속성"을 수행하기 시작했다고 말할 수 있습니다.

네 번째 조건은 "조건으로서의 대상(alambana-pratyaya)"입니다. 만일 아무런 대상이 없다면 주체가 있을 수 없습니다. 우리가 확신을 갖기 위해서는 거기에 확신의 대상이 있어야 합니다. 절망을 느낄 때 우리는 어떤 것, 즉 미래에 대한 생각, 행복에 대한 생각, 삶에 대한 생각에 대해 절망을 느낍니다. 화가 날 때 우리는 어떤 사람이나 어떤 것에 대해서 화가 납니다. 붓다에 따르면 모든 현상은 마음의 대상입니다. 우리가 어떤 현상의 이미지나 모양을 지각할 때, 우리는 지각의 대상이 의식 안에 머문다는 것을 압니다.

※

우리는 결과 안에 존재하는 원인을 보고 원인 안에 존재하는 결과를 보도록 돕는 방식으로 살 수 있을까요? 이렇게 볼 때, 우리는 연기에 대한 통찰을 갖기 시작합니다. 그리고 이것은 바른 견해입니다. 초기 불교에서 우리는 연기를 말합니다. 이후의 불교에서 우리는 서로 연결되어 있음[相卽, interbeing]이나 서로 스며듦[相入, interpenetration]이라는 말을 씁니다. 용어는 다르지만 의미는 똑같습니다.

붓다가 연기에 대해 가르치는 것을 들은 후에 아난다는 "세존이시여, 연기의 가르침은 깊고 미묘한 것처럼 보이지만 저는 그것이 꽤 단순하다고 생각합니다."라고 말했습니다. 붓다는 "그런 말을 하지 말라, 아난다여. 연기의 가르침은 실제로 깊고 미묘하다. 연기의 본성을 볼 수 있는 이는 누구나 붓다를 볼 수 있다."라고 대답했습니다.•¹ 연기의 본성을 볼 수 있을 때, 통찰이 우리를 이끌 것입니다. 그리고 우리는 자신의 수행을 잃지 않을 것입니다.

무상의 가르침은 연기의 가르침 속에 내포되어 있습니다. 우리가 여러 가지 원인과 조건에 의해 자양을 얻지 않는다면 어떻게 살 수 있겠습니까? 우리가 존재하고 변화하는 것을 가능하게 만드는 조건들은 우리 아닌 것에서 옵니다. 무상과 무아를 이해할 때 우리는 연기를 이해합니다. 이 게송에서 용수는 연기를 공성과 연결시킵니다.

연기적으로 일어나는 모든 현상들,
나는 그것들이 공하다고 말하네.
말들은 끝나네, 그 의미가 사실이 아니기 때문이네.
말들은 끝나네, 거기 중도가 있기 때문이네.[2]

불교의 모든 가르침은 연기에 바탕을 두고 있습니다. 만일 어떤 가르침이 연기에 부합하지 않는다면 그것은 붓다의 가르침이 아닙니다. 연기를 이해하면 그 통찰을 통해서 경장, 율장, 논장의 삼장을 이해하게 됩니다.[3] 연기 덕분에 우리는 붓다를 볼 수 있게 됩니다. 그리고 두 가지 진리[4]는 우리가 붓다를 들을 수 있게 합니다. 붓다를 보고 들을 수 있을 때, 우리는 그의 가르침의 바다를 가로지르면서 길을 잃

---

1. *Mahanidana Sutta, Digha Nikaya* 15.
2. *Mahaprajñaparamita Shastra*(『대지도론』)
3. 삼장(세 바구니)은 경장(經藏, 붓다의 가르침), 율장(律藏, 행동의 규칙), 그리고 논장(論藏, 가르침에 대한 체계화된 설명)이다.
4. 17장 참조.

지 않을 것입니다.

연기, 즉 "이것이 존재한다. 왜냐하면 저것이 존재하기 때문이다. 그리고 이것이 존재하지 않는다. 왜냐하면 저것이 존재하지 않기 때문이다."라는 것은 모든 불교의 가르침 가운데 가장 중요한 것 가운데 하나입니다. 연기에 대한 통찰로 수행자는 서로 연결되어 존재함, 중도, 그리고 둘이 아님을 이해할 수 있게 됩니다. 붓다는 연기에 대한 가르침을 다른 수많은 방식으로 제시했고, 수많은 놀라운 비유를 들었습니다. 이를테면 서로를 지지하기 위하여 서로에게 기대고 있는 두 다발의 갈대의 비유 같은 것입니다. 인드라망의 비유 또한 매우 아름답습니다.

─ 12연기의 가르침은 업과 윤회를 설명하기 위해서 고안되었다

12연기, 경전에서 백 번도 넘게 반복되는 그 가르침은 연기를 설명하는 하나의 방법입니다. 하지만 그것이 반드시 최고는 아닙니다.

불교를 공부하는 사람들 대부분은 붓다가 연기의 "사슬"에 12개의 고리(nidanas)가 있다고 가르쳤다고 생각합니다.*5 12연기의 가르침을 들여다보면 수많은 스승들의 설명 방식이 우리가 역사적 영역으로부터 궁극적 영역으로 나아가는 데 도움이 되지 않았음을 알 수 있습니다. 훌륭한 적용의 비밀은 존재와 비존재, 태어남과 죽음에 대한 생각을 점진적으로 내려놓을 수 있도록 깊이 들여다보는 데 있습니다. 이러한 관념들을 내려놓는 데 도움이 되지 않는 가르침은 개념 세계의 바깥으로 가는 데 보탬이 되지 않습니다.

『가전연경(Katyayanagotra Sutra, 잡아함경 301)』에 있는 "이것이 존재

한다. 왜냐하면 저것이 존재하기 때문이다."라는 문장은 우리가 공성
과 잘 접촉하고 있도록 돕습니다. (이 경전은 『상윳따 니까야』, SN 12:15에 있
는 『Kaccanagotta Sutta』에 상응합니다. 그것은 플럼 빌리지 독송집에 중도에 대한 법
문으로 번역되어 있습니다.)•6 비록 이 문장이 "존재한다", "존재하지 않는
다", "이것", "저것"이라는 단어들을 사용하고 있다 할지라도, 그것은
여전히 우리가 이들 관념을 내려놓도록 돕습니다. 반면 12연기는 존
재와 비존재라는 관념에 매달립니다. 12연기는 무명[無明], 형성[行],
의식[識], 몸/마음[名色], 여섯 감각 그리고 감각 대상[六處], 접촉[觸],
느낌[受], 갈망[愛], 집착[取], 존재[有], 태어남[生], 늙음과 죽음[老死]입
니다.

　12연기가 설명되는 방식은 붓다의 깊은 가르침에 속하지 않습니
다. 그리고 그것은 우리가 공성을 통찰하도록 도울 수 없습니다. 여기
서 우리는 의존(208~211쪽 참조)의 방법론을 이용해야만 합니다. 그것
은 "깊은 의미의 경전에 의존하고 피상적인 의미의 경전에 의존하지
말라."라고 말합니다. 피상적인 의미는 반드시 잘못된 것은 아닙니다.
하지만 그것의 기능과 역할은 다른 것입니다. 12연기는 경전에서 업
과 윤회를 설명하기 위해 이용되었습니다. 그리고 그것으로는 우리가
공성과 궁극적 세계의 공간을 만날 수 없습니다.

5.　붓다가 원인들의 사슬에 대해서 설한 가장 이른 경은, 비록 9개의 고리만이 제시되어
　　있기는 하지만, *Mahanidana Sutta*, *Digha Nikaya* 15이다. 이후의 가르침에서 그 목록
　　은 12개로 확장된다.
6.　Thich Nhat Hanh, *Chanting from the Heart*(Berkeley, CA: Parallax Press, 2013).

_ 세 가지 시간 그리고 두 가지 차원에서의 원인과 결과

옛 스승들은 12연기를 과거, 현재, 미래의 세 가지 시간으로 나누었습니다. 무명과 형성은 과거에 속합니다. 의식, 마음/몸, 여섯 감각 기관, 접촉, 느낌, 갈망, 집착, 그리고 존재는 현재에 속합니다. 태어남, 늙음과 죽음은 미래에 속합니다. 우리는 전생에 무명의 존재였고 형성을 이루었기 때문에(업으로 설명됨), 이생에서 의식, 마음과 몸, 여섯 감각 기관, 접촉, 느낌, 갈망, 집착, 그리고 존재를 갖습니다. 이생에 존재가 있기 때문에, 다음 생에서 우리는 태어나고, 늙고, 죽어야 합니다. 그리고 윤회의 세계에서 계속 존재해야 합니다. 무명과 업의 형성은 과거에서의 원인입니다. 의식, 마음/몸, 여섯 감각 기관, 접촉, 느낌, 갈망, 집착, 그리고 존재는 현재에서의 결과입니다. 현재에서의 느낌, 갈망, 집착, 그리고 존재는 미래에서의 태어남, 늙음과 죽음의 원인이 될 것입니다. 이것들은 원인과 결과의 두 가지 차원입니다.

이것은 옛날과 오늘날의 많은 스승들이 12연기를 설명하는 방식입니다. 그것은 다음과 같이 설명됩니다. 무명에 의지하여 의식이 있다. 의식에 의지하여 마음/몸이 있다. 마음/몸에 의지하여 감각 기관과 대상이 있다. 감각 기관과 대상에 의지하여 접촉이 있다. 접촉에 의지하여 느낌이 있다. 느낌에 의지하여 갈망이 있다. 갈망에 의지하여 집착이 있다. 집착에 의지하여 존재가 있다. 존재에 의지하여, 우리는 다시 태어나고 죽어야 한다. 그리고 윤회의 세계에서 계속 존재해야 한다.

이것은 12연기에 대한 대부분의 베트남과 중국 불교의 이해입니다. 하지만 그것은 심각한 오해로 이어집니다. 그것은 갈망과 집착이 있기 때문에 존재가 있다는 것입니다. 존재가 있기 때문에 우리는 거듭 다시 태어나고 죽어야 합니다. Bhava는 존재입니다. 그리고 그 반대는 비존재, abhava입니다. 우리는 "존재"를 문제의 원인으로 만듭니다. 그리고 해탈에 이르는 길은 비존재이고, 비존재를 깨닫기 위해 수행해야만 한다고 생각합니다. 하지만 붓다는 분명히 존재와 비존재가 둘 다 잘못된 견해라고 가르쳤습니다. 사람들은 만일 태어남과 죽음의 고리(samsara)를 피하고 싶다면 비존재가 되어야만 한다고 말합니다. 그리고 그 이유 때문에 불교 수행자의 목표는 소멸 혹은 영원한 죽음이 됩니다.

때때로 붓다는 오직, 4, 5, 6, 또는 7연기를 말합니다. 그리고 거기에는 12연기가 필요 없어 보입니다. 『대비바사론(大毘婆沙論)』 24권에서 "붓다는 살아 있는 존재들의 다른 능력을 깊이 이해했기 때문에 여러 가지 방식으로 연기를 가르쳤다. 그는 가끔 1연기, 때로는 2, 3, 4, 그리고 12에 이르는 연기를 가르쳤다."라고 합니다. 4연기는 무명, 형성, 존재(그리고 비존재), 그리고 태어남(그리고 죽음)입니다.

12연기는 하나의 고리가 그저 그 다음 고리를 낳는 수직적 사슬로서 선형적인 방식으로 설명되고 해석되었습니다. 그렇게 하면 모든 고리들의 서로 의존하는 본성을 보기가 어려워집니다. 12연기 가운데 두 번째[行, 범어로 samskara]는 의도적인 행위로 설명되어 왔습니다. 불교에서 상스카라는 행위가 아니라 형성을 의미합니다. 그것은 신체적, 생리적, 그리고 심리적 현상들입니다. 사람들은 그동안 12연기에서 형성을 충동, 잘못된 충동 혹은 의도적 행위로 설명해야만 했습니다. 하지만 그것은 그 말에 새로운 의미를 강요하고 있는 것입니다. 왜냐하면 사람들이 과거의 행위로부터 의식이 일어난다는 것을 보여주고 싶어 했기 때문입니다. 하지만 12연기는 붓다가 윤회나 태어남과 죽음에 대한 이론을 정당화하기 위해서 가르친 것이 아니었습니다. 우리가 형성이 의식을 조건 짓는다고 말하면 그것은 우리가 무명 속에서 형성을 서로의 바깥에 있는 분리된 현실로 해석한다는 것을 의미합니다. 이와 같이 사물을 바라보는 방식은 분별적인 의식을 가능하게 만듭니다. 그리고 그와 동시에 분별적인 의식은 형성을 분리된 현실로 볼 수 있게 합니다.

12연기에 대한 전통적인 설명에 따르면 느낌은 갈망으로 이어집니다. 그것은 오직 진실의 일부일 뿐입니다. 왜냐하면 오직 즐거운 느낌만이 갈망으로 이어지기 때문입니다. 그리고 그것은 오직 수행하지 않는 사람들, 지혜가 없는 사람들에게만 해당됩니다. 붓다처럼 수행하는 사람이나 아라한, 또는 깨달은 재가자는 즐거운 느낌이 고통으로 이어질 수 있고 위험하다는 것을 압니다. 그러므로 그런 느낌들이 갈망으로 이어지지 않습니다.

그러므로 이 고리는 오직 진실의 일부만을 나타냅니다. 만일 그것이 괴로운 느낌이라면, 회피, 싫어함으로 이어질 것입니다. 그러므로 만일 우리가 진정한 불교 정신을 제시하고 싶다면 접촉이 즐거운 느낌과 괴로운 느낌으로 이어진다고 말해야 합니다. 그리고 느낌은 미움과 싫어함으로 이어질 수 있고 언제나 갈망과 집착으로 이어지는 것은 아니라고 말해야 합니다. 집착은 매달리는 것, 갇히는 것, 혹은 갈망을 말합니다. 갈망은 단지 존재에 대한 갈망만이 아닙니다. 그것은 또한 비존재에 대한 갈망일 수도 있습니다. 살기를 원하지 않거나 혹은 자살하는 사람들은 비존재를 갈망합니다.

『디가 니까야(DN 22)』에서, 붓다는 세 가지 종류의 갈망(tanha)을 가르칩니다. 그것은 욕망의 세계를 향한 갈망(kama-tanha), 존재를 향한 갈망(bhava-tanha), 그리고 비존재(vibhava-tanha)를 향한 갈망입니다. 우리 수행의 목표는 단지 존재를 뛰어넘는 것이 아니라, 존재와 비존재를 뛰어넘는 것입니다. 보통 설명되는 12연기는 그것을 보여줄 수 없습니다.

『가전연경』에서 붓다는 바른 견해가 존재와 비존재를 초월하는 견해라고 가르칩니다. 흔히 하는 12연기의 설명에 따르면, 거기에는 단지 존재로부터 달아나고 싶은 욕망이 있습니다. 이것은 아주 큰 오해를 일으킵니다. 그리고 사람들은 불교가 오직 비존재에 이르기 위해 존재를 없애는 것에 목표를 두고 있다고 말합니다. 그리고 불교는 소멸을 가르치는 길이고 그런 까닭에 불교 수행자의 목표는 무(無)와 영원한 죽음이라고 말합니다.

19세기 후반과 20세기 초반에 불교를 공부했던 수십 명의 서양 학자들이 이 결론에 이르렀습니다. 그들이 말하기를 윤회를 극복한다는 것은 아라한의 지위를 얻을 때, 성자가 절대로 다시 태어나지 않을 것이라는 뜻이라고 합니다. 이런 커다란 오해가 있게 된 이유 가운데 하나는 불자들이 불교의 가르침을 잘못 전했기 때문입니다.

그러므로 집착이 존재로 이어진다고 말하는 대신에, 집착이 존재와 비존재로 이어진다고 말해야 합니다. 『가전연경』에 따르면 존재와 비존재는 바른 견해를 가로막는 두 가지 생각입니다. 존재가 태어남으로 이어진다고 말하는 대신, 우리는 존재와 비존재가 태어남과 죽음으로 이어진다고 말해야 합니다. 우리는 머릿속에서, 태어날 때 비존재에서 존재가 되고, 죽을 때 존재에서 비존재가 된다는 생각에 익숙해졌습니다. 만일 존재와 비존재에 대한 생각을 없앤다면 태어남과 죽음에 대한 생각은 더 이상 존재하지 않을 것입니다. 그것은 인지적인 관점으로 보는 방식입니다. 그것은 인과 관계의 관점에서 보는 방식이 아닙니다.

연기는 인지에 대한 한 이해를 가리키며, 독단이나 이론을 설명하려는 시도가 아닙니다. 12연기의 목표는 지금 그 가르침이 수많은 경전에 들어가 있는 경우들처럼 평균적인 이해를 갖고 있는 사람들을 위해서 윤회와 재생이라는 현상을 설명하기 위한 것입니다.

붓다는 보통 12연기를 늙어감과 죽음으로부터 시작했습니다. 그것은 우리가 고통에 접촉하고 그 뿌리를 찾도록 돕기 위한 것이었습니다. 이것은 네 가지 고귀한 진리의 가르침, 그리고 그 수행과 긴밀히 연결되어 있습니다. 붓다의 열반 이후 스승들은 삶과 죽음이 왜 거기에 있는지를 증명하기 위해 무명에서부터 12연기를 시작하였습니다. 정작 붓다는 언제나 그 어떤 최초의 원인도 발견할 수 없다고 했는데도 말입니다. 무명은 일종의 첫 번째 원인이 되었습니다. 만일 무명이 존재한다면, 그것은 무명을 일으키고 깊게 하는 원인들이 거기에 있기 때문입니다. 붓다는 우주를 설명하려고 노력했던 철학자가 아니었습니다. 그는 우리의 고통을 끝내도록 돕고 싶었던 영적인 안내자였습니다.

우리가 논자들로부터 어떤 고리(소위 무명과 형성)는 원인이고, 다른 것은 결과(소위 태어남과 늙음, 그리고 죽음)라는 말을 들으면, 모든 것은 원인이고 결과라고 했던 붓다의 가르침과 그것이 일치하지 않는다는 것을 압니다. 무명이 형성을 낳고, 그것이 나중에 의식을 낳고, 그 다음에 마음/몸을 낳는다고 생각하는 것은 위험하고 지나친 단순화가 될 것입니다. 붓다가 "무명은 형성을 조건 짓는다."라고 말했을 때, 그는 무명과 형성 사이에 원인과 결과의 관계가 있다는 것을 의미했습니다. 무명은 형성에 자양을 줍니다. 하지만 형성 또한 무명에 자양을 줍니다. 나무는 잎이 생겨나게 하고 그것에 자양을 줍니다. 하지만 잎 또한 나무에 자양을 줍니다. 잎들은 나무의 아이들이기만 한 것이 아닙니다. 그것들은 또한 나무의 어머니입니다. 잎들 때문에 나무가 자랄 수 있습니다. 모든 잎은 나무에 자양을 주기 위해 햇빛을 합성하는 공장입니다.

잎과 나무가 서로 연결되어 존재한다는 것은 연기의 고리가 서로 연결되어 존재하는 것과 매우 유사합니다. 우리는 무명이 형성을 조건 짓는다고 말합니다. 하지만 무명도 역시 형성을 통해서, 그리고 직접적으로 의식을 조건 짓습니다. 무명은 마음/몸도 조건 짓습니다. 만일 마음/몸에 무명이 없다면, 마음/몸은 다를 것입니다. 여섯 가지 기관과 그 기관들의 여섯 가지 대상들 또한 무명을 포함합니다. 꽃에 대한 나의 지각은 나의 눈과 꽃의 형상에 바탕을 두고 있습니다. 나의 지각이 "꽃"이라는 모양에 갇히는 순간 무명이 거기에 있습니다. 그러므로 무명은 접촉에 존재합니다. 그리고 느낌, 갈망, 집착, 존재, 태어남, 그리고 늙음과 죽음에도 존재합니다. 무명은 단지 과거에만 있는 것이 아닙니다. 그것은 지금, 우리의 각 세포 속에, 그리고 각각의 정신적 형성들 속에 존재합니다. 만일 무명이 없다면 우리는 사물에 집착하지 않게 될 것입니다. 만일 무명이 없다면 우리는 집착의 대상에 매달리지 않을 것입니다. 무명이 없다면 지금 나타나고 있는 고통은 거기에 없을 것입니다. 우리의 수행은 무명이 존재할 때 그것을 확인하는 것입니다. 집착은 형성, 느낌, 존재, 태어남, 그리고 늙음과 죽음에 있습니다. 이것에 푹 빠져들거나 저것으로부터 달아나는 것, 그리고 우리의 의도는 다른 모든 고리들에서 보일 수 있습니다. 모든 고리는 다른 모든 고리를 조건 짓습니다. 그리고 그것들에 의해 조건 지어집니다.

이런 이해를 통해서, 우리는 인과의 연속적 사슬에 대한 생각을 버릴 수 있습니다. 그리고 궁극적인 세계와 접촉하도록 돕는 연기의 수행으로 깊이 들어갈 수 있습니다. 마음/몸 이전에 의식이 있는 것이 아닙니다. 하지만 의식과 마음/몸은 서로 연결되어 존재합니다. 여섯 가지 감각 기관은 마음과 몸의 일부입니다. 그것들은 마음/몸의 결과이기만 한 것이 아닙니다.

더욱이 갈망은 느낌을 동반하는 유일한 정신적 형성이 아닙니다. 때때로 느낌은 갈망이 아니라 혐오와 함께 오기도 합니다. 때때로 느낌은 무명이 아니라 이해, 명료함 혹은 자애와 동반됩니다. 그리고 그 결과는 갈망이나 혐오가 아닐 것입니다. 느낌이 갈망을 가져온다고 말하는 것은 충분히 정확하지 않습니다. 집착과 무명이 함께 있는 느낌은 갈망을 가져옵니다. 연기의 고리에 대한 그 어떤 설명에서, 그것이 4, 5, 9, 10, 12 연기 가운데 그 어떤 것이든, 우리는 각각의 고리를 다른 모든 고리들과 연결시켜야 합니다. 이것은 『반야심경』에서 "연기도 없다."라고 하는 것과 같은 의미입니다. 고리들은 "비어 있습니다." 왜냐하면 그것들 각각은 다른 모든 것들 없이는 존재하지 않을 것이기 때문입니다. 느낌은 갈망, 집착, 존재, 태어남, 늙음과 죽음, 무명, 형성 등이 없이는 존재할 수 없습니다.

12개의 고리라는 측면에서 연기를 제시하는 보통의 방법은 사람들이 진정한 바른 견해를 갖도록 돕는 데 충분하지 않습니다. 다른 말로 하자면 그것은 존재와 비존재, 태어남과 죽음, 영원과 소멸, 오고 감 등을 초월하는 것입니다. 바른 견해는 고귀한 여덟 가지 길, 즉 열반에 이르는 왕도의 토대입니다. 바른 견해는 단지 선한 행동과 사악한 행동의 열매에 대한 믿음이 아닙니다. 그것은 영적인 길에 있는 수행자의 가장 높은 통찰입니다. 그것은 태어남도 없고 죽음도 없음, 더러움도 없고 청정함도 없음, 존재도 없고 비존재도 없음, 같음도 없고 다름도 없음, 옴도 없고 감도 없음에 대한 통찰입니다. 그것은 모든 극단적인 견해, 모든 차별, 모든 분리를 끝내는 연기에 대한 통찰입니다. 그것들은 두려움, 분노, 절망, 그리고 갈망과 같은 모든 번뇌의 뿌리입니다. 바른 견해가 없다면, 바른 사유, 바른 말, 바른 행위, 그리고 고귀한 여덟 가지 길의 다른 일곱 가지 길들이 진정으로 가능하지 않을 것입니다.

12연기의 교리를 흔히 가르치는 방식으로 가르치면 그것은 연기의 통찰을 얻는 데 도움이 되지 못할 뿐만 아니라, 수행의 목표가 영원한 죽음이라는 해로운 오해로 우리를 잘못 이끕니다. 아주 많은 사람들이 이 잘못된 견해를 그대로 답습해왔습니다. 붓다의 제자였던 야마까(Yamaka)라는 스님도 그랬습니다. 그리고 12연기는 그것이 속하지 않는 많은 경전들에 삽입되어왔습니다. 이 경전들의 이름을 몇 개만 열거하자면 다음과 같습니다. 『가전연경』(잡아함경 301), 『심심경(甚深經)』(잡아함경 293), 『대공법경(大空法經)』(잡아함경 297), 『인연경(因緣經)』(잡아함경 296).

이 모든 경전들의 목적은 절대적 진리를 더욱 깊은 것으로 만들기 위한 것입니다. 그리고 거기에 12연기를 끼워넣는 것은 모순된 것입니다. 만일 12연기가 선형적 진행이라고 이해한다면 그것은 우리가 공성, 열반, 그리고 진정한 지혜를 만나는 데 도움이 되지 않을 것입니다. 『심심경(甚深經)』이라는 경은 특히 연기를 통해 공성에 접촉하는 것에 관한 것입니다.

그것은 정확히 "연기에 대한 통찰을 통해서 우리는 공성에 다다를 수 있다."라는 것을 의미합니다. 만일 연기의 고리를 이해함으로써 공성에 닿을 수 있다면 그것들은 붓다의 가장 깊은 가르침의 차원에서 이해되어야 합니다. 그것은 윤회의 수레바퀴에서 다시 태어나는 것에 대한 설명으로 이해되어서는 안 됩니다.

_ 고리들을 깔끔하게 정리하기

이제는 우리가 이 시대 사람들을 위해 쉽고 접근 가능한 방식으로 연기에 대한 가르침을 제시할 때입니다.

앞서 말했던 것에 비추어서, 우리는 공성과 접촉하도록 돕는 10연기의 가르침을 제시할 수 있습니다. 그 열 개의 연기의 고리는 다음과 같습니다.

(1) 무명

(2) 형성

(3) 의식

(4) 마음/몸

(5) 즐겁고 괴로운 느낌

(6) 갈망과 싫어함

(7) 집착과 거부

(8) 존재와 비존재

(9) 태어남과 죽음

(10) 윤회

이 구조에는 여섯 감각 기관과 접촉의 고리가 없습니다. 그것은 이 고리들이 이미 형성과 의식, 마음/몸의 일부로 이해되었기 때문입니다. 태어남과 죽음은 개념적으로 서로 매우 가깝기 때문에 그것들은 하나의 고리입니다. 그리고 윤회, 즉 속박의 사슬이 열 번째 고리로 추가되었습니다.

우리는 열 개의 고리를 다음과 같이 설명할 수 있습니다. 무명이 있으면, 사람들은 형성(서로의 바깥에 있는 분리된 실체라는 관점에서)을 봅니다. 이것 때문에 그들은 의식이 주체(그것의 대상과 분리된)라고 봅니다. 그들은 몸을 마음에서 분리된 것으로 봅니다. 몸과 마음에 바탕을 둔 즐거운 느낌, 중립적인 느낌, 괴로운 느낌이 있습니다. 이 느낌들과 함께 일어나는 갈망(만일 그것들이 즐거운 것이라면)과 싫어함(만일 그것들이 괴로운 것이라면)이 옵니다. 이와 함께 집착하고 싶거나 거부하고 싶은 욕망이 일어납니다. 이것과 함께 존재와 비존재라는 생각에 대한 집착이 일어납니다. 그 결과 지속적으로 태어남과 죽음이라는 생각에 갇힙니다. 그리고 윤회의 세계에서 맴돌아야 하고 열반을 깨닫지 못합니다. 엄격히 말해서, 의식과 마음/몸이라는 두 고리는 꼭 필요한 것이 아닙니다. 왜냐하면 형성이 몸과 의식의 모든 측면을 다 갖고 있는 다섯 무더기를 포함하기 때문입니다. 하지만 어떤 경우에는 더 분명히 하기 위해서 그것들을 덧보탤 수 있습니다.

우리는 우리 안에 있는 무명의 요소를 줄이고 분명함의 요소를 키우기 위해서 연기를 공부합니다. 무명이 줄어들 때, 갈망, 미움, 자만, 의심, 그리고 견해들 또한 줄어듭니다. 그리고 사랑, 자비, 기쁨, 그리고 평정심이 커집니다. 다른 말로 하자면 무명의 변화는 그 사이클에 있는 모든 다른 고리들의 변화, 혹은 다른 모든 것들의 변화를 수반하는 그 어떤 고리들의 변화로 이어집니다. 만일 여섯 가지 감각을 지키고 느낌과 지각에 대한 마음챙김을 수행한다면, 무명을 포함한 그 순환의 나머지 부분도 변화시킬 수 있습니다.

우리가 볼 수 있는 것처럼, 그 고리들에는 비록 붓다가 세상에 있던 시대 이후의 불교 스승들이 그것을 간과해왔다 할지라도 긍정적인 측면도 있습니다. 우리는 마음과 몸의 부정적인 상태뿐만 아니라 긍정적인 상태의 연기를 설명할 수 있는 말을 찾아야 합니다. 붓다는 무명이 끝나면 거기에 분명한 이해가 있다고 가르쳤습니다. 붓다는 무명이 끝나면 거기 아무 것도 없다고 말하지 않았습니다.

미혹한 마음에 의해 조건 지어진 함께 일어남(co-arising), 그리고 깨달은 마음에 의해 조건 지어진 함께 일어남이 있습니다. 세상과 사회, 그리고 각각의 사람은 미혹한 마음에 바탕을 둔 조건들의 순환에 의해 형성되어왔습니다. 미혹한 마음에 바탕을 둔 세계에는 당연히 고통과 번뇌가 있습니다. 하지만 조건들이 깨달은 마음에 바탕을 두고 있다면 그것들은 현실의 경이로운 본성을 비춥니다. 모든 것은 우리의 마음에 달려 있습니다.

연기의 고리를 가르치는 사람들은 그것들의 긍정적인 측면을 이해하고, 그 고리들이 열반에 접하도록 돕는 데 어떤 역할을 하는지를 이해해야 합니다. 이런 측면에서 우리는 윤회로 이끄는 순환이 있는 것처럼, 열반에 접하도록 돕는 순환이 있다는 것을 알게 됩니다.

무명(無明, avidya)은 빛이 없는 것입니다. 그것은 미혹한 마음과 연결되어 있습니다. 이해 혹은 지혜(vidya)는 깨달은 마음과 연결되어 있습니다. 빛의 존재는 어둠의 부재를 의미합니다. 무명의 존재는 지혜의 부재를 의미합니다. 붓다는 "무명이 끝날 때 지혜가 일어난다."라고 말했습니다.*7 무명이 미혹한 마음의 다른 고리들을 조건 짓는 것과 마찬가지로, 지혜는 깨달은 마음의 다른 고리들을 조건 짓습니다.

두 번째 고리인 형성[行]은 우리 지각의 대상입니다. 미혹한 마음이 관련되어 있는 한, 그것들은 분리된 실체입니다. 지혜가 있을 때 우리는 형성 혹은 조건 지어진 것들이 따로 떨어진 본성을 갖고 있지 않으며 존재하기 위하여 서로에게 의지한다는 것을 봅니다. 아버지는 아들에게 의존합니다. 그리고 아들은 아버지에게 의존합니다. 아들이 없다면 아버지도 없을 것입니다. 그리고 아버지가 없다면 아들도 없

---

7. *Samyutta Nikaya* IV, 49와 50.

을 것입니다. 사물을 분리된 실체로서 보는 것은 무명을 더욱 깊게 만들 뿐입니다. 그러므로 무명이 형성을 조건 지을 뿐만 아니라, 형성이 무명을 조건 짓습니다. 서로에게 깃들어 있고, 서로에게 스며드는 사물을 보면 우리의 지혜가 더욱 커집니다. 그리고 그러한 사물의 본성을 보는 것은 지혜로부터 옵니다. 세 번째 고리인 의식[識]은 중요한 형성입니다. 의식은 별도의 고리로 만들어야 할 만큼 중요합니다. 그것이 미혹한 마음의 세계에 속할 때는 분별적인 의식으로 알려져 있습니다. 왜냐하면 의식의 작용이 지각하는 사람을 지각 대상과 분별하게 하고 객관적인 세계를 관찰하는 사람과 분리된 것처럼 보게 하기 때문입니다.

붓다가 한 송이 꽃을 볼 때, 그는 그 꽃이 자신의 의식이라는 것을 압니다. 이것은 의식이 긍정적인 순환에 있는 고리일 때의 상태입니다. 의식에는 잘못된 것이 아무것도 없습니다. 하지만 모든 형성이 서로 연결되어 존재한다는 것을 깨달았기 때문에, 우리는 의식 바깥에 분리된 세계가 없다는 것, 그리고 세상 바깥에 분리된 의식이 없다는 것을 깨닫게 됩니다. 그것은 의식의 주체가 의식의 대상으로부터 분리된 것이 아니라는 것을 이해하는 불이(不二)의 지혜입니다.

의식은 구별하고, 계획하고, 돕는, 그리고 좋은 일을 하는 토대입니다. 붓다와 보살들의 의식은 그러합니다. 붓다는 "바이샬리라는 도시는 얼마나 아름다운가."라고 말했습니다. 그는 "아난다여, 저 논이 아름답다고 생각하지 않느냐? 마을로 가서 법을 나누자꾸나."라고 말했습니다. 이 말은 밝은 의식에 바탕을 두고 있습니다. 그것은 이해와 돌봄, 그리고 사랑으로 가득 찬 의식입니다.

설일체유부의 체계에서는 의식이 여덟 개의 차원에서 설명됩니다. 그리고 이것들은 네 가지 지혜로 변화됩니다. 의식의 창고에 있는 깨달음, 사랑, 그리고 자비의 씨앗이 계발되고 성숙될 때, 의식의 창고[藏識, alayavijñana]가 변화됩니다. 그리고 모든 현실을 비추는 큰 거울의 지혜[大圓鏡智, Great Mirror Wisdom]가 됩니다. 큰 거울의 지혜가 될 수 있는 모든 씨앗들은 이미 의식의 창고에 존재합니다. 우리는 그저 그 씨앗들에 물을 주기만 하면 됩니다. 큰 거울의 지혜는 서로 연결되어 있음, 무상, 그리고 무아에 대한 성찰을 통해 사물의 진정한 본성에 접촉하는 수행의 산물입니다.

우리는 변화의 도구로서 의식을 이용하는 방법을 배워야 합니다. 우리의 여섯 감각 기관, 즉 눈, 귀, 코, 혀, 몸, 그리고 마음은 큰 거울의 지혜가 일어나게 할 수 있습니다. 우리는 붓다도 역시 여섯 감각 대상과의 접촉으로 들어가는 여섯 감각을 가지고 있음을 봅니다. 하지만 그는 내면의 엉킨 문제들이 더 많이 생기지 않도록 자신의 감각을 지키는 법을 압니다. 붓다는 자신의 여섯 감각을 능숙하게 이용하고 경이로운 것들을 깨닫습니다. 눈, 귀, 코, 혀, 몸의 다섯 가지 의식은 경이로운 깨달음의 지혜[成所作智, Wisdom of Wonderful Realization]가 됩니다. 우리는 이 다섯 가지 의식을 통해 다른 이들을 도울 수 있습니다. 여섯 번째 마음의 의식은 해탈을 통해, 경이로운 관찰의 지혜[妙觀察智, Wonderful Observation Wisdom]가 됩니다. 그것은 사물을 있는 그대로 볼 수 있는 지혜입니다. 평등의 지혜[平等性智, Wisdom of Equality]는 일곱 번째 의식인 말나식(末那識)으로부터 옵니다. 말나식은 분별하는 의식입니다. 말나식은 말합니다. "이것은 나야. 이것은 내 것이야. 이것은 내 것이 아니야." 이것이 말나식의 특징입니다. 우리는 이 의식을 유지해야 합니다. 그럼으로써 그것은 평등의 지혜가 될 수 있습니다. 우리의 의식은 변화되어야 합니다. 내버려서는 안 됩니다. 경이로운 관찰의 지혜는 말나식을 평등의 지혜로 변화시킵니다. 우리는 하나입니다. 우리는 평등합니다. 나는 여러분이 나의 적이라고 생각할 수도 있을 것입니다. 하지만 궁극적 세계에 접촉할 때 나는 여러분과 내가 하나라는 것을 봅니다. 때때로 우리는 오직 한 번만 절하면 됩니다. 그러면 평등의 지혜가 말나식의 한가운데 나타납니다. 경이로운 관찰의 지혜는 여섯 번째 의식, 마음의 의식(意識)을 대신합니다. 무명이 사라지지 않으면 여섯 번째 의식은 밧줄을 뱀이라고 보는 것과 같은 많은 잘못된 지각과 고통을 낳습니다. "토대에서의 변화[轉依]", 즉 의식의 창고가 큰 거울의 지혜가 되는 변화 덕분에 여섯 번째 의식은 경이로운 관찰의 지혜로 변화될 수 있습니다.

네 번째 지혜, 큰 거울의 지혜는 기적을 가져옵니다. 과거에 우리 눈의 의식은 우리를 홀리거나 어둠에 빠뜨렸습니다. 우리는 이제 눈을 뜬 채로 붓다의 가르치는 몸인 법신, 자연스러운 세상을 볼 수 있습니다. 우리의 마음이 고요한 강과 같이 맑을 때, 여섯 번째 의식은 경이로운 관찰의 지혜가 됩니다. 그리고 우리 의식의 창고는 큰 거울의 지혜가 됩니다.

열 가지 고리들의 구조에서 네 번째 고리는 마음/몸[名色, nama/rupa]입니다. 마음/몸은 다섯 무더기[五蘊]입니다. 우리는 "다섯 무더기가 고통이다."라고 말하면서 그것들을 내버리지 않습니다. 만일 다섯 무더기를 버린다면 거기에는 아무것도 남지 않아 열반도 없고 평화도 없고 기쁨도 없을 것입니다. 우리에게는 쓰레기를 보살필 수 있는 현명한 방법이 필요합니다.

우리에게는 몸과 마음이 있습니다. 그리고 미혹한 마음의 세계에서 그것들을 이원성으로서 경험합니다. 그리고 우리의 마음은 몸으로부터 소외됩니다. 컴퓨터 앞에 앉아 있으면서 우리는 종종 우리에게 몸이 있다는 사실을 잊습니다. 지혜를 통해 우리는 몸과 마음을 똑같은 현실로 경험할 수 있습니다. 보살들도 몸과 마음을 갖고 있습니다. 그리고 붓다도 몸과 마음을 가졌습니다. 우리는 해탈을 경험하기 위해서 몸을 내던지지 않아도 됩니다. 그리고 몸이 마음에 대한 감옥이나 장애라고 보아서는 안 됩니다. 우리는 체화된 마음과 마음챙김의 몸을 이루기 위해서 수행합니다. 그와 같은 몸과 마음에는, 더 이상 무명이 없고, 더 이상 분리된 현실로서의 형성이 없습니다. 그리고 더 이상 차별하는 의식이 없습니다. 이 마음/몸의 작용은 존재들을 깨우치고 해탈하게 합니다.

다섯 번째 고리는 즐겁고, 괴롭고, 중립적인 느낌(그것은 또한 다섯 무더기 가운데 하나)입니다. 마음챙김을 수행할 때 우리는 느낌을 어떻게 다룰지를 배웁니다. 그것은 고통스러운 느낌을 인식하고, 끌어안고, 변화시키는 것, 그리고 우리 안에 있는 진정한 행복에 자양을 주고, 중립적인 느낌에 의해 압도되지 않는 것을 의미합니다. 그러므로 느낌의 긍정적인 측면은 느낌에 대한 마음챙김입니다. 모든 감각의 접촉과 느낌은 분명함과 고요함을 갖고 있습니다.

여섯 가지 감각과 그 대상이 접촉할 때, 이 접촉은 즐겁거나 괴로운, 혹은 중립적인 느낌을 낳습니다. 고통받고 있는 아이를 볼 때, 보살은 고통을 받는 것이 어떻게 느껴지는지를 압니다. 그리고 보살에게도 괴로운 느낌이 있습니다. 하지만 그 고통 때문에 보살에게는 관심과 자비가 일어납니다. 그리고 보살은 행동하기로 마음먹습니다. 보살도 우리와 마찬가지로 고통을 겪습니다. 하지만 보살에게서는 느낌이 갈망이나 싫어함을 일으키지 않습니다.

아름다운 꽃을 볼 때 보살은 꽃이 아름답다는 것을 인식합니다. 하지만 그 꽃 안에서 무상의 본성 또한 봅니다. 바로 그 이유 때문에 집착이 없습니다. 보살에게는 즐거운 느낌이 있습니다. 하지만 그것은 내적인 형성을 만들어내지 않습니다. 해탈은 보살이 모든 느낌을 억누른다는 것을 의미하지 않습니다. 뜨거운 물에 접촉할 때 보살은 그것이 뜨겁다는 것을 압니다. 느낌은 정상적인 것입니다. 사실 이 느낌들은 보살이 행복 안에 머물도록 돕습니다. 그것은 슬픔이나 불안이 되기 쉬운 행복이 아닙니다. 하지만 자양을 주는 행복입니다. 우리가 숨을 쉬고, 미소를 짓고, 공기와 물에 접촉하고 있을 때, 그와 같은 행복은 우리 안에 고통을 일으키지 않습니다. 그것은 우리가 강하고 온전하도록 돕습니다. 그리고 깨달음을 향한 길에서 더 멀리 나아갈 수 있게 합니다. 붓다들, 보살들, 그리고 많은 다른 이들은 즐거운 느낌을 누릴 수 있는 능력을 가지고 있습니다. 그것은 집착 없이 치유를 가져오고 활기를 되찾게 하는 느낌입니다. 억압받거나 굶주리는 사람들을 볼 때 갖는 느낌은 우리에게 관심, 자비, 그리고 평정심과 함께 집착 없이 기꺼이 행동하리라는 마음을 일으킬 수 있습니다. 여섯 번째 고리는 미혹한 마음의 순환 가운데 있는 갈망과 싫어함, 그리고 깨달은 마음의 순환 가운데 있는 네 가지 한량없는 마음입니다.

느낌과 접촉이 잘 다루어지면 그것들은 갈망과 싫어함으로 이어지지 않고, 사랑, 자비, 기쁨, 그리고 평정심, 즉 네 가지 한량없는 마음으로 이어집니다.*8 우리가 괴롭거나 고통 속에 있는 사람을 볼 때, 혹은 어리석은 방식으로 즐기고 있는 사람을 볼 때, 우리 안에 있는 느낌은 자애의 에너지-진정한 기쁨을 주려는 바람과 능력, 그리고 이것은 자비의 에너지로 이어집니다-를 낳습니다. 자비의 에너지는 살아 있는 존재들이 그들의 고통을 끝내도록 도우리라는 바람과 능력입니다. 이 에너지는 우리 안에 기쁨을 일으킵니다. 그리고 우리는 다른 사람들과 기쁨을 함께 나눌 수 있습니다. 그것은 또한 평정심, 즉 편을 들지 않는 것, 혹은 접촉과 느낌을 통해 들어온 이미지와 소리에 휩쓸려 가지 않는 마음을 일으킵니다. 평정심은 무관심을 의미하지 않습니다. 우리는 사랑하는 사람과 미워하는 사람을 동등하게 바라봅니다. 그리고 그 둘을 모두 행복하게 하기 위해 최선을 다합니다. 우리는 꽃과 쓰레기를 집착도 싫어함도 없이 받아들입니다. 우리는 그 둘을 존경으로 다룹니다. 평정심은 내려놓는 것을 의미합니다. 그것은 버리는 것을 의미하지 않습니다. 버리는 것은 고통을 일으킵니다. 집착하지 않을 때, 우리는 내려놓을 수 있습니다.

일곱 번째 고리는 미혹한 마음의 세계에 있는 집착과 거부, 그리고 깨달은 마음의 세계에 있는 자유입니다.

네 가지 한량없는 마음은 자유의 토대입니다. 사랑의 마음으로

---

8.   22장 참조.

사물들과 접촉할 때, 우리는 달아나지 않고 구하지 않습니다. 그리고 그것은 자유의 토대입니다. 바라는 것이 없음은 집착을 대신합니다.

여덟 번째 고리는 미혹한 마음의 세계에서 존재와 비존재입니다. 그리고 깨달은 마음의 순환에서 존재와 비존재의 두 관념을 극복하는 바른 견해, 또는 통찰입니다.

붓다는 첫 번째 법문에서 제자들에게 존재(bhava)에도 비존재(vibhava)에도 집착하지 말라고 충고하였습니다. 그것은 존재와 비존재가 단지 마음이 만들어낸 것에 불과하기 때문입니다. 현실은 그 둘 사이의 어디쯤에 있습니다. 집착을 자유로 변화시킴으로써 우리는 존재와 비존재를 마음이 만들어낸 것으로 봅니다. 그리고 태어남과 죽음의 파도를 탑니다. 우리는 태어남에 마음을 쓰지 않습니다. 죽음에도 마음을 쓰지 않습니다. 만일 우리가 또다시 태어나고 누군가를 도와주는 일을 계속해야 한다면, 그것도 괜찮습니다.

아홉 번째 고리는 미혹한 마음의 세계에서 태어남과 죽음이고, 깨달은 마음의 세계에서 태어남도 없고 죽음도 없음입니다.

나뭇잎은 태어나고 죽는 것처럼 보이지만 그 어느 것에도 갇히지 않습니다. 나뭇잎은 죽는다는 것에 대한 그 어떤 생각도 없이 땅 위에 떨어집니다. 그리고 나무 아래서 분해되고 나무에 자양을 줌으로써 다시 태어납니다. 구름은 사라지는 것처럼 보일 수 있습니다. 하지만 우리는 구름이 결코 사라질 수 없고 다만 비나 눈이 될 뿐이라는 것을 압니다. 나뭇잎이 생겨날 때, 우리는 연속을 축하하는 노래를 부를 수 있습니다. 나뭇잎이 떨어질 때, 우리는 연속을 축하하는 노래를 부를 수 있습니다. 깨달음 속에서 태어남은 연속이고 죽음도 연속입니다. 태어남은 하나의 모습이고 죽음도 하나의 모습입니다. 사람들 또한 태어나고 늙어가고 죽는 것처럼 보입니다.

열 번째 고리는 미혹한 마음의 세계에서 윤회이고, 깨달은 마음의 세계에서 열반입니다.

11세기에 베트남의 한 스님이 자신의 명상 스승에게 물었습니다. "태어남과 죽음 너머의 세계는 어디입니까?" 스승은 대답했습니다. "태어남과 죽음의 한가운데이니라." 만일 열반을 찾기 위해 태어남과 죽음을 버린다면 우리는 열반을 찾지 못할 것입니다. 열반은 태어남과 죽음 안에 있습니다. 열반은 태어남과 죽음입니다. 그것은 우리가 그것을 어떻게 바라보는가에 달려 있습니다. 한 관점에서 보면 그것은 태어남이고 죽음입니다. 다른 관점에서 보면 그것은 열반입니다.

우리가 자유로울 때 고통처럼 여겨졌던 것은 경이로운 존재가 됩니다. 그것은 또한 신의 왕국이나 열반이라고 불릴 수 있습니다. 자유로운 사람은 정토를 일굴 수 있는 능력을 갖고 있습니다. 그것은 사람들이 달리지 않아도 되는 곳입니다. 경이로운 존재는 존재와 비존재 너머에 있습니다. 만일 보살이 존재를 드러내야 한다면, 만일 보살이 이 세상에 태어나야 한다면, 그는 이 세상에 기꺼이 태어날 것입니다. 거기에는 여전히 삶이 있습니다. 하지만 그는 존재와 비존재, 대어남이나 죽음이라는 생각에 갇히지 않습니다.

붓다의 가르침이 삶에서 달아나 무(無) 또는 비존재로 가기 위한 것이라고 해서는 안 됩니다. 보살은 다시 또 다시 돌아와서 섬기기를 서원합니다. 그것은 갈망 때문이 아닙니다. 그것은 관심과 기꺼이 도우려는 마음 때문입니다.

잘못된 지각과 그릇된 견해, 부러움, 질투, 그리고 화로 마음이 가득 찬 천 명의 사람들을 상상해보십시오. 만일 그들이 모두 함께 온다면 지구상에 지옥을 만들 것입니다. 그들이 살고 있는 주변, 일상의 삶, 그리고 그들의 관계는 모두 지옥과 같을 것입니다. 만일 오해로 가득 찬 두 사람이 함께 산다면 그들은 서로에게 지옥세계를 만들 것입니다. 천 명의 지옥은 얼마나 더 클 것인가요!

지옥을 낙원으로 만들기 위해서, 우리는 오직 그 바탕에 있는 마음을 바꾸기만 하면 됩니다. 천 명의 마음을 바꾸기 위해서는 바깥으로부터 어떤 요소를, 이를테면 법의 스승 또는 법을 수행하는 사람들을 불러와야 할지도 모릅니다. 잘못된 지각과 화, 혹은 질투심을 갖지 않은 사람들, 대신 사랑과 이해, 그리고 행복을 가진 천 명의 사람들을 상상해보십시오. 만일 이 사람들이 함께 모여 공동체를 이룬다면 그것은 낙원일 것입니다. 사람들의 마음은 낙원의 토대입니다. 미혹한 마음으로 우리는 스스로 지옥을 만듭니다. 참된 마음으로 우리는 낙원을 만듭니다. 만일 두 사람이 참된 마음으로 함께 모인다면 그들은 자신들의 작은 낙원을 만들 것입니다. 만일 세 번째 사람이 함께하기를 바란다면 그들은 신중해야 합니다. "그 사람이 우리와 함께하게 할 것인가, 말 것인가?" 낙원이 견고하다면, 그들은 세 번째 사람을 맞이할 수 있습니다. 참된 두 마음이 있다면, 거기서 하나의 미혹한 마음이 서서히 변화될 수 있을 것입니다. 나중에는 참된 세 마음이 함께할 것입니다. 그리고 이 작은 낙원은 계속해서 커질 것입니다.

미혹한 마음에 바탕을 둔 연기의 열두 가지 고리에 대해서 쓴 많은 책들이 있습니다. 우리는 새로운 문을 열어야 합니다. 그리고 평화와 기쁨의 세계를 이루기 위해 참된 마음에 바탕을 둔 고리들의 수행을 가르쳐야 합니다.

긍정적인 관점에서 다음과 같이 설명할 수 있습니다. 지혜가 있으면 사람들은 서로 연결되어 존재한다는 형성의 본성을 봅니다. 그 결과 주체로서의 의식이 그 대상과 분리되어 있지 않다는 것을 깨닫습니다. 그래서 몸과 마음을 똑같은 현실의 두 측면으로, 그리고 서로에게서 분리될 수 없는 것으로 봅니다. 그리고 고통스러운 느낌을 보살피고 진정한 행복의 느낌에 자양을 주는 법을 압니다. 이것으로부터 자비와 포용, 그리고 어떤 상황이나 어떤 사람을 변화시키고 도우리라는 바람이 나옵니다. 있는 그대로의 상황에 함께 머물고, 모든 것들이 서로 연결되어 있는 본성을 보는 이 능력은 그들이 존재와 비존재의 관념으로부터 자유롭다는 것을 의미합니다. 그리고 존재와 비존재라는 관념에 의존하는 태어남과 죽음의 관념으로부터 자유롭다는 것, 그리고 그들의 고통을 토대에서 변화시키고 열반을 깨달을 수 있다는 것을 의미합니다.

우다나 8.3에 다음의 가르침이 있습니다. "비구들이여, 생겨나지 않은 것, 존재가 아닌 것, 만들어지지 않은 것, 조건 지어지지 않은 것이 있다. 그것은 생겨난 것, 존재인 것, 만들어진 것, 조건 지어진 것에서 벗어나는 길이다." 이것에 바탕을 두고, 우리는 다섯 개의 고리를 구축할 수 있습니다.

(1) 무명

(2) 태어남과 죽음(태어난 것들)

(3) 존재와 비존재(존재하는 것들)

(4) 행위자와 행위의 계승자(만들어진 것들)

(5) 조건 지어진 그리고 조건 지어지지 않은(조건 지어진 것들)

긍정적인 관점에서 지혜는 우리를 태어남과 죽음, 그리고 존재와 비존재라는 관념 너머로 데려갑니다. 거기에는 몸과 마음을 갖고, 행위를 하며, 그 행위들의 결과를 받는 분리된 자아가 더 이상 존재하지 않습니다. 거기에는 서로의 바깥에 있는 형성도 없습니다. 거기에는 조건 짓는 세계로부터 분리된 조건 지어진 세계도 없습니다. 조건 지어진 것들을 깊이 보면 우리는 조건 지어지지 않은 것들과 접촉하고 있습니다. 간략히 말하자면, 바른 견해를 가질 수 있도록 연기를 설명하는 방법은 다양합니다. 그리고 그 가운데 가장 좋은 방법은 연기를 비선형적으로 설명하는 것입니다. 즉 모든 고리들이 다른 모든 것들과 동시에 연결되어 있는 모습입니다. 거기에 다른 것들보다 먼저 있을 수 있는 고리는 하나도 없습니다. 예를 들면 오른쪽의 표 6과 같습니다.

위에 설명한 것과 같은 열 가지나 다섯 가지 고리의 가장 큰 장점은 태어남과 죽음처럼, 존재와 비존재가 하나이고 같은 고리라는 것입니다. 우리는 존재라는 생각과 동시에 비존재라는 생각을 가져야 합니다. 붓다가 "존재"라고 말했을 때, 그는 언제나 "비존재"도 함께 의미했습니다. 그것은 『가전연경』에 나와 있습니다. 거기에서 붓

346

미혹한 마음에 의해 조건 지어질 때 열 가지 고리의 연기

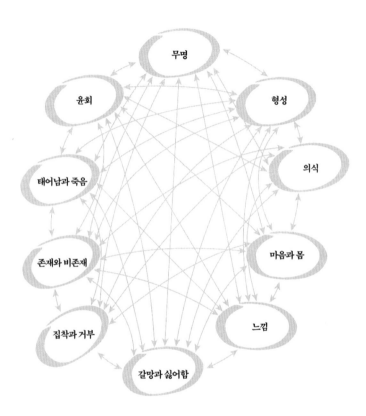

표6

열 가지 고리: 연기의 두 측면

	미혹한 마음에 의해 조건 지어질 때	깨달은 마음에 의해 조건 지어질 때
(1)	무명(avidya)	분명한 이해(vidya)
(2)	형성(samskara)	서로 연결되어 존재하는 현상의 본성
(3)	의식(vijñana)	지각하는 자와 지각되는 것의 일치
(4)	마음/몸(nama rupa)	몸과 마음의 일치
(5)	느낌	느낌에 대한 마음챙김
(6)	갈망과 싫어함	네 가지 한량없는 마음
(7)	집착과 거부	자유(apranihita)
(8)	존재와 비존재	존재가 없음, 비존재가 없음
(9)	태어남과 죽음	태어남이 없음, 죽음이 없음
(10)	윤회	열반

표7

다는 바른 견해란 존재와 비존재를 초월하는 견해라고 말합니다. 만일 이 점을 분명히 하지 않는다면, 사람들은 계속 존재라는 것이 태어남과 늙음, 죽음의 고통을 겪게 만드는 원인이라고 생각할 것입니다. 존재와 비존재는 우리 머릿속에 있는 생각입니다. 그것은 태어남과 죽음이 생각인 것과 똑같습니다. 그것들은 객관적인 현실이 아닙니다. 만일 우리가 열반을 경험하고 싶다면 그런 생각들을 초월해야만 합니다.

28장

내면의 붓다에 접촉하기

1968년, 나는 캄보디아 불교 지도자인 삼덱 마하 고사난다(Samdech Maha Ghosananda), 그리고 나의 소중한 제자이자 친구, 그리고 도반인 찬콩 스님과 함께 인도에 있었습니다. 며칠 동안 우리는 해가 질 때까지 영축산에 함께 앉아 있었습니다. 그리고 나는 이전에 붓다가 똑같은 눈으로 똑같이 해 지는 것을 바라보았다는 것을 깨달았습니다. 그리고 나서 우리는 서서히 마음챙김을 하면서 한마디 말도 하지 않고 걸어서 산을 내려왔습니다. 그리고 그날 이후로 나는 똑같은 방식으로 걷기를 계속해왔습니다.

영축산은 아름답습니다. 또한 유럽, 아시아, 아프리카, 호주, 그리고 북아메리카와 남아메리카도 또한 아름답습니다. 산 위에 안개가 있을 때 그 산은 아름답습니다. 그리고 안개가 없을 때도 그 산은 아름답습니다. 모든 사계절이 아름답습니다. 우리는 아름답습니다. 그리고 우리의 친구들도 아름답습니다. 우리가 지금 이 순간 삶과 접촉하는 것을 가로막는 것은 아무것도 없습니다. 문제는 우리에게 석양을 볼 수 있는 눈과 땅에 접촉할 수 있는 발이 있는가입니다. 만일 붓다가 자신의 눈을 우리에게 준다면 우리는 그 눈을 어떻게 쓸지를 알 수 있을까요? 오직 우리를 둘러싸고 있는 조건들이 완벽해질 때만 행복이 가능할 것이라고 생각하지 마십시오. 행복은 우리 자신의 마음에 있습니다. 우리는 그저 몇 초 동안 마음챙김의 호흡을 하기만 하면 됩니다. 그러면 바로 행복해질 것입니다. 공자는 말했습니다. "배운 것을 실천에 옮기는 것보다 더 큰 기쁨이 어디에 있을 수 있겠는가?"

우리는 때때로 우리가 고통의 바다에 빠져 있고, 온갖 사회 정의의 짐을 다 지고 가는 것처럼 느낍니다. 붓다는 말했습니다. "현명한 이가 고통을 겪을 때, 그 사람은 스스로에게 묻는다. '이 고통에서 자유로워지기 위해 나는 무엇을 할 수 있는가? 누가 나를 도울 수 있는가? 이 고통에서 벗어나기 위해 나는 무엇을 했는가?' 하지만 어리석은 사람이 고통을 겪을 때, 그 사람은 스스로에게 묻는다. '누가 나에게 잘못했는가? 다른 사람들에게 내가 잘못된 행위의 희생자라는 것을 어떻게 보여줄 수 있을까? 나의 고통을 초래한 사람들을 어떻게 벌줄 수 있을까?'" 똑같은 조건에 처해왔던 다른 사람들이 우리만큼 고통을 겪지 않는 것처럼 보이는 것은 왜일까요? 여러분은 첫 번째 질문을 적은 다음, 자신이 고통에 갇혀 있을 때마다 그것들을 읽어보고 싶을지도 모릅니다.

물론 여러분은 고통을 겪을 권리가 있습니다. 하지만 수행자로서 수행을 하지 않을 권리는 없습니다. 우리는 모두 이해받고 사랑받아야 합니다. 하지만 수행은 이해와 사랑을 단지 기대하는 것이 아닙니다. 그것은 이해와 사랑을 수행하는 것입니다. 그 누구도 나를 이해하거나 사랑하는 것 같지 않을 때, 부디 불평하지 마십시오. 그들을 더 이해하고 더 사랑하기 위해 노력하십시오. 만일 누군가가 여러분을 배반했다면, 왜인지 물으십시오. 만일 그 책임이 전적으로 그들에게 있다고 느낀다면 더 깊이 보십시오. 어쩌면 여러분은 그 사람 안에 있는 배반의 씨앗에 물을 주었을지도 모릅니다. 어쩌면 여러분은 그 사람이 물러서도록 부추기는 방식으로 살아왔을지도 모릅니다. 우리는 모두 함께 책임이 있습니다. 만일 여러분이 계속 탓하는 태도를 갖는다면, 그 상황은 그저 더 나빠지기만 할 것입니다. 만일 여러분이 그 사람 안에 있는 성실의 씨앗에 물을 주는 법을 배운다면, 아마도 그 씨앗이 다시 꽃필 수 있을 것입니다. 관계를 되돌리기 위해 해야 할 것과 하지 말아야 할 것을 알 수 있도록, 우리의 고통의 본성을 깊이 들여다보십시오. 우리의 마음챙김, 집중, 그리고 통찰을 적용하십시오. 그러면 무엇이 우리에게 자양을 주는지, 무엇이 그 사람에게 자양을 주는지를 알게 될 것입니다. 첫 번째 고귀한 진리, 고통을 확인하는 것, 두 번째 고귀한 진리, 그것의 근원을 보는 것, 세 번째와 네 번째 고귀한 진리, 우리의 고통을 변화시키고 평화를 깨달을 수 있는 길을 찾는 수행을 하십시오. 네 가지 고귀한 진리와 고귀한 여덟 가지 길은 이론이 아닙니다. 그것들은 행동의 길입니다.

우리는 삶의 의미를 찾는 것으로 수행을 시작합니다. 그리고 우리 자신이 명예와 돈, 감각적 즐거움을 추구하기를 원하지 않는다는 것을 압니다. 그렇기 때문에 우리는 마음챙김의 삶의 예술을 배웁니다. 서서히, 우리는 어느 만큼의 지혜와 자비를 닦습니다. 그리고 이것들이 우리 자신과 다른 이들의 고통을 덜어주기 위해 쓸 수 있는 에너지라는 것을 발견합니다. 이것은 이미 우리 삶에 어떤 의미를 줍니다.

우리는 자아를 구성하는 다섯 무더기•1를 깊이 들여다보는 수행을 계속합니다. 그리고 우리 안에, 그리고 모든 것에 있는 태어남도 없고 죽음도 없는 현실에 접촉합니다. 이 접촉은 우리에게 가장 큰 위안을 가져옵니다. 그것은 우리의 모든 두려움을 없애고, 우리에게 진정한 자유를 가져옵니다. 그리고 우리 삶에 진정한 의미를 줍니다.

우리는 가서 앉고, 고요히 숨 쉴 수 있는, 그리고 깊이 보고 들을 수 있는 곳을 찾아야 합니다. 집에서 하기가 어렵다면 가서 앉을 수 있는 다른 장소를 찾아야 합니다. 우리는 또한 홀로, 그리고 다른 사람들과 함께 걷기 명상을 수행할 수 있는 공원과 또 다른 평화로운 곳들을 찾아야 합니다. 교육자, 건축가, 예술가, 입법자, 기업인, 우리 모두가 평화, 어울림, 기쁨, 그리고 깊이 보기를 수행할 수 있는 공간을 만들기 위해 함께 모여야 합니다.

우리의 학교에는 아주 많은 폭력이 존재합니다. 부모와 스승, 그리고 학생들은 폭력을 변화시키기 위해 함께할 필요가 있습니다. 학교는 단지 기술적인 방법론을 전수하는 곳이 아닙니다. 학교는 아이들이 행복하고, 다정하고, 이해하는 사람이 되는 것을 배울 수 있는 곳이어야 합니다. 그리고 스승들이 자신들의 통찰과 행복으로 학생들에게 자양을 주는 곳이어야 합니다. 우리에게는 가족 구성원, 의료인, 환자, 그리고 다른 사람들이 앉고, 숨 쉬고, 스스로를 고요하게 할 수 있는 병원 안의 공간도 있어야 합니다. 우리에게는 책임 있는 사람들이

---

1.   23장 참조.

지역의 문제들을 깊이 들여다볼 수 있는 시청이 있어야 합니다. 우리는 국회가 실제적인 문제들을 진정으로 다룰 수 있게 해야 합니다. 만일 여러분이 교육자, 부모, 스승, 건축가, 의료인, 정치인, 혹은 작가라면 부디 우리 사회가 다 함께 깨어날 수 있는 방법을 찾도록 도와주십시오.

우리의 입법자들은 자신들을 고요하게 하고 소통을 잘 하는 법을 알아야만 합니다. 그들은 깊이 듣고 보는 법, 그리고 자애로운 말을 쓰는 법을 알아야 합니다. 만일 우리가 자신의 가족을 행복하게 만들 능력이 없는 불행한 사람을 뽑는다면, 어떻게 그들이 우리의 도시와 나라를 행복하게 만들어주기를 기대할 수 있겠습니까? 어떤 사람이 단지 잘생겼거나 좋은 목소리를 가졌다는 이유로 투표하지 마십시오. 우리는 우리의 도시, 우리나라의 운명을, 그리고 우리의 삶을 그와 같은 사람에게 맡기는 것입니다. 우리는 책임 있게 행동해야 합니다. 우리는 깊이 보고, 깊이 나누는, 그리고 진정한 어울림이 있는 공동체를 만들어야 합니다. 우리는 최선의 결정을 함께 내릴 수 있어야 합니다. 우리는 우리 안에, 그리고 바깥에 평화가 필요합니다.

붓다의 마음은 우리들 각자 안에 있습니다. 우리가 마음챙김을 하면 붓다는 거기에 있습니다. 내가 아는 네 살짜리 소년이 있습니다. 그 아이는 기분이 좋지 않을 때면 언제나 하던 일을 멈추고 마음챙김으로 숨을 쉬며, 엄마와 아빠에게 "나는 내 안에 있는 붓다에 접촉하고 있어요."라고 말합니다. 우리는 마음챙김의 호흡, 마음챙김의 걷기, 모든 것을 마음챙김으로 하는 수행을 통해서 매일 우리 안에 있는 건강한 씨앗에 물을 줌으로써 그것들을 보살펴야 합니다. 우리는 우리 안에 있는 붓다에 접촉해야 합니다. 그리고 우리 자신의 마음으로 들어가야 합니다. 그것은 붓다의 마음으로 들어간다는 것을 의미합니다. 붓다의 마음으로 들어간다는 것은 우리 자신, 우리의 고통, 우리의 기쁨, 그리고 다른 많은 사람들을 위해서 존재한다는 것입니다. 붓다의 마음으로 들어간다는 것은 태어남도 없고 죽음도 없는 세계, 물과 파도가 하나인 세상에 접촉한다는 것을 의미합니다.

수행을 시작할 때, 우리는 우리의 고통, 우리의 습관 에너지를 가져옵니다. 그것은 단지 2, 30년 동안의 것들이 아니라 우리의 모든 조상들의 습관 에너지입니다. 마음챙김의 삶의 수행을 통해서 우리는 새로운 습관을 배웁니다. 걸을 때, 우리는 우리가 걷고 있다는 것을 압니다. 서 있을 때, 우리는 우리가 서 있다는 것을 압니다. 앉아 있을 때, 우리는 우리가 앉아 있다는 것을 압니다. 이와 같이 수행함으로써, 우리는 서서히 우리의 오랜 습관을 없애고, 현재의 순간에 깊이, 그리고 행복하게 머무는 새로운 습관을 계발합니다. 우리 안에 있는 마음챙김과 함께, 우리의 변화를 증명하는 미소를 지을 수 있습니다.

붓다의 마음은 우리의 존재에 의해서 함께 경이롭게 접촉되어왔습니다. 부디 개인으로서, 한 가족으로서, 한 도시로서, 한 나라로서, 그리고 세계 공동체로서 수행하십시오. 부디 자신을 둘러싼 모든 이들의 행복을 보살피십시오. 자신의 호흡, 자신의 미소, 자신이 하는 각각의 일들에 마음챙김의 빛을 비추는 것을 즐기십시오.

부디 깊이 보고 깊이 접촉함으로써 토대에서의 변화를 수행하십시오. 변화와 치유에 대한 붓다의 가르침은 매우 깊습니다. 그것들은 이론적인 것이 아닙니다. 그것들은 매일 수행할 수 있는 것입니다. 부디 그것들을 수행하고 깨달으십시오. 나는 여러분들이 그렇게 할 수 있다는 것을 확신합니다.

4부

경전

1

『가르침의 수레바퀴에 대한 경[轉法輪經]』
Dhamma Cakka Pavattana Sutta

이와 같이 나는 들었다. 한때 세존께서는 바라나시 근처 녹야원의 이시빠따나[仙人住處]에 머물고 계셨다. 그 당시 세존은 다섯 비구에게 물으셨다. "비구들이여, 승려가 피해야만 할 두 가지 극단이 있다. 그 둘은 무엇인가?

첫 번째는 감각적인 욕망과 감각적 욕망에서 오는 즐거움에 몰두하는 것이다. 그와 같은 몰두는 저열하고, 평범하고, 세속적이고, 고귀하지 않으며, 이롭지 않다. 두 번째는 가혹한 고행에 몰두하는 것이다. 그와 같은 몰두는 고통스럽고, 고귀하지 않으며, 이롭지 않다. 이 극단의 어느 것도 따르지 않음으로써 여래는 중도를 깨달았다. 중도는 올바로 보고 이해할 수 있게 하며, 고요함, 지혜, 완전한 깨달음, 열반으로 이끈다.

비구들이여, 그러면 어떤 것이 여래가 깨달은, 올바로 보고 이해할 수 있게 하며, 고요함, 지혜, 완전한 깨달음, 열반으로 이끄는 중도인가?

그것은 고귀한 여덟 가지 길, 즉 바른 견해, 바른 사유, 바른 말, 바른 행위, 바른 생계, 바른 정진, 바른 마음챙김, 그리고 바른 집중이다. 비구여, 이것이 바로 여래가 깨달은, 올바로 보고 이해할 수 있게 하며, 고요함, 지혜, 완전한 깨달음, 열반으로 이끄는 중도이다.

비구들이여, 여기 고통이라는 고귀한 진리가 있다. 태어남은 고통이다. 늙음도 고통이다. 병도 고통이다. 죽음도 고통이다. 슬픔, 비탄, 정신적 고뇌, 그리고 마음의 동요도 고통이다. 싫어하는 사람과 함께 있는 것도 고통이다. 사랑하는 사랑과 헤어지는 것도 고통이다. 원하는 것을 얻지 못하는 것은 고통이다. 다른 말로 하자면, 마치 다섯 무더기가 자아를 구성하고 있는 것처럼 그것들에 집착하는 것은 고통이다.

비구들이여, 여기 고통의 원인이라는 고귀한 진리가 있다. 그것은 다시 태어나고 싶은 욕망이며, 다시 태어나는 것에 대한 기쁨, 여기저기에서 발견되는 즐거움에 집착하는 것이다. 감각적 즐거움, 존재, 그리고 더 이상 존재하지 않음에 대한 갈망이 있다.

비구들이여, 여기 고통의 소멸이라는 고귀한 진리가 있다. 그것은 아무 흔적도 없이 갈망이 사라지고 끝나는 것이다. 그것은 갈망을 버리고, 내려놓고, 갈망으로부터 벗어나서 갈망 없이 사는 것이다.

비구들이여, 여기 고통의 소멸에 이르게 하는 길이라는 고귀한 진리가 있다. 그것은 바른 견해, 바른 사유, 바른 말, 바른 행위, 바른 생계, 바른 정진, 바른 마음챙김, 바른 집중의 고귀한 여덟 가지 길이다.

비구들이여, 내가 고통이라는 고귀한 진리를 깨달았을 때, 전에 들어본 적이 없는 것들에 대한 눈, 이해, 통찰, 지혜, 그리고 빛이 내 안에서 생겨났다.

내가 고통이라는 고귀한 진리가 이해되어야 한다고 깨달았을 때, 전에 들어본 적이 없는 것들에 대한 눈, 이해, 통찰, 지혜, 그리고 빛이 내 안에서 생겨났다.

내가 고통이라는 고귀한 진리가 이해되었다는 것을 깨달았을 때, 전에 들어본 적이 없는 것들에 대한 눈, 이해, 통찰, 지혜, 그리고 빛이 내 안에서 생겨났다.

내가 고통의 원인이라는 고귀한 진리를 깨달았을 때, 전에 들어본 적이 없는 것들에 대한 눈, 이해, 통찰, 지혜, 그리고 빛이 내 안에서 생겨났다.

내가 고통의 원인이 소멸되어야 한다고 깨달았을 때, 전에 들어본 적이 없는 것들에 대한 눈, 이해, 통찰, 지혜, 그리고 빛이 내 안에서 생겨났다.

내가 고통의 원인이 소멸되었다는 것을 깨달았을 때, 전에 들어본 적이 없는 것들에 대한 눈, 이해, 통찰, 지혜, 그리고 빛이 내 안에서 생겨났다.

내가 고통의 소멸이라는 고귀한 진리를 깨달았을 때, 전에 들어본 적이 없는 것들에 대한 눈, 이해, 통찰, 지혜, 그리고 빛이 내 안에서 생겨났다.

내가 고통의 소멸이 실현되어야 한다는 것을 깨달았을 때, 전에 들어본 적이 없는 것들에 대한 눈, 이해, 통찰, 지혜, 그리고 빛이 내 안에서 생겨났다.

내가 고통의 소멸이 실현되었다는 것을 깨달았을 때, 전에 들어본 적이 없는 것들에 대한 눈, 이해, 통찰, 지혜, 그리고 빛이 내 안에서 생겨났다.

내가 고통의 소멸에 이르는 고귀한 길을 깨달았을 때, 전에 들어 본 적이 없는 것들에 대한 눈, 이해, 통찰, 지혜, 그리고 빛이 내 안에서 생겨났다.

내가 고통의 소멸에 이르는 길이 수행되어야 한다는 것을 깨달았을 때, 전에 들어본 적이 없는 것들에 대한 눈, 이해, 통찰, 지혜, 그리고 빛이 내 안에서 생겨났다.

내가 고통의 소멸에 이르는 길이 수행되었다는 것을 깨달았을 때, 전에 들어본 적이 없는 것들에 대한 눈, 이해, 통찰, 지혜, 그리고 빛이 내 안에서 생겨났다.

세 단계와 열두 측면에서 네 가지 고귀한 진리에 대한 통찰과 이해가 있는 그대로 깨달아지지 않았다면, 나는 신, 마라, 범천, 은둔자, 바라문, 그리고 인간들이 함께 하는 세계에서, 가장 높은 깨달음을 얻었다고 말할 수 없었을 것이다.

비구들이여, 세 단계와 열 두 측면에서 네 가지 고귀한 진리에 대한 통찰과 이해가 있는 그대로 깨달아지자마자, 나는 신, 마라, 범천, 은둔자, 바라문, 그리고 인간들이 함께하는 세계에서, 가장 높은 깨달음을 얻었다고, 올바로 보고 이해하는 것이 생겨났다고, 내 마음의 해탈은 흔들릴 수 없는 것이라고, 더 이상의 태어남은 없다고 말할 수 있었다."

세존이 말씀하시자 다섯 비구는 마음속으로 크게 기뻐했다. 네 가지 고귀한 진리를 듣자마자, 집착 없이 그 가르침들의 의미를 보는 순수한 눈이 콘단냐(Kondañña, 교진여) 비구에게 일어났다. 그는 생겨나는 본성을 가진 모든 것은 사라지는 본성을 가지고 있다는 것을 깨달 았다.

이와 같이 세존에 의해 법의 수레가 굴러가기 시작했을 때, 땅의 신들은 선언했다. "바라나시 근처의 녹야원 이시빠따나에서 법의 가 장 높은 바퀴가 굴러가기 시작했다. 그것은 세상의 은둔자, 바라문, 신, 마라, 범천 혹은 그 누구에 의해서도 되돌려질 수 없다."

서른셋 천상의 신들, 죽음의 세계의 신들, 도솔천의 신들, 창조를 기뻐하는 신들, 다른 이들이 만든 것을 누리는 신들, 그리고 범천과 함 께하는 신들이 네 명의 왕의 선언을 듣고 선언했다. "바라나시 근처의 녹야원 이시빠따나에서 가장 높은 법의 바퀴가 굴러가기 시작했다. 그것은 세상의 은둔자, 바라문, 신, 마라, 범천 혹은 그 누구에 의해서 도 되돌려질 수 없다."

그 찰나, 그 순간, 순식간에, 그 선언은 범천의 세계까지 닿았다. 만 세상이 흔들리고 또 흔들렸다. 세상에 한량없는 광채가 보였다. 그 것은 모든 신의 광채를 뛰어넘는 것이었다.

고무되어, 세존께서 말씀하셨다. "실제로, 콘단냐는 이해했다. 실 제로 콘단냐는 이해했다." 그리하여 콘단냐는 이해한 자 콘단냐라는 이름을 받았다.

상윳따 니까야 V, 420

365

2

『커다란 마흔의 경[大四十經]』
Mahacattarisaka sutta

이와 같이 내가 들었다. 한때 세존께서는 아나따삔디카 승원에 있는 제따 숲 사왓티에 머물고 계셨다. 그 당시 세존은 비구들에게 "비구들이여."라고 말하며 법문하고 계셨다.

"오, 스승이시여," 비구들은 공손하게 대답했다.

세존께서는 말씀하셨다. "비구들이여, 내가 고귀한 바른 집중에 대하여 가르치겠노라. 그것의 원인은 무엇인지, 그것이 동반하는 요소들은 무엇인지. 부디 신중히 들으라. 그리고 내가 말할 때 모든 주의를 기울이라."

"네, 세존이시여," 비구들은 공손하게 대답하였다.

세존께서 말씀하셨다. "비구들이여, 바른 집중을 장식하는 원인, 그리고 함께하는 요소들은 무엇인가? 그것들은 바른 견해, 바른 사유, 바른 말, 바른 행위, 바른 생계, 바른 정진, 그리고 바른 마음챙김이다. 하나로 모아진 마음이 이 일곱 가지 요소들과 함께할 때, 그것은 그것의 원인과 함께하는 요소들에 의해 장식된 고귀한 바른 집중이라고 일컬어진다.

다음의 예에서, 바른 견해가 처음에 온다. 바른 견해는 왜 처음에 오는가? 잘못된 견해가 있고 어떤 이가 그것이 잘못된 견해임을 알 때, 그것은 이미 바른 견해이다. 바른 견해가 있고 어떤 이가 그것이 바른 견해임을 알 때, 그것은 또한 바른 견해이다. 잘못된 견해는 무엇인가? 보시를 하고, 공양물을 올리는 것, 혹은 의식을 행하는 것에 아무런 의미가 없다고 하는 견해이다. 청정하거나 청정하지 않은 행위의 과보가 없다고 하는 견해이다. 이 세상도 존재하지 않고, 저 세상도 존재하지 않는다는 견해이다. 부모로부터 태어남도 없고, 홀연히 태어남도 없다는 견해이다. 그 어떤 사문이나 바라문도 도[道]를 완성하지 않았고 바른 방향으로 가지 않으며, 스스로 특별한 이해를 경험하지 않았고 이 세상 혹은 저 세상에 대한 우리의 이해를 분명히 해줄 수 없다는 견해이다.

비구들이여, 바른 견해는 무엇인가? 비구들이여, 거기에는 두 가지 종류의 바른 견해가 있다. 모든 번뇌[漏, 새어나옴]가 다 멈추어지지 않은 바른 견해가 있다. 그것은 공덕이 되지만 여전히 집착으로 귀결된다. 그리고 번뇌가 멈추어진 고귀한 바른 견해가 있다. 그것은 세속을 초월한 것이고 팔정도의 한 요소이다. 모든 번뇌가 멈추어지지 않은 바른 견해란 무엇인가? 그것은 보시를 하고, 공양물을 올리는 것, 혹은 의식을 행하는 것에 의미가 있다고 하는 견해이다. 청정하거나 청정하지 않은 행위의 과보가 있다고 하는 견해이다. 이 세상도 존재하고 저 세상도 존재한다는 견해이다. 부모로부터 태어남이 있고 홀연히 태어남도 있다는 견해이다. 사문과 바라문이 도를 완성하였고 바른 방향으로 가며, 스스로 특별한 이해를 경험하였고 이 세상 혹은 저 세상에 대한 우리의 이해를 분명히 해줄 수 있다는 견해이다.

번뇌가 멈추어진 바른 견해란 무엇인가? 그것은 지혜이다. 다섯 가지 영역[五根] 가운데 하나인 지혜이고, 다섯 가지 힘[五力] 가운데 하나인 지혜이며, 현상에 대한 탐구[擇法覺支]라고 불리는 깨달음의 요소인 지혜이다. 그것은 마음이 고귀하고, 마음에 번뇌가 없으며, 고귀한 길이 주어지고, 고귀한 길을 수행하고 있는 사람에게 있다. 비구들이여, 그것은 고귀하고, 번뇌가 없고, 세속을 초월하며, 팔정도의 한 요소인 바른 견해이다.

잘못된 견해를 멈추려는 노력을 하고 스스로 바른 견해를 취하는 이에게는 바른 정진이 있다. 마음챙김으로 잘못된 견해를 멈추고 바른 견해를 취하며 머무는 이에게는 바른 마음챙김이 있다. 이 세 현상은 바른 견해를 중심으로 돌아간다. 그것들은 바른 견해, 바른 정진, 그리고 바른 마음챙김이다.

다음의 예에서, 바른 견해가 처음에 온다. 왜 바른 견해가 처음에 오는가? 잘못된 사유가 있고 어떤 이가 그것이 잘못된 사유임을 알 때, 그것은 이미 바른 견해이다. 바른 사유가 있고 어떤 이가 그것이 바른 사유임을 알 때, 그것은 또한 바른 견해이다. 잘못된 사유는 무엇인가? 그것은 탐욕, 미움, 그리고 해를 끼치는 것으로 이어지는 사유이다.

바른 사유는 무엇인가? 비구들이여, 거기에는 두 가지 종류의 바른 사유가 있다. 모든 번뇌가 멈추어지지 않은 바른 사유가 있다. 그것은 공덕이 되지만 여전히 집착으로 귀결된다. 그리고 고귀하고 번뇌가 멈추어진 바른 사유가 있다. 그것은 세속을 초월한 것이며 팔정도의 한 요소이다. 모든 번뇌가 멈추어지지 않은 바른 사유는 무엇인가? 그것은 탐욕, 미움, 그리고 해를 끼치는 것을 그만두는 것으로 이어지는 사유이다. 그것은 모든 번뇌가 멈추어지지 않은 바른 사유이며, 그것은 공덕이 되지만 여전히 집착으로 귀결된다.

고귀하고 번뇌가 멈추어졌으며, 세속을 초월하고 팔정도의 한 요소인 바른 사유는 무엇인가? 그것은 논리적인 추론, 최초의 성찰, 사유, 마음의 적용, 마음속에 심는 것이다. 그리고 마음이 고귀하고 마음에 번뇌가 없으며, 고귀한 길이 주어졌고 고귀한 길을 수행하고 있는 사람에게서 말이 형성되는 것이다. 비구들이여, 그것은 고귀하고, 번뇌가 없으며, 세속을 초월한 것이고, 팔정도의 한 요소인 바른 사유이다.

잘못된 사유를 멈추려고 노력하고 스스로 바른 사유를 취하는 이에게는 바른 정진이 있다. 마음챙김으로 잘못된 사유를 멈추고 스스로 바른 사유를 취하며 머무는 이에게는 바른 마음챙김이 있다. 이 세 현상은 바른 사유를 중심으로 돌아간다. 그것들은 바른 견해, 바른 정진, 그리고 바른 마음챙김이다.

다음의 예에서 바른 견해가 먼저 온다. 왜 바른 견해가 먼저 오는가? 잘못된 말이 있고 어떤 이가 그것이 잘못된 말임을 알 때, 그것은 이미 바른 견해이다. 바른 말이 있고 어떤 이가 그것이 바른 말임을 알 때, 그것은 또한 바른 견해이다. 잘못된 말은 무엇인가? 그것은 거짓 말, 비방, 거친 말, 그리고 실없는 대화이다.

무엇이 바른 말인가? 비구들이여, 거기에는 두 가지 종류의 바른 말이 있다. 모든 번뇌가 멈추어지지 않은 바른 말이 있다. 그리고 고귀하고 번뇌가 멈추어진 바른 말이 있다. 모든 번뇌가 멈추어지지 않은 바른 말은 무엇인가? 그것은 거짓말, 비방, 거친 말, 그리고 실없는 대화를 삼가는 것이다.

번뇌가 멈추어진 바른 말은 무엇인가? 그것은 마음이 고귀하고, 마음에 번뇌가 없으며, 고귀한 길이 주어지고, 고귀한 길을 수행하고 있는 사람이 네 가지 종류의 잘못된 말을 억제하고, 그만두고, 저항하고, 삼가는 것이다.

다음의 예에서, 바른 견해가 처음에 온다. 왜 바른 견해가 처음에 오는가? 잘못된 행위가 있고 어떤 이가 그것이 잘못된 행위임을 알 때, 그것은 이미 바른 견해이다. 바른 행위가 있고 어떤 이가 그것이 바른 행위임을 알 때, 그것도 또한 바른 견해이다. 잘못된 행위는 무엇인가? 그것은 생명을 파괴하는 것, 주어지지 않은 것을 취하는 것, 그리고 잘못된 성적 행위이다.

무엇이 바른 행위인가? 비구들이여, 거기에는 두 가지 종류의 바른 행위가 있다. 모든 번뇌가 멈추어지지 않은 바른 행위가 있다. 그리고 고귀하고 번뇌가 멈추어진 바른 행위가 있다. 모든 번뇌가 멈추어지지 않은 바른 행위는 무엇인가? 그것은 생명을 파괴하거나 주어지지 않은 것을 취하거나 잘못된 성적 행위를 하는 것을 삼가는 것이다.

번뇌가 멈추어진 바른 행위는 무엇인가? 그것은 마음이 고귀하고, 마음에 번뇌가 없으며, 고귀한 길이 주어지고, 고귀한 길을 수행하고 있는 사람이 세 가지 잘못된 행위를 억제하고, 그만두고, 저항하고, 삼가는 것이다.

잘못된 행위를 멈추려고 노력하고 스스로 바른 행위를 취하는 이에게는 바른 정진이 있다. 마음챙김으로 잘못된 행위를 멈추고 바른 행위를 취하며 머무는 이에게는 바른 마음챙김이 있다. 이 세 현상은 바른 행위를 중심으로 돌아간다. 그것들은 바른 견해, 바른 정진, 그리고 바른 마음챙김이다.

다음의 예에서, 바른 견해가 처음에 온다. 왜 바른 견해가 처음에 오는가? 잘못된 생계가 있고 어떤 이가 그것이 잘못된 생계임을 알 때, 그것은 이미 바른 견해이다. 바른 생계가 있고 어떤 이가 그것이 바른 생계임을 알 때, 그것도 또한 바른 견해이다. 잘못된 생계는 무엇인가? 그것은 위선적이고 불분명한 말, 점을 치는 것, 속임수와 탐욕, 그리고 일하지 않고 이익을 얻기를 바라는 것이다.

무엇이 바른 생계인가? 비구들이여, 거기에는 두 가지 종류의 바른 생계가 있다. 모든 번뇌가 멈추어지지 않은 바른 생계가 있다. 그리고 고귀하고 번뇌가 멈추어진 바른 생계가 있다. 모든 번뇌가 멈추어지지 않은 바른 생계는 무엇인가? 그것은 고귀한 제자가 잘못된 생계를 그만두고 바른 생계에 의해 생활을 꾸릴 때이다.

번뇌가 멈추어진 바른 생계는 무엇인가? 그것은 마음이 고귀하고, 마음에 번뇌가 없으며, 고귀한 길이 주어지고, 고귀한 길을 수행하고 있는 사람이 잘못된 생계를 억제하고, 그만두고, 저항하고, 삼가는 것이다.

잘못된 생계를 멈추려고 노력하고 스스로 바른 생계를 취하는 이에게는 바른 정진이 있다. 마음챙김으로 잘못된 생계를 멈추고 바른 생계를 취하며 머무는 이에게는 바른 마음챙김이 있다. 이 세 현상은 바른 생계를 중심으로 돌아간다. 그것들은 바른 견해, 바른 정진, 그리고 바른 마음챙김이다.

다음의 예에서 바른 견해가 처음에 온다. 왜 바른 견해가 처음에 오는가? 바른 사유는 바른 견해를 가진 사람에게 일어난다. 바른 말은 바른 사유를 가진 사람에게 일어난다. 바른 행위는 바른 말을 가진 사람에게 일어난다. 바른 생계는 바른 행위를 가진 사람에게 일어난다. 바른 정진은 바른 생계를 가진 사람에게 일어난다. 바른 마음챙김은 바른 정진을 가진 사람에게 일어난다. 바른 집중은 바른 마음챙김을 가진 사람에게 일어난다. 바른 지혜는 바른 집중을 가진 사람에게 일어난다. 그리고 바른 해탈은 바른 지혜를 가진 사람에게 일어난다. 그러므로, 비구들이여, 수련 가운데 있는 수행자의 길에는 여덟 가지 요소가 있다. 그리고 아라한인 수행자의 길에는 열 가지 요소가 있다.

다음의 예에서, 바른 견해가 처음에 온다. 왜 바른 견해가 처음에 오는가? 잘못된 견해는 바른 견해를 가진 이에게서 극복된다. 잘못된 견해에 바탕을 두고 일어나는 다른 모든 청정하지 못하고 잘못된 상태들 또한 극복된다. 바른 견해에 바탕을 두고 일어나는 다른 모든 청정한 상태들은 성취를 위해서 수행된다.

잘못된 사유는 바른 사유 등을 가진 이에게서 극복된다.

잘못된 말은 바른 말 등을 가진 이에게서 극복된다.

잘못된 행위는 바른 행위 등을 가진 이에게서 극복된다.

잘못된 생계는 바른 생계 등을 가진 이에게서 극복된다.

잘못된 정진은 바른 정진 등을 가진 이에게서 극복된다.

잘못된 마음챙김은 바른 마음챙김 등을 가진 이에게서 극복된다.

잘못된 집중은 바른 집중 등을 가진 이에게서 극복된다.

잘못된 지혜는 바른 지혜 등을 가진 이에게서 극복된다.

잘못된 해탈은 바른 해탈 등을 가진 이에게서 극복된다.

그러므로, 비구들이여, 거기에는 청정한 것을 뒷받침하는 스무 가지의 요인이 있고, 청정하지 않은 것을 뒷받침하는 스무 가지의 요인이 있다. 이 커다란 마흔에 관한 법의 가르침은 시작되었다. 그리고 그 어떤 사문, 바라문, 신, 마라, 범천, 또는 세상의 그 누구에 의해서도 되돌려질 수 없다."

맛지마 니까야 117

3

『바른 견해에 대한 경[正見經]』
Sammaditthi Sutta

이와 같이 내가 들었다. 한때 세존께서는 아나따삔디카 승원에 있는 제따 숲 사왓티에서 머물고 계셨다. 그 당시 사리불 존자는 비구들에게 법문하고 있었다.

"벗이여," 비구들은 공손하게 대답하였다.

사리불 존자는 말했다. "고귀한 제자는 바른 견해, 고결한 견해를 어떻게 수행하는가? 그 사람은 법에 대한 흔들림 없는 확신을 어떻게 얻는가? 그 사람은 어떻게 진정한 법에 이르는가?"

"도반 사리불이여, 우리는 당신을 뵙기 위해 먼 길을 왔습니다. 그리고 이 말들의 의미를 배울 수 있어 행복합니다. 부디 당신의 말씀을 설명해주십시오. 당신의 가르침을 들은 후에 우리는 그것들을 마음속에 간직하겠습니다."

"벗들이여, 부디 들으십시오. 그리고 내가 말하는 것에 온전히 주의를 기울이십시오. 벗들이여, 고귀한 제자가 청정한 것들, 그리고 청정한 것들의 뿌리뿐만 아니라 청정하지 않은 것들, 그리고 청정하지 않은 것들의 뿌리를 이해할 때, 그 제자는 바른 견해, 고결한 견해를 가진 것입니다. 그 사람은 법에 대한 흔들림 없는 확신을 가지고, 진정한 법에 이릅니다. 벗들이여, 생명을 파괴하고, 주어지지 않은 것을 취하고, 잘못된 성적 행위를 하는 것은 청정하지 않습니다. 거짓말, 비방, 거친 말, 그리고 실없는 대화는 청정하지 않습니다. 탐욕과 악의, 그리고 잘못된 견해는 청정하지 않습니다. 청정하지 않은 것들의 뿌리는 탐욕[貪], 미움[瞋], 어리석음[癡]입니다.

생명을 파괴하고, 주어지지 않은 것을 취하고, 잘못된 성적 행위를 하는 것을 삼가는 것; 거짓말, 비방, 거친 말, 그리고 실없는 대화를 삼가는 것; 탐내지 않고, 악한 의도를 품지 않고, 바른 견해를 수행하는 것은 청정합니다. 청정한 것들의 뿌리는 탐욕, 미움, 어리석음이 없는 것입니다.

제자가 청정하지 않은 것들과 그것의 뿌리, 그리고 청정한 것들과 그것의 뿌리를 이해할 때 그 사람은 전적으로 탐욕의 성향을 변화시키고, 미움의 성향을 없앱니다. 그리고 '내가 존재한다.'는 견해의 성향을 멈춥니다. 그 사람은 어리석음을 변화시키고, 지혜를 일으킵니다. 그리고 지금 당장 바로 이번 생에 고통을 끝냅니다."

"훌륭한 말씀입니다, 벗이여." 기쁜 비구들이 말했다. 그리고 물었다. "제자가 바른 견해를 수행하는 법에 대한 다른 가르침이 있습니까?"

"벗들이여, 고귀한 제자가 자양, 자양의 생성, 자양의 소멸, 그리고 자양의 소멸에 이르는 길을 이해할 때, 그 제자는 바른 견해를 수행합니다. 벗들이여, 이미 존재하게 된 이들과 새로운 존재를 찾고 있는 이들을 뒷받침하는 네 가지 종류의 자양이 있습니다. 그것들은 거칠거나 훌륭한 먹을 수 있는 음식, 감각 인상의 음식, 의도의 음식, 그리고 의식의 음식입니다. 자양은 탐욕이 일어나는 곳에서 일어나고 탐욕이 멈추는 곳에서 멈춥니다. 자양의 소멸에 이르는 길은 고귀한 여덟 가지 길입니다. 제자가 이것을 이해할 때, 그 사람은 전적으로 이 성향들을 변화시킵니다.

　바른 견해에 대한 또 다른 가르침은 고귀한 제자가 고통, 고통의 생성, 고통의 소멸, 그리고 고통의 소멸에 이르는 길을 이해할 때, 그에게는 바른 견해가 있다는 것입니다. 태어남, 늙음, 병, 죽음, 슬픔, 비탄, 고통, 불만, 그리고 불안은 고통입니다. 원하는 것을 갖지 못하는 것은 고통입니다. 간단히 말해서 다섯 무더기[五蘊]에 대한 집착은 고통입니다. 고통의 생성은 다시 태어나고 싶은 갈망입니다. 그것은 여기저기에서 발견되는 온갖 즐거움에 대한 기쁨 그리고 집착과 관련이 있습니다. 그것은 욕망의 세계, 존재의 세계, 그리고 비존재의 세계에 대한 갈망입니다. 고통을 멈추는 것은 욕망을 그치고, 생각을 멈추고, 욕망의 대상에 머무는 것을 그만두고, 내려놓고, 거부하고, 그것에서 해방되는 것입니다. 고통의 소멸에 이르는 길은 고귀한 여덟 가지 길입니다.

　바른 견해에 대한 다른 가르침은 고귀한 제자가 늙음과 죽음, 늙음과 죽음의 생성, 늙음과 죽음의 소멸, 그리고 늙음과 죽음의 소멸에 이르는 길을 이해할 때, 그 사람에게는 바른 견해가 있다는 것입니다. 늙음은 살아 있는 존재들의 여러 세계에서 존재가 노쇠해지는 것입니다. 그것은 부러진 이, 흰 머리, 주름진 피부, 생명력의 감소, 그리고 감각 기관의 약화를 포함합니다. 죽음은 살아 있는 존재들이 그들의 여러 세계로부터 떠나는 것, 그들이 다른 존재로 이동하는 것, 그들의 해체, 사라짐, 그리고 소멸, 그들의 시간의 완성, 무더기들(오온)의 분열, 몸을 내려놓는 것을 의미합니다. 늙음과 죽음은 태어남이 일어나는 곳에서 일어납니다. 태어남의 소멸은 늙음과 죽음의 소멸입니다. 늙음과 죽음의 소멸에 이르는 길은 고귀한 여덟 가지 길입니다.

바른 견해에 대한 다른 가르침은 고귀한 제자가 태어남, 태어남의 생성을 이해할 때… 그 사람에게는 바른 견해가 있다는 것입니다. 태어남은 존재들의 여러 세계에서 존재들이 생겨나고, 등장하고, 다시 태어나고, 무더기들(오온)이 나타나는 것, 그리고 감각 기관과 감각 대상을 얻는 것입니다. 태어남은 존재하게 됨[有]이 일어나는 곳에서 일어납니다. 존재하게 됨이 소멸하는 것은 태어남의 소멸입니다. 태어남의 소멸에 이르는 길은 고귀한 여덟 가지 길입니다.

바른 견해에 대한 다른 가르침은 고귀한 제자가 존재하게 됨[有]을 이해할 때… 그 사람에게는 바른 견해가 있다는 것입니다. 거기에는 세 가지의 존재하게 됨이 있습니다. 그것은 욕망의 세계[欲界]에 존재하게 됨, 미세한 물질의 세계[色界]에 존재하게 됨, 비물질의 세계[無色界]에 존재하게 됨입니다. 존재하게 됨은 집착이 일어나는 곳에서 일어나고 집착이 소멸하는 곳에서 소멸합니다. …

다른 가르침은 고귀한 제자가 집착[取]을 이해할 때… 그 사람에게는 바른 견해가 있다는 것입니다. 거기에는 네 가지 종류의 집착이 있습니다. 그것은 감각적 욕망에 대한 집착, 견해에 대한 집착, 계율과 의례에 대한 집착, 그리고 분리된 자아가 있다는 믿음에 대한 집착입니다. 집착은 갈망이 일어나는 곳에서 일어납니다. 집착은 갈망이 사라지는 곳에서 사라집니다. 그리고 고귀한 여덟 가지의 길…

바른 견해에 대한 또 하나의 가르침은 고귀한 제자가 갈망[愛]을 이해할 때… 그 사람에게는 바른 견해가 있다는 것입니다. 거기에는 여섯 가지 종류의 갈망이 있습니다. 형상, 소리, 냄새, 맛, 접촉, 그리고 마음의 대상에 대한 갈망입니다. 갈망은 느낌이 일어나는 곳에서 일어나고 느낌이 사라지는 곳에서 사라집니다. …

바른 견해에 대한 또 하나의 가르침은 고귀한 제자가 느낌[受]을 이해할 때… 그 사람에게는 바른 견해가 있다는 것입니다. 거기에는 여섯 가지 종류의 느낌이 있습니다. 눈과의 접촉을 통한 느낌, 귀와의 접촉을 통한 느낌, 코와의 접촉을 통한 느낌, 혀와의 접촉을 통한 느낌, 몸과의 접촉을 통한 느낌, 그리고 마음과의 접촉을 통한 느낌입니다. 느낌은 접촉이 일어나는 곳에서 일어나고 접촉이 사라지는 곳에서 사라집니다. …

바른 견해에 대한 또 하나의 가르침은 고귀한 제자가 접촉[觸]을 이해할 때… 그 사람에게는 바른 견해가 있다는 것입니다. 거기에는 여섯 가지 종류의 접촉이 있습니다. 눈과의 접촉, 귀와의 접촉… 접촉은 여섯 가지 감각 기관[六根]과 대상[六境]이 일어나는 곳에서 일어납니다. …

바른 견해에 대한 또 하나의 가르침은 고귀한 제자가 여섯 가지 감각의 문[六根]을 이해할 때… 그 사람에게는 바른 견해가 있다는 것입니다. 여섯 가지 종류의 감각의 문은 눈의 문, 귀의 문… 여섯 가지 감각의 문은 마음/몸[名色]이 일어나는 곳에서 일어납니다. …

바른 견해에 대한 또 하나의 가르침은 고귀한 제자가 마음/몸을 이해할 때… 그 사람에게는 바른 견해가 있다는 것입니다. 마음의 요소는 느낌[受], 지각[想], 의도[思], 접촉[觸], 그리고 정신적 주의[作意]입니다. 몸의 요소는 네 가지 큰 요소들[四大]과 네 가지 큰 요소들에서 생겨난 형상으로 이루어집니다. 마음/몸은 의식이 일어나는 곳에서 일어납니다. …

바른 견해에 대한 또 하나의 가르침은 고귀한 제자가 의식[識]을 이해할 때… 그 사람에게는 바른 견해가 있다는 것입니다. 거기에는 여섯 가지 종류의 의식이 있습니다. 눈의 의식, 귀의 의식… 의식은 의지[行]가 일어나는 곳에서 일어납니다. …

바른 견해에 대한 또 하나의 가르침은 고귀한 제자가 형성[行]을 이해할 때… 그 사람에게는 바른 견해가 있다는 것입니다. 거기에는 세 가지 종류의 의지가 있습니다. 몸의 형성[身行], 말의 형성[口行], 그리고 마음의 형성[意行]입니다. 형성은 무명(無明)이 일어나는 곳에서 일어납니다. …

바른 견해에 대한 또 하나의 가르침은 고귀한 제자가 무명(無明)을 이해할 때 … 그 사람에게는 바른 견해가 있다는 것입니다. 무명은 고통, 고통의 생성, 고통의 소멸, 그리고 고통의 소멸에 이르는 길을 인식하는 것의 실패입니다. 무명은 번뇌가 일어나는 곳에서 일어납니다. …

바른 견해에 대한 또 하나의 가르침은 고귀한 제자가 번뇌를 이해할 때… 그 사람에게는 바른 견해가 있다는 것입니다. 거기에는 세 가지의 번뇌가 있습니다. 감각적 욕망의 번뇌, 존재의 번뇌, 그리고 무명의 번뇌입니다. 이 세 가지 번뇌는 무명이 일어나는 곳에서 일어납니다. …"

맛지마 니까야 9

고통 없이는 성장할 수 없습니다.
고통이 없다면 마땅히 누려야 할
평화와 기쁨을 얻을 수 없습니다.
부디 고통으로부터 달아나지 마십시오.

그것을 끌어안고 그것을 소중히 간직하십시오.
붓다에게 가서 그와 함께 앉아
여러분의 고통을 보여주십시오.

붓다는 자애와 자비 그리고 마음챙김으로
여러분을 바라보고,
고통을 끌어안고 그것을 깊이 들여다볼 수 있는
길을 보여줄 것입니다.

여러분은 지혜와 자비로
마음속의 상처를, 그리고 세상의 상처를
치유할 수 있을 것입니다.

붓다는 고통을 고귀한 진리라고 했습니다.
왜냐하면 고통은 우리에게
해탈에 이르는 길을 보여줄 수 있는
힘을 갖고 있기 때문입니다.

자신의 고통을 끌어안으십시오.
그리고 그 고통을 통해
평화에 이르는 길을 만나십시오.

틱낫한 불교

2019년 12월 2일 초판 1쇄 발행
2024년 4월 26일 초판 3쇄 발행

지은이 **틱낫한** • 옮긴이 권선아
발행인 **박상근(至弘)** • 편집인 류지호 • 상무이사 김상기 • 편집이사 양동민
편집 김재호, 양민호, 김소영, 최호승, 하다해, 정유리 • 디자인 쿠담디자인
제작 김명환 • 마케팅 김대현, 김선주, 이선호 • 관리 윤정안
콘텐츠국 유권준, 정승채, 김희준
펴낸 곳 불광출판사 (03169) 서울시 종로구 사직로10길 17 인왕빌딩 301호
　　　　대표전화 02) 420-3200 편집부 02) 420-3300 팩시밀리 02) 420-3400
　　　　출판등록 제300-2009-130호(1979. 10. 10.)

ISBN 978-89-7479-747-8 (03220)

값 18,000원